山口隆之 著

中小企業の理論と政策

―フランスにみる潮流と課題―

関西学院大学研究叢書第127編

東京　森山書店　発行

　　　　　は　し　が　き

　本書は、フランス中小企業研究の潮流や、戦後を中心とする中小企業政策の考察を通じて中小企業の構造と機能におけるフランス的特徴を明らかにし、フランス中小企業、ひいては、フランス経済社会の将来展望をはかるものである。

　そもそも、筆者がフランス中小企業研究を始める端緒となったのは、関西学院大学大学院在籍中に指導教授である故 森本隆男先生（関西学院大学名誉教授）から受けた一言であった。森本先生は、ドイツの手工業研究にその生涯の多くを捧げられたが、当時より、他の先進諸国のそれと比べて、フランスの中小企業の実態や研究に関する情報が圧倒的に少ないことに着目され、そこに学者として埋めるべき空白地帯があることを教えて下さった。

　こうして、フランス中小企業という未知の分野の研究が始まったが、当時はまだフランスにおいてさえ、中小企業に関する専門書は珍しく、かつ、企業統計を手掛かりにするにしても、年次ごとに、分析基準が異なるなど、基礎的な情報収集の段階で、幾度となく残念な思いをせざるをえなかった。中でも、わが国におけるフランス中小企業研究の蓄積が十全な広がりを持っていない、という状況は今日においてさえ、なお変わっていない。1970年代〜80年代の下請や中小企業政策、あるいは、近年の中小商業などについては、大変貴重な業績がみられるとはいえ、体系的に一冊にまとまったフランス中小企業、特に工業部門の考察を中心とする本格的な研究書ということになると、筆者の知る限り、1967年の稲葉襄先生（神戸大学名誉教授）による『フランス中小工業問題論』（森山書店）をもって、ほとんど皆無に近い状態が続いている。

　このように、フランス中小企業を研究対象とすることは、筆者の能力からして、冒険的な試みであったが、しかし、それだけに、当該領域の研究が知的好

奇心を刺激するに十分であったこともまた事実である。日々の研究から得られる情報は常に新鮮であり、かつ、あまり日の当たらない分野に自分の居所を見出そうとする筆者のいささか捻くれた性格は、本著をまとめるに際して、少なからずプラスに作用している。

近年では、政策的立場からのデータや報告書は比較的入手しやすくなったとはいえ、フランス中小企業の考察は、やはり断片的な情報の寄せ集めによって行わざるをえないのは否めない。したがって、本書の構成にあたっては、フランス中小企業、特に中小工業の実態や研究状況について可能な限り系統的、かつ総論的に論じるように努め、多くの方々に興味を持っていただき、多方面から忌憚のないご意見・ご批判を頂戴したいと考えた。各論的にみれば内容の不備、貧弱さが否めないのは、筆者の能力不足によるものである。むろん、記述や内容に誤りや客観性に欠けた部分があるとすれば、それは全て筆者の責任である。

ささやかで稚拙な内容ながらも、ここに本書を上梓できたのは、数多くの方々のご厚情のお陰である。まず、研究という世界の厳しさと、社会的意義をご教示いただいた、森本隆男先生のご指導がなければ、本書の存在どころか、筆者がこうして研究者の末端に加えていただいている、という状況もなかった。残念ながら、森本先生は筆者が大学院博士課程後期課程3年の春、初めての学会報告の直前に、若くしてこの世を去られたが、本書をまとめるに際しては、常に森本先生なら、どのようにお考えになるか、という、いわば対話がそこにあった。また、本書執筆にあたって、あらためて森本先生のご業績を読み返す機会を得たが、そこには、対象とする国の違いを超えて、中小企業を研究するに際して貴重な視点が示されていた。ここに重ねて感謝申し上げ、ご冥福をお祈りする次第である。

森本先生の後に、快く指導教授として筆者を迎え入れて下さった水原　煕先生（関西学院大学名誉教授、大阪学院大学教授）には、研究面でのご指導のみならず、大阪学院大学に移られた現在でもなお、公私に渡ってお世話になっている。時に厳しくも、暖かい先生のご厚情に、この場をお借りして深甚の謝意を

表したい。

　深山 明先生（関西学院大学教授）には大学院以来、格別のご厚情を賜ってきたばかりでなく、この度は出版社紹介の労までとって頂いた。重ねて感謝の意を表して、今後も変わらぬご指導・ご教示をお願い申し上げる次第である。研究面はもとより、多方面にわたるご相談をさせて頂く機会が多い瀨見 博先生（関西学院大学教授）のご厚情とお気遣いには、大学院以来、いつも支えられてきた。EUインスティテュート関西（EUIJ関西）の副代表を務めておられる海道ノブチカ先生（関西学院大学教授）からは、特にEU経済や企業について、常日頃多くの貴重な情報を頂いている。また、学会活動を中心として数多くのご指導を賜ってきた渡辺敏雄先生（関西学院大学教授）、日頃格別のご厚誼を賜っている榊原茂樹先生（神戸大学名誉教授、関西学院大学教授）にも、この場をお借りして、厚くお礼を申し上げたい。

　むろん、所属する学会や研究会でお世話になっている方々も数えきれない。特に、経営経済学研究会では、吉田和夫先生（関西学院大学名誉教授、大阪学院大学名誉教授）をはじめとして本書の上梓に際して、数々の貴重なご指摘やご指導を頂戴した。日本経営学会、経営学史学会、日本中小企業学会、日仏経営学会などでも大変多くの先生方の温かいご指導を頂いてきた。紙幅の関係から、一人一人お名前を記すことが許されないことをお詫び申し上げ、お許し頂きたい。

　加えて、2004年9月から2年間のフランス リヨン留学時にお世話になった方々、特に、海外における発表の機会を与えて頂き、国内外の多くの先生方をご紹介いただいたイブリン・レクレール（Yveline LECLER）先生（CNRS東アジア研究所研究員、リヨン政治学院准教授）には、感謝の言葉も見つからない。この留学期間の貴重な経験は、本書の随所に影響を与えている。

　本書は2008年度関西学院大学研究叢書出版助成金を受け、出版を許されることとなった。大変恵まれた研究環境を与えて頂いた学校法人関西学院大学に関わる方々、分けても日頃ご厚誼を賜っている関西学院大学商学部の諸先生方に深い感謝の意を表したい。

学術書の出版環境が厳しい中、本書の出版を快くお引き受け頂いた菅田直文社長、菅田直也氏をはじめとする森山書店の方々にも謝意を表さなければならない。恩師と所縁の深い出版社により本書が上梓できるのは、筆舌に尽くしがたい喜びである。

　最後に、この場をお借りして父−伊太郎、母−節子に感謝することを許されたい。中小企業の経営者として誠実な父の背中と、生活を支える母の姿がなければ、本書が世に出ることは無かった。深甚の謝意とともに、本書を捧げたい。

　　　2009年1月　上ヶ原にて

　　　　　　　　　　　　　　　　　　　　　　　　　　　山　口　隆　之

目　次

はじめに　本書の課題と分析視点 ……………………………………… *1*

第1部　中小企業研究の展開

第1章　フランス資本主義の発展と中小企業 ……………………………*7*
　Ⅰ．序 ……………………………………………………………………*7*
　Ⅱ．中小企業の定義 ……………………………………………………*8*
　Ⅲ．中小企業の地位 ……………………………………………………*11*
　Ⅳ．フランス経済の発展と中小企業政策 ……………………………*14*
　Ⅴ．結 ……………………………………………………………………*18*

第2章　中小企業研究のさきがけ ………………………………………*23*
　Ⅰ．序 ……………………………………………………………………*23*
　Ⅱ．発生期（1）：企業規模を巡る議論 ………………………………*24*
　Ⅲ．発生期（2）：企業成長モデル ……………………………………*27*
　Ⅳ．基礎確立期：二つの研究視点の対立 ……………………………*29*
　Ⅴ．結 ……………………………………………………………………*40*

第3章　中小企業研究の発展 ……………………………………………*45*
　Ⅰ．序 ……………………………………………………………………*45*
　Ⅱ．「統合」アプローチによる発展期（1980年代中〜90年代初期） ……*47*
　Ⅲ．「変性」アプローチ（1990年代中〜） ……………………………*53*
　Ⅳ．中小企業研究の展開と展望 ………………………………………*55*
　Ⅴ．結 ……………………………………………………………………*58*

第4章　現代のフランス中小企業研究 …………………………… 63
　　Ⅰ．序 ……………………………………………………………… 63
　　Ⅱ．博士論文にみる中小企業研究 ……………………………… 63
　　Ⅲ．研究誌の動向 ………………………………………………… 69
　　Ⅳ．学会の状況 …………………………………………………… 75
　　Ⅴ．結 ……………………………………………………………… 76

第2部　中小企業と企業間関係

第5章　伝統的下請論 ……………………………………………… 81
　　Ⅰ．序 ……………………………………………………………… 81
　　Ⅱ．下請の定義 …………………………………………………… 82
　　Ⅲ．ウーシオ（Houssiaux, J.）の下請論 ……………………… 84
　　Ⅳ．結 ……………………………………………………………… 86

第6章　下請論と中小企業の成長 ………………………………… 91
　　Ⅰ．序 ……………………………………………………………… 91
　　Ⅱ．ベナン（Vennin, B.）の下請論 …………………………… 93
　　Ⅲ．シャイユ（Chaillou, B.）の下請論 ………………………… 98
　　Ⅳ．結 ……………………………………………………………… 109

第7章　「パートナーシップ」論 ………………………………… 115
　　Ⅰ．序 ……………………………………………………………… 115
　　Ⅱ．日本自動車産業の競争力を巡る議論 ……………………… 116
　　Ⅲ．日本の生産システムの特徴 ………………………………… 117
　　Ⅳ．フランス自動車産業における取引関係の変化 …………… 120
　　Ⅴ．新たな取引関係を巡る議論 ………………………………… 123
　　Ⅵ．結 ……………………………………………………………… 133

第3部　中小企業政策の展開

第8章　「地域生産システム」の振興政策 …………………… 139
- Ⅰ．序 …………………………………………………………… 139
- Ⅱ．産業クラスターの理論的基礎 …………………………… 140
- Ⅲ．「地域生産システム」とは何か ………………………… 143
- Ⅳ．政策の展開 ………………………………………………… 146
- Ⅴ．いくつかの事例 …………………………………………… 157
- Ⅵ．政策推進における諸議論 ………………………………… 161
- Ⅶ．結 …………………………………………………………… 163

第9章　産業クラスター政策 …………………………………… 167
- Ⅰ．序 …………………………………………………………… 167
- Ⅱ．政策展開の背景 …………………………………………… 168
- Ⅲ．政策の策定過程と議論 …………………………………… 169
- Ⅳ．政策枠組 …………………………………………………… 175
- Ⅴ．計画の評価、認定、支援体制の整備 …………………… 177
- Ⅵ．結 …………………………………………………………… 183

第10章　イノベーション政策と起業支援 …………………… 189
- Ⅰ．序 …………………………………………………………… 189
- Ⅱ．研究開発と開業状況 ……………………………………… 190
- Ⅲ．イノベーション、開業・起業支援環境 ………………… 192
- Ⅳ．ベファ・レポート ………………………………………… 196
- Ⅴ．結 …………………………………………………………… 201

おわりに　まとめと展望 ……………………………………… 205

初 出 一 覧 ………………………………………………… *209*

参 考 文 献 ………………………………………………… *211*

索　　引 ………………………………………………… *233*

はじめに　本書の課題と分析視点

　フランスに限らず、これまで中小企業は先進諸国の国民経済の上で高い比重を占め、重要な役割を果たしてきた。産業構造や社会構造の変化が、むしろ中小企業に有利に作用する時代になったとさえ言われる現代にあって、中小企業の問題は、もはや単なる中小企業経営者の問題にとどまらず、広く国の経済発展を左右するものとして理解されている。したがって、国民生活水準の維持・向上、国の競争優位性を確保せんとする際には、中小企業の比重と、その役割にふさわしい科学的分析の目が用意されるべきなのであり、さらに、こうした科学的営みの中に取り残された領域や問題があるならば、それを発見し分析することが、我々に課された使命の一つといえる。

　周知のように、わが国の中小企業研究は、質・量の両側面において非常に充実した蓄積をなしており、これは世界的にみても誇れる程である。むろん、その発展史は、諸外国の研究成果の影響を抜きにしては語れないが、こうした環境下で、なおも、わが国の中小企業研究が独自の発展を遂げたという事実は注目に値する。この理由の一つは、そもそも中小企業という研究対象が、「異種多元的」、あるいは「人間サイズの企業」と評せられるように、業種・業態・成長段階等はもとより、歴史に規定された国、文化、社会的諸制度によって複雑多様な様相を呈するものである、という事実に求められる。そして、この事実こそ、われわれが、他国の中小企業を分析対象として取り上げる理由である。

　さて、わが国におけるフランスのイメージについては、芸術・文化・美食の

国といった事柄が先行し、ましてやフランス中小企業への関心は、これまでのところ決して高かったとはいえない。その背景には、中小企業政策や企業経営におけるアングロサクソン系先進諸国、特にわが国の戦後におけるアメリカの影響の強さや、言語上の問題、あるいは、周辺情報の不足といった要因があるが、実は、フランスの歴史的事情によって、フランスの研究者でさえ、中小企業に目を向ける機会が少なかったという事実によるところも大きい。

　すなわち、戦後しばらくは国有化を中心とする大企業に対しての政策が支配的であり、「混合経済」と評される体制のもとに、独占資本主義と表裏の関係にある中小企業問題の発生時期が遅れたこと、個人主義が重んじられる社会の中で、特に小規模企業や手工業者に、我国では見られないような、一定の社会的評価が与えられ、したがって、こうした階層を大企業と対置し、そこにおける問題性を取り上げるという一般的認識の浸透が遅れたことなどが原因である。さらに、付言するならば、歴史的に中央集権的な体制を目指す中でフランス語への執着が国民性として形成され、これにより、中小企業に関する他国の研究成果の導入が遅れたことなども軽視できない要因の一つである。このようなフランス的事情は、中小企業統計の未整備という状況に典型的に表れ、研究の発展と蓄積にマイナスの影響を与えてきた。

　しかしながら、むろんフランス中小企業研究が、意味を持たないということではない。フランスは、現在でもドイツとともにEUを牽引する存在であり、かつ、先進諸国では例外といっていいほど各産業分野において中小企業が偏在し、特に小規模企業比率が高いことを特徴とする国である。さらに、1970年代の石油危機以降は、中小企業が国民経済に果たす役割が積極的に評価され始め、それに伴って、中小企業研究にも広がりが見られるようになった。また、後に第1章でみるように、近年では中小企業の振興に積極的であるEUの影響に伴って、統計未整備の問題も確実に改善の方向へ向かっている。こうした中小企業の環境整備や研究環境の整備が進められつつある中で、フランス中小企業に科学的分析のメスを入れることは、今後のわが国の中小企業研究の発展や政策の展開を考えるにあっても重要な意味をもつと考えられる。

とはいえ、依然として、フランスにおいてさえ、中小企業に関する専門書は少なく、フランス中小企業の考察は、やはりスナップ・ショット的情報の寄せ集めによって行わざるをえないのは否めない。これは、既に述べたように、歴史に規定された国、文化、社会的諸制度の考慮無くしては成立しえない中小企業研究にとっては、致命的な状況である。したがって、本書の構成にあたっては、戦後を中心とする限られた期間ではあるが、フランス中小企業を取巻く状況や実態を可能な限り通史的、系統的、かつ総論的に論じるように努めた。そして、なかんずく、明らかにしたいと考えたのは、フランスにおいて中小企業研究はどのように発展し、現在どのような状態にあるのか、フランス中小企業を取り巻く環境は過去どのようなものであり、現在どのように変化してきているのか、こうした歴史の中で、中小企業が果たしてきた機能とは何だったのか、そして将来それが果たすべき役割とは何なのか、といった事柄である。

　以上の認識に基づいて、本書は大きく三部から構成されている。まず、第一部では、フランス資本主義の特徴と中小企業の実態、環境を確認した上で、フランスにおける中小企業研究の潮流を確認したい。フランス中小企業研究は管理学を中心に進められてきたという特徴をもつが、ここでは、そうした中小企業研究の流れを一社会科学の発展史という視点から分析している。近年の研究の実態については、主要研究誌や学会の動向などが考察対象となろう。

　第二部では、フランス中小企業問題を企業間関係の観点から考察する。中小企業が大企業との相対概念である以上、これら企業間の関係の考察を抜きにして、その実態を把握することは困難である。したがって、ここでは、まず、伝統的な下請論の考察・検討を通じて、いわゆる下請問題がフランスにおいていかに生起し、いかなる性質をもち、いかなる議論へと発展したのかを明らかにしたい。後半においては、大工業による小工業の包摂という課題に際して発生したフランスにおける下請論が、新たな企業間関係論へと変化した学史的転換点が確認されよう。

　以上、第一部、第二部が中小企業環境の変化にできる限り配慮しながらも、学史的な流れに重きを置く考察であるのに対して、第三部では、近年のフラン

ス中小企業政策や産業政策の具体的内容とその背景を分析対象としている。政策内容とその歴史は、その国における中小企業問題の具体的内容を反映したものである。したがって、その分析は、フランス中小企業の状況と環境を確認し、将来展望をはかる上で重要である。ここでは、特にグローバル化の進展と1980年代以降に本格化したEU中小企業政策の枠組みの中で、フランス中小企業政策や産業政策がいかなる変化を遂げつつあるのかを確認し、同時に、そこにおける問題点を示したい。

　以上の考察を踏まえて、最後に、全体の総括をおこなうとともに、フランス中小企業の構造と機能における特徴を確認し、さらに、そこからフランス経済社会の将来展望を図る上で重要となる要素を抽出してみたい。

第1部　中小企業研究の展開

第1章　フランス資本主義の発展と中小企業

I．序

　フランス中小企業の考察を始めるにあたって、まず、その定義と地位を確認しておかなければならない。中小企業の定義は、国の経済発展の歴史や政策的要求を起源とする。このため、普遍的な中小企業定義なるものは存在せず、各国では、独自の基準を用いて中小企業の規定をおこなっている。後述するように、わが国には中小企業基本法が存在し、中小企業の範囲が法的に明確に規定されるのに対して、フランスでは、中小企業定義に関して、コンセンサスが得られた明確な境界を見つけるのが難しい。この理由は、フランスの歴史的事情によるものである。

　また、他の多くの先進諸国において、そうであるように、フランスでも中小企業が国民経済に果たす比重や役割は大きく、近年では、わが国や他国のそれに類似した中小企業向け施策の展開がみられる。しかしながら、中小企業とは、地域、文化、社会の態様を色濃く反映する主体そのものである。したがって、統計上の数字や制度面といった表層的な部分から、フランス中小企業の特徴やその社会的役割を十全に把握することは困難といえる。そこで、以下ではフランス中小企業の本質を明らかにするにあたって、歴史的・発展過程的考察視点を付け加えたい。この分析視点は、他の先進諸国と比べても、非常に特徴的な経済発展の歴史を持つフランスにおいては殊に肝要であろう。

　結びにおいては、中小企業定義に関わる問題と、フランス中小企業が、長い

歴史を通じて期待されてきた本質的役割というべきものが確認されよう。

II．中小企業の定義

従来、アングロサクソン系諸国では、中小企業という言葉よりもむしろ、小企業（small business）の方が一般に用いられ、他方、ドイツでは、むしろ中企業や中間層（Mittelstand）に注目するという傾向がみられたが、近年では多くの国で中小企業（SME：Small and Midium size Enterprise，フランス語ではPME：Petite et Moyenne Entreprise）という言葉が広く浸透している。

フランスで中小企業という言葉が浸透し始めたのは、第二次大戦後であるといわれるが、現在でも、研究書や学術論文、統計などでは、中小企業を示す場合に、中小工業（PMI：Petite et Moyenne Industrie）という言葉との併記、すなわち、PME-PMIという表現が慣習的に用いられることが多く、一種の混乱がみられる[1]。

フランスには、我が国の中小企業基本法にあたる法律が存在せず、公的な統計においてさえ、一定の方向性は確認されるものの、中小企業の定義が統一されているとは言い難い。そのため、経営者団体・研究者・統計機関等は、必要に応じて独自の基準や定義を用いているのが現状である。このような中小企業定義の不統一という状況は、他の先進諸国に比べ中小企業が政策対象として重視される時期が遅かったこと、近年ではEUの統合に伴い新たな基準の整備が進められていること、あるいは後に説明する手工業（artisanat）の定義が曖昧なことなどに起因する。

一般に、中小企業定義の基準として、市場への影響力や経営の独立性に代表される質的規定と、従業員数や売上高に代表される量的規定が存在するが、伝統的にフランスでは、統計利用上の有効性から後者を重視している。

まず、質的規定としては、1944年に設立された中小企業の全国連合組織である中小企業総連合会（CGPME：Confédération générale des petite et moyennes entreprises）の定義がよく知られている[2]。これは、リスクや責任の所在を示すことで、中小企業を規定するものである。すなわち、同組織の定款によれば

「中小企業とは、企業の法律形態の如何に関わらず、経営者(chefs d'entreprise)が、個人的、直接的に当該企業の資金、技術、倫理に対して責任を負う企業[3]」である。他方、小企業の質的規定については、第一次産業や製造・サービス業において業を営み、法的または財務的に独立した企業であること、多くの場合、その機能的責任が、1人または少数の個人に帰属すること、概して、資本所有の主体が単一であること等を条件とする見解も存在する[4]。

以上の質的規定に対し、量的規定については、従業員数と売上高がその基準として一般的に用いられてきた。以下、フランス政府、公的統計機関による定義、経営者団体による定義の順にみていきたい。

フランス政府による中小企業定義としては、1976年3月の閣僚協議会によってなされた中小企業優遇措置計画の基準が知られている。ここでは、製造業・サービス業ともに従業員数10〜500人未満の企業が中小企業とされるが、年間売上高1億フラン未満の企業も中小企業に含まれ、さらに、小分類として、従業員数20人未満の企業が「小企業」、20〜500人未満の企業が「中企業」とされた。

また、従業員数500人未満で、資本金の過半数を大企業に保有されていない企業、という基準もよく知られる。これは、1978年1月4日付けの公共調達や前払いに関する法令によって示されたものである。さらに、1984年1月16日付けの中小企業設備金融金庫(CEPME:Credit d'equipement des petites et moyennes entreprises)[5]による前渡し金支払受益企業の売上高上限を規定する首相府政令等では、従業員数500人未満、年間売上高2億フラン未満が中小企業の要件とされた。

公的統計機関の定義としては、毎年『フランス統計年鑑(*Annuaire statistique de la France*)』を発行する「国立統計経済研究所(INSEE:Institut national de la statistique et des études économiques)」が広く用いてきた基準、すなわち、従業員数20〜500人未満という基準がある。「国立統計経済研究所(INSEE)」の有する統計データ、およびそのデータベースは膨大であり、関連各省庁などによってもよく用いられるため、当該基準の影響力は大きいが、近年では後述す

るEU基準との整合性をはかるという観点から、従業員数250人という上限によるデータも併記する場合が、しばしば見られるようになっている。

　経営者団体の定義としては、従業員数10～500人未満という、フランス経営者全国評議会（CNPF：Conseil national du patronat française)[6]の定義が存在するほか、先の中小企業総連合会も、量的規定については、従業員数500人未満という基準を採用している。以上から明らかなように、フランスでは、中小企業の定義にあたり、伝統的に重視されてきたのは、従業員数500人という基準である。

　しかしながら、EUでは、共同体としての中小企業政策の一貫性をはかり、統計上の整備を進めるという観点から、90年代後半からは、従業員数250人未満という上限を推奨してきた。さらにこの規定には、年間売上高4000万ユーロ以下、または年次バランスシート（総資産額）2700万ユーロ以下で、他の一つないし複数の大企業に資本または経営権の25％以上を保有されない、といった、その他の量的基準が加えられる。より最近では、2005年より、極小企業、小企業、中企業という分類が採用され、それぞれ、「従業員数10人未満・年間売上高200万ユーロ以下または総資産額200万ユーロ以下」、「従業員数50人未満・年間売上高1000万ユーロ以下または総資産額1000万ユーロ以下」、「従業員数250人未満・年間売上高5000万ユーロ以下または総資産額4300万ユーロ以下」と規定されている[7]。

　以上のように、EUでは中小企業の上限として従業員数250人が重視されていることに呼応して、フランスでも2006年よりOSEOによって発刊されることとなった中小企業に関する年次レポート[8]においてEU基準を採用している。これは、近年では中小企業の振興に際してEU政策が無視できず、かつそこからの資金調達も拡大の傾向にあることなどを背景としたものである。

　ところで、こうした上限規定に際しての問題に加え、フランス中小企業の下限設定に際して問題となるのが、手工業の扱いである。手工業は、もともと1952年の手工業法典（code de l'artisanat）において明確に定義付けがなされ、長い間、政策的に保護されてきた。手工業として、その権利・恩恵を受けるに

あたっては手工業会議所（chambre des métiers）が管理する手工業目録への登録が必要とされ、1976年9月のデクレでは、その要件が、従業員数10人未満と定められた。しかし、より最近では10人という基準もかなり柔軟に適用されている。

1996年の商業および手工業の発展と向上に関する法では、デクレで定められている手工業業種に属するもので、従業員数10人未満の自然人および法人が手工業とされたが、実際には、この従業員数には夫婦や共同経営者、心身に障がいを有する者、見習人などが含まれない。したがって、手工業の実態を把握するのに従業員10人という境界はあまり意味を持たないといえる。また、1995年12月のデクレでは、従業員数10人以上であっても、無期限で手工業目録に登録できることが認められたため、近年の統計では、従業員数20人未満をもって手工業とするケースも増えてきた[9]。

いずれにしても、公的統計や資料においてさえ、中小企業定義が統一されていないというフランスの状況は、EU政策の浸透に伴って近い将来改善される見込みが出てきた。

Ⅲ．中小企業の地位

従来、フランスにおける企業統計は統計ごとに業種分類が異なる場合が多く、かつデータ収集方法に一貫性が無いことから、時系列的な分析が困難な状況にあった。今日では、こうした状況も徐々に改善されつつあるが、特に中小企業の実態を把握する際には、既に示した中小企業定義の不統一性という状況が障害となる。以下では限定的ではあるが、伝統的に用いられてきた従業員数500人未満という基準と、近年のEU基準である従業員数250人未満という基準を念頭に置きながらフランス中小企業の地位を確認したい。

図表1-1は、フランス企業を企業規模別に示し、その比重を示したものである。

フランスには約282万程度の企業が存在する。このうち、従業員数500人未満のものは約281万社であり、全体の99.9％以上を占める。小規模であるほど全

図表1-1　フランス企業の規模別分布（2004年）

企業規模 (従業員数)	企業数 (×1000)	従業員数 (×1000)	売上高 (税引き)	付加価値額	輸出額 (税引き)	投資額
0	1551.6	–	194.0	46.0	25.8	32.1
1	410.9	410.9	67.8	24.2	2.8	4.7
2～4	436.0	1196.6	156.8	51.2	8.9	6.9
5～9	232.0	1539.1	206.5	64.9	15.3	6.3
10～19	92.4	1240.4	190.5	54.4	16.8	5.5
20～49	63.5	1984.2	399.0	92.5	44.9	10.0
50～99	15.2	1059.0	206.5	50.9	28.8	7.8
100～199	8.4	1167.4	238.6	55.7	35.5	8.0
200～499	4.7	1411.0	331.0	74.1	65.4	11.8
500～999	1.3	872.3	232.2	54.3	46.0	11.2
1000～1999	0.6	789.3	187.3	48.0	44.4	5.8
2000～4999	0.3	828.1	202.8	52.4	46.8	7.1
5000～	0.1	2194.4	426.4	135.7	101.0	22.3
計	2817.0	14692.7	3039.4	804.3	482.4	139.5

※従業員数は年間平均。売上高、付加価値額、輸出額、投資額の単位は10億ユーロ。
出所：INSEE（2007a), p. 347を一部加筆・修正。

企業数に占める割合は高く、従業員数10人未満の企業は、総計約263万社となり、全体の93.4％である。

次に、雇用面の状況をみてみると、自己雇用者を除き、従業員数500人未満の企業が総従業員数約1470万人に占める割合は68.2％、この内訳は、従業員数10人未満の企業が、21.4％、10～100人規模の企業が29.1％、100～499人規模の企業が17.5％となっている。さらに、従業員数500人未満の企業が売上高（税引き）、付加価値額、輸出額（税引き）、投資額に占める割合は、それぞれ、65.5％、63.9％、50.7％、66.7％である。また、別の資料によれば、2005年12月時点で、自己雇用者が占める割合は、商業、輸送業、不動産業、サービス業において、いずれも50％を超えることが明らかとなっている[10]。このようにフランスにおいては、特に零細規模企業の比重が高い。従業員数250人未満というEU基準でみても、中小企業（農業を除く）は99％以上を占め、40％以上の付加価値を生み出している[11]。

次に、工業部門に限定しフランス中小企業の地位を確認する。算出に際して参考にしたデータでは、手工業への配慮から、従業員数20人未満の企業が除外

され、かつ農産物加工業、造船、土木業なども対象外とされるが、EU基準、すなわち、従業員数250人未満でみると、中小工業は、企業数の87.9％、総従業員数の36.1％、売上高（税引き）の22.9％、付加価値額（税引き）の25.1％を占める[12]。

　以上の企業規模に関する一般的な状況に加えて重要なのが、フランス企業の小規模性と文化を象徴している手工業の存在である。フランスの公的企業統計では、多くの場合、手工業が企業一般と区別して統計処理される。既に示したように、手工業は、伝統的に従業員数10人未満という境界をもって規定されてきたが、最近では20人未満という境界を用いる統計も多い。また、「国立統計経済研究所（INSEE）」のデータベースでは、手工業会議所に登録されていること、主たる活動が手工業目録に示されること、法的に手工業あるいは、商業的手工業（artisan commerçant）[13]の範疇に含まれること、などを要件として手工業とみなしている。このため、従業員数20人以上であっても、手工業として処理されているケースもある。

　「国立統計経済研究所（INSEE）」の基準に準拠すると、フランスには2006年時点において約87万の手工業が存在し、そのうち、約50万弱が個人企業、女性経営者によるものは10万弱である。また、手工業のうち47％は、自己雇用者であり、従業員数10人未満のものが手工業全体に占める割合は約85％である。

　手工業が最も多くみられる産業部門は、建設業（39％）、次いでサービス業（29％）となるが、この他にも特に、修理業、クリーニング業、食肉業などが代表である。個人企業である手工業の中では輸送業が最も多く、80％を占める。

　手工業を法律形態でみると、個人企業の割合は、1980年で91％であったものが、2006年には57％と大幅に低下している。代わって大きく伸張している形態は、有限会社（SARL：société à responsabilité limitée）であり、近年では、法律形態上の近代化が進んでいることが分かる。

　興味深いのは、手工業の地理的分散である。人口1000人あたりの手工業数が18以上を示すのは、フランス国土のほぼ南半分の地域であり、手工業は地理的

にみれば南部に偏重して存在している[14]。これには、過去フランスにおいて、パリを基点とする中央集権的体制が目指され、かつ大企業主体の産業政策が進められてきたこと、北部は、特に産業革命に始まる大規模生産の影響を受けやすかったことなど、歴史的な要因が関係している。また、こうした手工業を代表とする小規模企業の地理的な偏りが、のちの第2章に見るように、フランス南部において中小企業研究が比較的活発である、という状況と重なっていることも興味深い。

以上、フランス中小企業は、他の先進諸国同様に、国民経済において高い地位を占めている。加えて、他の欧州諸国と比較すると総雇用に占める支配的企業の規模が小さいことがフランス的特徴である。ドイツ、イギリス、スウェーデン等では、総雇用において大きな割合を占めるのは、従業員数250人以上の企業であるが、フランスはイタリアと同様に従業員数50人未満の企業が大きな比重を占めている[15]。

Ⅳ. フランス経済の発展と中小企業政策

フランス資本主義の発展を理解する上で、1789年のフランス革命の影響は、無視できない。フランス革命によって、工業面においては、いわゆる初期独占、すなわち、ギルド制、絶対王政の保護の下で育成された特権的マニュファクチャー、特権的貿易会社、および生産や流通における産業規制が否定され、独占の再生防止を目的とするル・シャプリエ法（1791年）やギルド制の解体を命じるダラルド法（1791年）が制定された。ここに自由主義と個人主義に基づく自由競争体制が法的に保障され、小生産者的発展の道が開かれた。

その後、19世紀に入ると産業革命が展開した。しかし、他国に比べフランスの工業化の進展は緩慢であり、特にイギリスとは異なる成長経路を辿った。たとえば、イギリスが綿工業において大衆製品の大量生産に傾斜したのに対して、フランスでは、アルザスの綿業にみられるように、高付加価値品の生産を志向した。また、イギリスにおける工場でのストライキ頻発、という事態を知ったリヨンの絹織物業者は、自社工場を小規模化、分散化させることによっ

て、労働者の抵抗を回避しようとしたことが明らかにされている[16]。

このように、フランス革命によって保障された自由主義と個人主義に基づく小生産者的発展という道は、産業革命の進展の中でなお強く維持された。その後、フランスは、ベル・エポック（1894～1914年）と呼ばれる時期を迎え自動車をはじめとする近代工業の成長をみるが、それでもなお、イギリスやアメリカ、あるいはドイツに比べれば、各産業の集中度は低く、産業構造の主体は中小企業であった。

しかしながら、他方で、一層の工業発展の必要性と世界大恐慌の影響は、国家による経済活動への介入、という新たな発展経路の基礎を築いた。この傾向に拍車を掛けたのが、第二次大戦後におこなわれた一連の大規模な経済改革である。現代でもフランス経済の特徴が語られるとき、他の先進諸国に比べ、国民経済への国家の介入・規制・指導の度合いが大きいことが指摘され、「混合経済」、「ディリジスム」、といった表現が用いられる[17]。かかる中央集権的な国家・経済体制は、以下で述べる第二次対戦後の大規模な国有化政策、および、数次にわたる経済計画を通じた大企業主体の産業の集中・再編運動によって確固たるものとなった。

フランスでは、既に第二次大戦以前にもフランス銀行（banque de France）の実質的な国有化や兵器産業、鉄道などの完全国有化がおこなわれていたが、戦争により破壊されたフランス経済の再建を目指して1945～46年にかけて行われた経済改革では、エネルギー、公益、金融部門において多くの企業が国有化された[18]。また、これらに加えて、経済や産業のインフラ整備を目的として、非常に多くの公企業が新設されたため、公的セクターが経済に占める割合が非常に高いものとなった。たとえば、1982年にミッテラン政権下で進められた国有化の結果、公的セクターが工業部門に占める割合は、雇用の22.2%、設備投資の51.9%、輸出の31.4%、売上高の29.4%となり、中でも、鉄鋼、兵器、航空機、金属の一次加工、合成繊維といった主要産業では、公共セクターが6～8割ものシェアを占めるに至った[19]。戦後のフランスは政権ごとに国営化と民営化の政策的歴史を繰り返すが、たとえ、企業が民営化されたとしても、国家

による実質的コントロールは維持されることが多く、大局的には、国営化および国家による経済介入の度合いは拡大していった。

経済計画は第二次大戦後数次にわたって展開された。第一次経済計画＝モネ・プラン（1947～53年）では、石炭、電力、鉄鋼、セメント、運輸、農業機械、窒素肥料の8つが重要分野として指定され、1948～53年にかけて36億ドル以上のマーシャルプランによる資金が優先的に公的セクターへ投入された。また、第五次経済計画（1966～70年）では、EECの成立を背景とした域内貿易の拡大、外資による対仏進出の動き、あるいはNATO脱退に伴う国防の必要性などに対処するため、政府は国防産業、核兵器開発、軍用機・宇宙開発、情報、エレクトロニクスといった分野で大規模プロジェクトを推進し、関連する企業を集中的に支援した。これら大型ナショナル・プログラムは、その後も順次打ち出されたが、その中心となったのは、国有企業もしくは公的資金で運営される大企業であった[20]。

さらに、第五次経済計画では、国際競争力の強化という観点から、産業の再編、集中化がはかられ、政府は、主要な産業部門においては1～2グループに集約化をはかるという計画の下に、資金配分をおこなった。また、金融部門でも1966年の銀行法の改正によって大型合併が促され、集中化が進んだ[21]。

このように、少なくとも、戦後から1970年代はじめまでのフランスでは、公的セクターを中心とする大企業への生産と資本の集中が政策的に、かつ大規模に促進された。このため、中小企業部門や手工業部門は、保護政策の対象とされることはあっても、中心的政策対象となることはなかった。ましてや、これらの部門を経済活性化の原動力として認識し、育成するという視点は極めて稀薄であったといえる。

しかしながら、1970年代の石油危機を一つの契機として、こうした政策スタンスにも変化が見え始めた。なぜなら、従来、大規模な産業の集中・再編運動の中で政策の中心に据えられてきた大企業部門は、経済不況によって管理や意思決定上の非効率性を露呈し、国際競争力を低下させたからである。当時フランスで最も工業化が進んでいたとされる北部や東部の鉄鋼、石炭、繊維産業は

軒並み大打撃を受けたほか、設備投資活動も急激に減退し、フランスの国際競争力は大幅に低下した。たとえば、1970年と1980年を比較すると、輸入品の市場占有率は、鉄鋼では24.6％から30％へ、自動車・オートバイでは18.4％から30.6％へ、工作機械は、37.8％から55.9％へと上昇した[22]。

これに対し、中小企業部門は、経済危機の影響が比較的軽微であったために、政策サイドから、その柔軟性や雇用維持力を評価する動きが出始めた。具体的には、中小工業代表部（Délégation à la PMI）の設置（1976年）がなされたのち、まもなく工業大臣付け中小工業担当外相（secretaire d'etat à la PMI）が任命（1978年）され、中小企業政策を体系化し、多面的な支援を行うための基盤整備が進められた。

1980年代には、70年代不況によって生み出された失業者増加への対策が引き続き重要な政策課題となる一方で、第二次産業の衰退と第三次産業の伸張という現象が地域間格差を発生させたため、国土整備の観点から、地域経済に根を下ろす中小企業の雇用維持力や吸収力に期待が寄せられるようになった[23]。

また、1982～83年になされた、一連の地方分権改革によって、経済・社会・文化領域における発展計画の作成の権限とその資金が地域圏に与えられるようになると、地域の雇用や経済はもとより、文化や社会的側面に大きな影響を与える中小企業に対する政策的期待が高まった[24]。さらに、1980年代後半には、国際化の進展と共に、市場競争原理の導入による国際競争力の強化が目標とされ、企業・金融・雇用に関する規制緩和、民営化などが推し進められたため、中小企業政策は、従来の保護政策的なものから、しだいに育成政策的なものにシフトしていった。

以上に加えて、フランスにおける中小企業の位置付けに影響を与えた要素として重要なのが、1980～90年代にかけて展開したヨーロッパにおける共同体としての中小企業政策である。EUの前身であるECでは、すでに1970年代から、中小企業の役割に注目していたが、より具体性を帯びた中小企業政策がみられるようになったのは1980年代以降である。

1983年は、欧州議会により「中小企業とクラフト産業の年」と定められ、

EC委員会、欧州議会、経済社会審議会による「中小企業のための共同体政策行動計画」が発表された。また、将来における市場統合が合意された1986年以降は、共同体レベルでの中小企業支援体制の整備が進められた。さらに、数次にわたって示される多年度計画では、各国が抱える中小企業の経営課題に配慮しつつ、共同体としての中小企業政策上の課題を示し、それらの達成度については、外部評価を行うなどの措置も講じられている[25]。近年のEU中小企業政策で特に重視されている項目は、研究開発やイノベーションの推進、企業家精神の育成、スタートアップ支援、情報化、知識社会への対処支援などであるが、特に、EUの発展計画であるリスボン戦略の発表以降は、ニュー・エコノミーに支えられるアメリカの状況を強く意識した課題が多くみられるようになってきた。

　フランスもこうしたEUの中小企業政策の動向に配慮し、政策上の整合性をはかるという観点から、近年ではイノベーションや開業（スタート・アップ）支援、研究開発支援を重視した中小企業政策を次々と打ち出している。また、1990年代後半からは、隣国であり、かつフランス同様に零細規模企業比率が高いイタリアの産業集積の競争力が先進諸国を中心に注目されたために、「国土整備地方開発局（DATAR：Délégation à l'aménagement du territoire et à l'action régionale）」が中心となって、地域に集積する中小企業のネットワーク形成を支援する政策が進められた。当該政策はその後、グローバル化という潮流に対処し、国際競争力を一層強化するという観点から、いわゆる産業クラスター政策へと発展している[26]。

　以上のように、かつて政策の外に置かれていたフランス中小企業には、グローバル化の一層の進展と、EU統合の深化・拡大という今日的状況のもとで、地域経済の担い手、雇用創出の担い手、イノベーションの担い手、経済のダイナミズムの源泉としての役割が期待されるようになってきた。

V．結

　以上、本章ではフランス中小企業の定義と地位を確認し、他の資本主義諸国

と比べても特徴的な発展を遂げたフランス経済の中で、中小企業の位置付けが、いかに変化してきたのかを考察した。

フランスには、わが国の中小企業基本法にあたる法律が存在せず、公的な統計においてさえ、中小企業の定義が統一されていない、という状況があるのは既に見た通りである。こうした中小企業の定義を巡る混乱は、EUにおける中小企業政策の進展とともに徐々に解消される傾向にあるが、そこには、フランスの歴史性や国内の社会的要求が量的で一元的な基準に還元されてしまう、という危険性が存在している。

既に示したように、フランス中小企業の社会的存在意義と、その特性把握を行うにあたっては、過去の歴史性を考慮しなければならない。まず、初期独占の解体、すなわち、ギルド制、絶対王政の保護の下で育成された特権的マニュファクチャー、特権的貿易会社、および生産や流通における産業規制を否定したフランス革命は、小生産者に対し、自由主義と個人主義に基づく自由競争体制の基盤としての意味を与えた。

しかしながら、こうした小生産者的発展の方向性とは逆に、大規模な国有化および、数次の経済計画を通じた大企業主体の産業の集中・再編運動を伴う第二次大戦後の一連の経済改革は、国家による経済への介入・規制・指導を強化する方向へと向かった。この点、原輝史は、「個人主義、自由主義の全面的展開は、究極的には収拾のつかない混乱状態を生み出すことも多く、この混乱を克服するためフランスでは、経済運営に対する国家の介入（経済的ディリジスム）が要求された[27]」と分析している。すなわち、フランスでは、官僚や一部のエリート集団、政府や国家政策と密接な関係をもち、国民経済に少なからぬ影響を与える大企業セクターに対して、中小企業は、今日なお多くの国民にとって、自由主義と個人主義を実現する場としての意義を有しているのである。

政策的にみれば、1970年代の石油危機以降は、中小企業に、地域経済の担い手、雇用創出の担い手、イノベーションの担い手、経済のダイナミズムの源泉といった多くの期待が寄せられており、我が国やアングロ・サクソン系諸国のそれと類似した制度や施策もみられるようになった。しかし、これらを、フラ

ンスの歴史的要件、さらに言えば、そこで形成された文化や社会性と切り離し、表層的な部分で論じることは、さして意味を持たないであろう。中小企業は、歴史、文化、社会性や地域性を具現化する主体そのものだからであり、そこにこそ、中小企業としての存在理由も、また発見されるからである。

注
1) Savajol, H.(2003), p. 15.
2) 「中小企業総連合会 (CGPME)」は、同業種別企業組合および地域単位の異業種間企業組合を全国的に取りまとめている。公的・中央集権的な指導を排除し、企業者の意思を尊重する立場から、税金・金融・経営面で中小企業を支援することを目的としている。
3) Duchéneaut, B.(1995), p. 33.
4) Julien, P. A. et Marchesnay, M.(1988), p. 56.
5) 1981年設立。現代では「中小企業開発銀行 (BDPME : Bauque de développement pour PME)」の傘下で中小企業向けの融資、経営指導などをおこなっている。
6) 我が国の経団連、日経連にあたる。
7) EUにおける中小企業定義の変更については、三井 (2007)、15頁が詳しい。また、これまで数次に渡って発行されてきた『ヨーロッパ中小企業白書 (*The European Observatory for SMEs*)』では、従業員数10人未満の企業を「極小企業」、10～49人の企業を「小企業」、50～249人の企業を「中企業」、また、ドイツ、フランス、イタリア、オーストリア、スペイン等において、歴史的に発展してきた、いわゆる手工業は、「クラフト」部門として分類し、独自の分析を行っている。
8) これは我が国の『中小企業白書』にあたる。これまで、フランスにおける中小企業関連の統計は、量的に不十分であったことに加えて、年次ごとに統計基準が異なる事が多かったが、毎年発行され、時系列的な分析を可能にする当該の資料の価値は高い。
9) 山口隆之 (2004a)、275頁およびINSEE (2007b)、p. 154を参照。
10) INSEE(2007b), p. 147を参照。
11) INSEE(2007b), p. 147を参照。
12) INSEE(2007b), p. 147を参照。
13) この範疇に含まれるものとして、たとえば、調整食料品店 (charcuterie)、牛肉

店 (boulangerie)、菓子店 (pâtisserie) などがある。
14) INSEE (2007b), p. 154-155を参照。
15) European Communities (2004), p. 29 (訳 389頁)。
16) 原輝史 (1986)、1-8頁および原輝史 (1993)、13-15頁を参照。なお、他国に比べフランスの工業化の進展が緩慢であった19世紀のフランスでは、産業革命がなかったとする学説も存在する。
17) 藤本光夫 (1993)、29頁によれば、「混合経済 (économie mixte)」とは、国家の経済への介入が強まり、それなくしては経済体制を維持できなくなった段階の資本主義」である。また、「ディリジスム (dirigisme)」とは、遠藤輝明編 (1982)、5頁において、「国家が社会諸階層の利害対立の中で一定の経済政策を打ち出し、国民の承諾を得て国家統治の方向づけを行なうシステム」と定義されている。
18) 原輝史は、戦後フランスの国有化を3つに類型化している。サンディカリスト型国有化とは、従業員と消費者の代表者数が国家代表者数よりも少なくならないよう配慮された三者構成による取締役会に経営至上権を認めるもの。オトノミスト型国有化とは、政治の執行権力から出来る限り独立した公益代表者による公共的経営管理に至上権を認めるもの。エタティスト型国有化とは、公益保護に責任を持つ政府代表が行う経営管理に至上権を認めるものである。政府の介入度でいえば、エタティスト型国有化が最も強いと言えようが、1940年代後半以降は、国有企業の運営方法は、押しなべてエタティスト型に移行していったという。これらについては、原輝史 (1986) 376-97頁を参照されたい。
19) 新倉俊一他編 (1997)、62頁。
20) 1960~80年代の大型ナショナル・プログラムとしては、たとえば、コンコルド (1962年開始)、電算機計画 (1966年開始)、TGV (1969年開始)、エアバス (1970年開始)、民生原子力 (1973年開始)、ミニテル (1978年開始)、エレクトロニクス・半導体 (1989年開始) などがある。
21) 藤本光夫 (1993)、40-41頁。なお、この時期の企業集中運動の経過を示すデータについては、藤本光夫 (1979)、50頁も参照されたい。
22) 新倉俊一他編 (1997)、74頁、85-86頁。
23) もともと、フランス国土整備における当初の課題は、パリとその他の地域間格差是正にあった。すなわち、フランスでは、アンシャン・レジーム期に、パリを中心とする唯一にして普遍的な国家の建設が目指され、この理念が、ナポレオン時代の中央集権的体制により一層強化され、政治、経済におけるあらゆる主要機能がパリに集められた。こうした歴史を経て形成されたパリへの一極集中という状況が、戦後の急速な工業化の進展と結びつくことにより、地域間格

差という問題を深刻化させた。地域間格差問題が政策課題として本格的に取り上げられるようになったのは1950年代であったが、その後1963年には、行政面における国土整備基盤が整えられ、「国土整備地方開発局（DATAR）」が創設された。現代では、国際化の進展と共に、パリへの一極集中是正、地域間格差の是正といった当初の国土整備の目的は薄らぎ、代わって地域の独自性に基づいた地域活性化活動の支援や雇用対策が重視されている。なお、「国土整備地方開発局（DATAR）」は、現在では再編・改称され、「国土整備競争力強化省間委員会（DIACT：Délégation interministérielle à l'aménagement et à la compétitivité des territories）」となっている。

24) 地方分権と国土開発の歴史については、主に財団法人 自治体国際化協会（1998）、20-37頁を参照。
25) EU中小企業政策の史的展開については、山口隆之（2004a）、三井逸友（2005）、三井逸友（2007）が詳しい。
26) これら近年の政策展開については、本書第8、9、10章でより詳細に考察・検討している。
27) 原輝史（1993）、14頁。

第2章　中小企業研究のさきがけ

I．序

　ここでは、フランスにおける中小企業研究が社会科学の一領域として、いかにその地位を築いてきたのかを確認し、今後の展望をはかりたい。フランスに限らず、中小企業についての議論がここ数十年の間に活発になっていることは衆知の事実である。中小企業に関する数多くのシンポジュウムの開催や各種協会・機関の設立、あるいは幾多の業界紙や研究誌の存在といった事実が、このことを証明している。他方、こうした状況下で中小企業に客観的分析を加え、理論化を図るという科学的営みの重要性もまた大きなものとなっている。なぜなら、中小企業という領域を構成し、特徴付ける事実の一つは多様性、あるいは異種多元性なのであり、したがって、中小企業に関する議論や研究成果は、過度に分散的でアドホックなものになる危険性を本質的に孕んでいるからである。

　以上の認識を踏まえ、本章ではトレス（Torrès, O.）の論考を参考にして、1960年代～80年代半ばまでのフランスにおける中小企業研究の発展過程を整理・分析したい。後にみるように、管理学（sciences de gestion）[1]を中心として独自の発展を遂げたフランス中小企業研究の潮流を一社会科学の発展史として捉える彼の分析視点は、国の如何を問わず、中小企業研究に関わる者にとって重要な示唆を含むものである。

Ⅱ．発生期（１）：企業規模をめぐる議論

　既に示したように、フランスにおける中小企業研究は、管理学を中心として発展したが、トレスは、その萌芽を企業規模研究のうちにみている。企業規模が組織構造に影響を与えるとするならば、中小規模組織は大規模組織と異なる構造をもつことになり、この差異の発見が、中小企業を大企業と区別して論じることに正当性を与えるのである。

　1960年代の企業規模の影響に関するパイオニア的業績として、しばしば引用されるのは、イギリスのアストン（Aston）・グループによって行われた研究である。これは、あらゆるタイプの組織に共通する問題、あるいは特殊な状況下において現れる特徴的問題の発見を目的としておこなわれた比較分析である。当該研究の主たる結論は、企業規模は、組織構造を決定する重要な要素の一つである、というものであった[2]。こうして、その後、企業規模と組織構造の関係についてなされた多くの実証分析が同様の結論を導き出すに至った[3]。

　また、ミンツバーグ（Mintzberg, H.）は、比較研究を通じて、企業規模の変化に応じて組織の性質が変化すると指摘した。すなわち、「規模が拡大すればするほど、組織構造は複雑になる。つまり、課業の専門化が一層進み、機能の分化、管理部門の拡大が一層進む。これらの証拠は歴然である[4]」として、企業規模を最も広く認められる組織構造の与件として位置付けたのである。

　しかしながら、以上の研究成果をもって、企業規模が組織構造に絶対的な影響を与えると結論付けるのは危険であった。なぜなら、企業規模の影響に関わる実証研究の多くは、結果の測定方法や、調査対象サンプルの収集方法を異にしており、さらに、その後には、組織構造に対する企業規模の影響が絶対的なものではない、との結論を示す実証研究も少なからず見られるようになったからである。こうして、1970年代には、企業規模の研究における調査対象サンプルの性質について激しい議論がなされた。すなわち、企業規模が組織構造に影響を及ぼすとしても、その役割と重要性についての見解は、研究者によっても、時代によっても一様ではなかった[5]。

ここで、キンバリー（Kimbery, J. R.）の業績は、企業規模についての文献サーベイを行い、その特徴を簡潔に整理していることで興味深い。彼は、1965〜75年までになされた80余りの諸研究を精査することにより、企業規模について、「インター・ティピック（intertypique）」と「イントラ・ティピック（intratypique）」という、2つの対照的なアプローチがあることを発見した[6]。

　ここで「インター・ティピック」アプローチとは、企業規模の影響度を、組織類型の如何とは切り離して分析する立場である。つまり、企業規模の影響は広く組織一般に認められるものとされるが故に、調査対象とされるサンプルの不均質性や多様性には、焦点があてられなかった。たとえば、「インター・ティピック」アプローチの例として、ホールら（Hall, H. and Haas, J. E.）の研究[7]では、テレビ局や労働組合、宗教学校、あるいは、警察といった、目的や活動領域を異にする組織を区別することなく、あくまで、多様な組織の枠を越えて普遍的に及ぶ、企業規模の影響が考察されている。すなわち、「インター・ティピック」アプローチの特徴は、組織構造に影響を及ぼす諸要因のうち、企業規模を最上位に位置付け、調査対象とするサンプルの多様性を超越した、組織一般の理論の構築を目指す点にあった。しかし、このように、企業規模を絶対変数として取り扱う立場は、のちに企業規模偏重主義であるとして限界が指摘された。

　「インター・ティピック」アプローチにおける企業規模の取り扱いは、いわば他の要素に対して排他的な最高の説明変数である。しかし、その後はたとえ、企業規模が組織構造に何らかの影響を与えるとしても、その範囲は限定的であるという考えが浸透し[8]、むしろ、組織構造に影響を与える企業規模以外の要素をも考慮しつつ、企業規模の影響度が、いかなる条件のもとで、いかに変化するのかを検討していく、条件適合的なアプローチの有効性が認識され始めた。さらに、より根本的な問題として、企業規模という要素は、非常に単純にみえるが、実際には、従業員数、報酬総額、売上高、付加価値額、資本や資産額など、多くの指標によって表現されるものであり、かつ、これら指標は互いに強く影響しあっていることが明確であるにも関わらず、各々は、互いに置

き換えることができないという問題が存在した[9]。結局、「インター・ティピック」アプローチでは、企業規模を構成する上記の指標のうちのいずれかを、データの獲得容易性や、研究対象に照らし合わされて選択せざるを得ないという問題を抱えていたのである。

これに対して、「イントラ・ティピック」アプローチは、調査対象となる組織サンプルの不均質性や多様性に着目するものであり、それは、たとえば、病院、学校、公企業といった組織の類型ごとに企業規模の影響度の違いを測定するものであった。当該アプローチは、組織構造を説明するにあたり、企業規模を絶対視する先の「インター・ティピック」アプローチの欠点を回避し得るものであったが、他方で、組織一般に適用可能な理論の構築という側面においては限界に直面せざるを得なかった。

「イントラ・ティピック」アプローチの本質的課題は、組織をいかなる基準に従って類型化するか、という点にあった。多くの研究者にとって既知なように、一般に用いられる組織の諸類型は、実は名目上の呼び名にしか過ぎない。たとえば、一般に、病院、刑務所、学校、企業などを独立した組織類型として扱うとしても、これら類型の客観性は、各類型内部における多様性が拡大するとともに失われる。たとえば、学校という類型に含まれる幼稚園、小学校、中学校、師範学校を同じ一つの類型として扱うことについては、議論の余地が残るであろう。このように、類型化という手法が、理論構築上の一側面において有効であるとしても、実際には、これを経験的事象と重ねることには限界があり、よって、類型設定に際しての恣意性を完全に排除できないという課題が、「イントラ・ティピック」アプローチには残されたのである。

以上をまとめれば、企業規模の影響に関する研究には、大別して、2つの対立する立場が存在した。第一に、まず企業規模を定冠詞で表される変数のように設定した上で、この指標を組織構造に影響を与える要因として最も重視し、その影響を組織の相違を超越する普遍的なものと捉えるアプローチ。第二に、企業規模を、その他の組織要因と並ぶ相対概念として設定した上で、その影響を条件適合という視点から確認するというアプローチである。既にみたよう

に、これら両アプローチは、何れも客観性の確保という側面で限界を有していた。

トレスによれば、その後、中小企業の管理学的研究の生成と発展に貢献したのは、企業成長モデルの研究であった。企業成長という動的現象は、大企業と中小企業の境界設定という問題に取り組まねばならない研究者の関心を引くに十分であったからである[10]。

Ⅲ．発生期（2）：企業成長モデル

1970年代の初めには企業成長の問題に多くの研究の目が向けられ、幾つかの企業成長モデルが示された。企業成長モデルは、成長過程において生起する組織内の諸現象を段階的に把握する事を目的としており、それは、大企業と中小企業の境界設定という問題に取り組み始めた研究者の関心を引いた。

企業成長モデルは、企業の成長段階ごとに組織形態の特殊性が現れ、管理上の特性が変化することを前提とするものであった。換言すれば、企業規模の変化は、組織の程度の差というよりもむしろ、変質を生むと考えられた。この意味で、企業成長という現象は、連続的あるいは直線的過程というよりは、むしろ企業の危機や変質という境界で分断される断続的過程である。このように、企業成長モデルは、各成長段階における組織形態が特殊であり、固有の管理的特徴を持つことを前提としていた。

しかしながら、ジェルベ（Gervais, M.）の指摘に見られるように、「動的成長モデルに基づく中小企業組織の分析が直面する真の問題は、現実に見られる成長過程間の連続性や中小企業の成長過程に存在する決定的な境界を考慮せずに、当該境界を生む原因の究明に傾斜した[11]」ことにあった。すなわち、この時期に示された企業成長モデルが目指したのは、経営者や管理者に対して企業成長にともなって乗り越えるべき危機を示し、警戒を促すことだったのであり、したがって、客観的に企業の成長段階を描写することには、注意が向けられなかった。結果として、企業成長モデルにおいて示された各成長段階は、経験的に観察される事象と照らし合わせるには、あまりに理論的過ぎ、中小企業

という境界を抽出するに際してさしたる貢献を果たさなかった。

　以上の状況のもと1980年代には、成長段階の明確化という目的のもとに、いくつかの実証研究がみられるようになったが、それにも関わらず、客観的な成長段階の特定化はやはり困難であった。たとえ成長段階が示されたとしても、それらは、研究者によって一様ではなかった。企業の成長段階に関して、研究者間のコンセンサスが得られなかった理由の一つは、企業内部の諸機能がそれぞれ固有の速度で、かつ、固有の様式に基づいて変化していく、という事実の内にあった。

　ゴドネ（Godener, A.）によれば、普遍的な企業成長モデルの有効性は、各企業が固有の成長経路を辿るという事実によって制約を受ける。たとえば、企業によっては、構造的側面においてスタート・アップ段階の企業の特徴や成長初期段階の企業の特徴を備えていても、他方で、生産機能の側面においては、成熟化段階の特徴を備えている場合がある[12]。

　こうして、企業内部に異質かつ複数の成長経路が含まれている、という事実が発見され、普遍的な成長モデルを構築することの困難性が明らかになるにつれ、その後は、より客観的な立場から、企業の成長に影響を及ぼす諸条件を抽出していこうとする研究が盛んになった。唯一普遍的な成長モデルの追求という視点から、むしろ限定的で特殊な環境のもとにおける企業成長モデルの追求、すなわち、条件適合的な企業成長モデルの究明、という新たな研究の道が開かれたのである。

　以上のように、中小企業の管理学的研究の基礎となった企業規模の影響に関する研究において見られた2つのアプローチの対立、すなわち、普遍的理論を構築せんとするアプローチと、条件適合的理論を構築せんとするアプローチの対立は、その後に展開した企業成長モデルの研究においても繰り返されることとなった。トレスは、この状況を「古典的な対立（opposition classique）」とよび、以後の中小企業研究の方向性を決定付けた重要な要素として認識している[13]。

IV. 基礎確立期：二つの研究視点の対立

　1970年代半ば以降、中小企業の管理学的研究は二つの流れにそって発展した。第一に、大企業と区別される中小企業としての経営的特殊性を前提とするアプローチ（le courant de la spécificité)、第二に、中小企業における経営的多様性を前提とするアプローチ（le courant de la deversité）である。前者は、大企業と比較した場合の中小企業の経営的特徴を究明し、専ら中小企業に向けられる理論を構築するものであり、中小企業を研究対象（objet）として扱うものであった。他方で、後者の中小企業の多様性を前提とする研究では、中小企業群における経営的多様性を整理・分類するという目的のうちに中小企業の類型化を行うものであり、ここでは中小企業が研究領域（champ）として見なされた。

1．中小企業としての特殊性を前提とする研究

　1970年代に入るまで中小企業という研究対象は「それ自体として扱われることは無かった。中小企業は一般的な管理問題の枠組の中で扱われ、多くの場合、その特質は全く考慮されなかった[14]」。しかし、1970年台後半になると、中小企業分野の研究蓄積とともに、中小企業は、もはや大企業の縮小モデルではなく、大企業とは異なる幾つかの経営的特質を有する企業であると考えられるようになった。中小企業は大企業と区別されるという意味で特殊な経営上の特徴をもつ存在として扱われるに至ったのであり、これは、過去の小規模企業が"中小企業"という一つの研究対象としての地位を確立したことを意味していた。

　ペンローズ（Penrose, E. T.）は、すでに1960年代以前に中小企業の経営的特徴を大企業のそれと照らし合わせて次のように説明している。「明らかに、会社が大規模化するにつれて生じてきていることは、会社が非能率的になったということではなく、規模の拡張に伴って、経営機能と基本的な管理機構とがいずれも"有機体"自身の性質に深い影響を与えるような基本的変化を受けるに

至ったということである。非常に大きい会社と非常に小さい会社との間の管理機構の違いはあまりに大きいので、これらが同一属の二種であるとみなすことは、いろいろの点でむずかしい[15]」。この説明から明らかなことは、本来、中小企業は大企業との比較においてしか具体化されないという事実である。換言すれば、中小企業の経営上の特殊性は、大企業のそれとの比較を通じて、相違としてのみ浮かび上がるものである。しかし、中小企業を対象とする研究蓄積が進むにつれ、この比較対象としての中小企業概念は、徐々にそれ自体独立した認識対象として受け入れられるようになった。

図表 2-1 中小企業の特殊性を前提とする研究

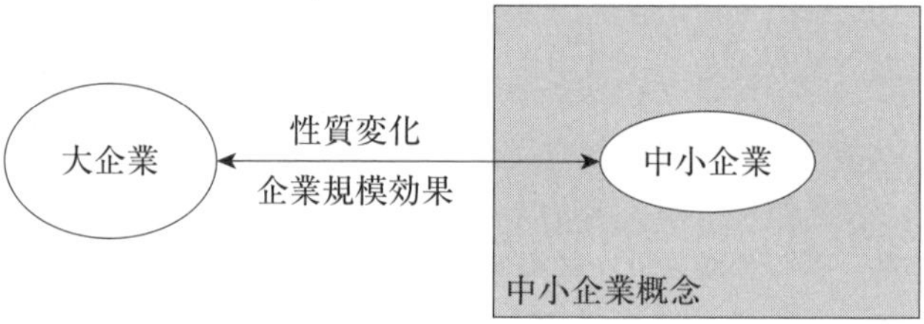

出所：Torrès, O. (1998b), p. 29.

中小企業の管理学的研究には、概して二つの選択肢があった。第一に、大企業の管理学的研究成果を中小企業のケースに置換える、あるいは適用する方法。第二に、これとは対照的に、古典的な大企業の管理学的研究によって明らかにされた成果に依拠することなく、新たな側面から分析をおこなうという方法である。後者の方法を選択するとき、研究の目的は「資本主義社会における特殊的制度とみなされる中小企業現象の考察という域から、中小企業概念の体系化と抽象化の段階へと移行する。これは、中小企業の実態が、特定の典型的企業の理念型を通して認識されるようになる段階である[16]」。こうして、中小企業は、それまでの管理学では扱われなかった特殊な研究対象としての地位を確立し始めた。

ハーツ（Hertz, L.）は、その著書の中で、普遍的な中小企業概念を構築する必要性を示した。すなわち、「統一的で普遍的な（中）小の定義の妥当性に対

する主たる反論は、国ごとに『(中) 小』という意味の量的範囲が違う事を根拠にしている。これは、(中) 小企業を規模という量的基準のみでしか定義できないならば正しいであろう。しかしながら、(中) 小企業を一つの概念として認識し、それを単なる大企業のミニチュアでは無いと捉えるとき、それに対して、ある普遍的な定義を与えることが可能である。つまり、そこに、ある統一的な概念を確認することが可能であるに違いない。中小企業という研究対象に統一的な定義が与えられなければ、いかなる比較も行えなくなってしまう[17]」。

同様の指摘は、次のジュリアンら (Julien, P. A. et Marchesnay, M.) の言葉にも示されている。すなわち、「個々のレベルで捉えられる中小企業の世界は過度に複雑である。しかしながら、鳥瞰図的にこの世界を見れば、そこには検証に基づいて浮かび上がる、ある種の普遍性や本質、傾向が存在する[18]」。これらは、中小規模という事実に起因する諸結果の中に普遍性を見出し、それを重視するという立場であった。中小企業という領域は、多様性を特徴とするのではあるが、そこに共通する特徴を発見し、いわば共通変数をもって中小企業を描き出すことが効果的であると認識されはじめたのである。

以上のように、1970年代半ば以降は、中小企業の管理的特徴が、既存の大企業の理論、あるいは組織の一般理論では説明できないとの認識が広まり、中小企業の特殊性を包括的に説明可能な新しい理論、あるいは新しい分析枠組が求められるようになった。中小企業は、大企業にはみられない管理上の特徴をもつ研究対象としての地位を確立し始めたのである[19]。

当時の研究者達は、こうした新しい研究に対する支持を得ようと、あるいは少なくとも批判を抑えるために、まだ初歩的な試みにしか過ぎなかった中小企業研究の意義について議論を重ねた。その結果、「中小企業は、もはや単なる大企業の縮小版ではなく、ましてや原初的な企業の幼少期の姿を示すものでも無い。どの産業領域においても、中小企業はそれ自身としての実態と存在意義を持つ[20]」との認識が拡大していった。この研究者の認識の変化は、「中小企業の認知から中小企業の認識 (reconnaissance à la connaissance des PME)[21]」

への変化として形容することができる。すなわち、初期段階における、中小企業という新しい研究対象の発見、という課題は、その後、如何にして中小企業を定義するか、という課題に移行した。その後、この新しい研究対象には、たとえば、「中小企業現象（phénomène-PME）」、「中小企業概念（concept-PME）」、「ハイポ企業モデル（modèl d'Hypofirme）」、「理念型（idéal type）」といった様々な名称が与えられている[22]。

中小企業を定義するという作業は、中小企業という「新しい世界」における共通性に着目し、典型的な中小企業像を描き出すことに他ならなかった。たしかに、研究対象を一般化できるか否かは管理学における、科学的知識と、非科学的知識を識別する上で、最も重要な指標である。したがって、上述のような、理論領域における中小企業のモデル化あるいは概念化の試みは、中小企業研究が一社会科学として発展し、その地位を確立していく中で不可欠な過程であった。

モレス（Moles, A. A.）によれば、科学はその形成過程において、自明の事実を形成することにより、その発展の道を保障される。この自明の事実とは、当該学問領域が研究対象として認識する「現象的データ（donnée phénomenologique）」を指し、哲学者らが還元（réduction）と呼ぶプロセスを通して形成される。かくして、まさに文字通り、学問的な当該活動は、その目的に沿った形態を探そうとするのであり、これは一般概念の構築と呼ばれる学問成立の第一ステップである[23]。このように、中小企業研究は、その対象の概念化を通じて、一社会科学としての地位確立に向けた一歩を歩み出したのである。

以上のように、中小企業の管理学的研究の出発点は、上述の中小企業という研究対象のモデル化と概念化、あるいは、そのアイデンティティーの確立の中にあった。しかしながら、他方で、こうした過程には、同時にその後の研究の発展を阻害する要素が存在していた。ここで問題となったのは、中小企業モデルや概念の無批判な受け入れ、という状況である。すなわち、たとえ、構築されたモデルや概念が、現実に観測される事柄を反映したものであるせよ、それ

が研究者らによって、理想化され、客観的な研究の道が閉ざされてしまうという状況である。実際に、その後の研究には、中小企業現象の中に普遍的事実や本質的な傾向を発見せんとする比較的穏やかなアプローチをとるものもあったが、他方で、中小企業モデルの普遍的な適用を過度に強調して、中小企業現象には、条件適合的事実よりもむしろ、決定論的な事実の方が多いとさえ主張する研究も多く見受けられるようになった[24]。

こうした一般化という過程を通じて形成された中小企業という研究対象の取り扱いに伴う最も重大なリスクは、科学の発展について触れた、以下のポパー (Poper, K. R.) の指摘の中に端的に示されている。すなわち、「規則性を探し出し、自然に対して法則をあてはめようとするわれわれの性向は、独断的思考あるいはもっと一般的に独断的行動という心理現象を生み出す。すなわち、われわれは至る所で法則性を期待し、そのようなものの存在しない所でさえ規則性を見つけようと試みるのである[25]」。

中小企業という研究対象の概念化やモデル化は、中小企業に関する知識を蓄積していく過程では不可欠であったが、それは、他方で、現実には立証が困難な高次の仮説に基づいた研究の発展をもたらすものであった。現実世界において観察される中小企業と、研究の発展に伴って形成された中小企業概念やモデルは、本来、完全に重なるものでは無いはずであるが、研究者は、両者の整合性を完全なものとして受け入れてしまうという状況に陥りがちであった。

高次の仮説をもとにして展開される研究は、以下二つの失敗へと結びつく。第一に、中小企業として判別できないケースにおいてさえ、中小企業という特殊性の枠を適用してしまう、という状況である。第二に、企業規模が大きいという理由によって、中小企業のフレームワークで有効に分析できる企業を、考察から排除してしまうという状況である。実際には、中小企業に典型的とされる管理的特徴を有している大企業も存在することに鑑みれば、中小企業概念の適用範囲は、一見して識別されるよりも、広くて、そして、同時に狭いはずである。すなわち、大企業を中小企業概念によって有効に分析できる可能性があると同時に、あらゆる中小企業が、必ずしも強引に中小企業概念のフレームワ

ークに納められるべきものでは無い。

　この種の失敗を避けるためには、概念化やモデル化の過程を経て形成された中小企業という研究対象の有効性を経験的事実に基づいて確認する作業が必要であった。しかしながら、実際には、中小企業概念やモデルに客観的メスが入れられることは極めて稀であり、したがって、経験的事象と照合されることの無い、その意味で高次の仮説的性質をおびた中小企業概念やモデルをもとにした研究の蓄積がなされていった。たとえば、一般に、企業（組織）規模が小さくなるにつれて経営者の影響が大きくなる、という傾向は否定できないが、この傾向は、当該蓋然性が高くなることを意味するのであって、決定的な事実ではない。けれども、この言明は、時代を問わず、経営者の目的と行動に焦点をあてた中小企業研究を正当化する際の根拠として利用されてきた。バヤドら (Bayad, M. et Nébenhaus, D.) の言葉を借りれば、小規模性が経営者の影響力を規定する、というこの関係は、すべての中小企業研究が拠りどころとする義務概念[26]の一つとさえ言えるものであった。

　このように、中小企業の特殊性を前提とする研究は、企業規模や企業成長モデルといった先行研究においてみられた普遍性を追究するアプローチを継承するものであった。

2．中小企業の多様性を前提とする研究（1975-85年）

　既述のように、中小企業の特殊性を基礎として一般理論を追求する研究と並行して進められたのは、同一規模内の企業を類型化し、中小企業領域における多様性を整理・確認するという研究であった。ここでは、企業規模に基づいて均質的な企業群を設定してしまうという事態を避けるために、事例研究 (etudes echantillons) に基づいた同一企業規模内における諸企業の構造と行動の多様性を説明するという作業がなされた。

　中小企業は大企業と対比される一つの均質的な企業群であるという認識は、極端な主張につながらない限りは有効である。しかしながら、特に、中小企業に向けられる実証研究の蓄積が進むにつれて、すべての中小企業を単一モデル

の内に包含することは不可能であることが明らかとなった。この根拠は中小企業の多様性である。すなわち、中小企業領域（研究の場としての中小企業）は多様な管理上の特徴をもつ諸企業から構成されているために、極端にいえば、いかなる一般化も不可能であり、経営体における管理上の諸現象は、その経営体を取巻く状況、すなわち、条件的要素に依存している、との考えが一方で広がりはじめたのである。

この考えに従えば、中小企業領域は、特殊性を前提とする研究によって描かれるような同質的な企業の集合ではなく、その活動領域や、所有形態、戦略、管理方法等の要素において多様な様相を呈する諸企業の集合である[27]。

レオ（Leo, P. Y）は、中小企業と大企業を完全に識別することが困難であるという認識に立った上で、多様性という事実こそが、中小企業を認識する有効な手がかりであると主張している。彼によれば、「明らかに、中小工業は完全に大工業と異なる企業モデルとして区別することはできない。この２つのタイプの境界は曖昧であり、確定が困難である。今日、われわれが中小工業について観測できる事実は、大企業の影響無くしては捉えられないであろう。つまり、中小工業が今日その一端を担っている（補完性、技術移転、下請などの）状況を考慮しなければならない。しかし、むしろ、ある意見のもとでは重要な鍵とされる、この中小工業と大工業の対比という視点は、中小企業の分析が一層深められるにつれて、もはや実り多いものでは無くなるであろう。（なぜなら）中小工業の世界を特徴付ける多様性という事実が存在するからである（中略）。この多様性はまさに中小工業現象の一側面そのものである[28]」。

同様にカンド（Candau, P.）もまた、中小企業の多様性に着目することの有効性を指摘している。「組織一般、および小規模企業に関する知識が蓄積されるにつれ、小企業の多様性という側面は、その共通的側面よりも重要であると考えられるようになった。（中略）このため、当該企業によって採用される形態の多様性を比較的統一的で共通な限られた特徴をもって分類し、経験的に分析することが殊に有効である。このことは、すべての組織に適用される絶対的法則、すなわち、分断的な共通項目の寄せ集めに陥りがちな法則の形成を試み

たり、あるいはアプリオリで規範的ではあるが、他方で説明能力に乏しい類型化を試みることよりも一層有意義である[29)]」。

このように、中小企業の多様性に着目する研究は、中小企業の特殊性を前提とする研究とは異なる問題意識に支えられるものであった。中小企業の特殊性を前提とする研究は、理論の一般化をすすめ、それに沿った知識の蓄積を可能にする、という面で長所を持っていたが、こうした態度は、今ひとつの中小企業世界の特徴である不均質性という事実と相容れないものであった。換言すれば、中小企業の特殊性を前提とする研究は、中小企業群における重要な特徴の一つである多様性を捨象していたのである。

中小企業の多様性を前提とする研究では、実際に組織の性質に影響を与えるであろう、あらゆる条件要素を特定することが目的とされた。たとえば、ファブリら（Fabli, B. et al.）[30)]は、1950〜1980年代終わりにかけての中小企業の人的資源管理（GRH：gestion des ressources humaines）に関する諸論文（75件の実態調査）をサーベイすることにより、21の条件を抽出し、条件適合的な人的資源管理モデルを提示している。当該モデルは中小企業における実際の人的資源管理に出来る限り接近し、企業活動に関与する場合や助言を行う上での有効性を狙ったものであった。すなわち、このモデルの本質的価値は、そのヒューリスティックな側面にあった。

しかしながら、こうした有効性とは裏腹に、当該モデルは、条件適合的アプローチが行き過ぎた場合の危険性をも露呈していた。ここでは、21の条件を基礎として、各条件が（仮説上最低でも）二つの可能性を示すとされたために、想定される状況数は200万以上の数にのぼった。中小企業の多様性を描き出すことが重要であるとしても、問題は、この例に見られるように、各条件の組み合わせによって、理論上導き出される中小企業の状況数が必要以上に増え、一般的な分析枠組みを形成する際の障害になってしまうことにあった。中小企業の特殊性を前提する普遍的モデルが、「非現実（irréalisme）」的状況に陥る危険性を有していた、とするならば、条件適合的アプローチは、「超現実（surréalisme）」的状況に陥る危険性を有していた。極端な場合、後者のケース

では、すべての企業が特殊ケースとして扱われることになりかねず、一般化や理論化は望めなくなる。

このように、必要以上に条件数を増やさないための一つの方法として考えられたのは、一つの特殊的状況に限定して企業の類型化を行い、そのケースに限って、最も影響度の強い条件要素のみを取り上げるか、あるいは、ある条件同士の組み合わせの方が、他の条件の組み合わせよりも蓋然性が高い、と判断するというやり方であった。こうして、1975～1985年の間には、中小企業の多様性を、類型化を通じて描き出すという試みがなされた[31]。

中小企業の多様性を前提とする研究は、先の特殊性を前提とする研究とは異なり、次の二つの特徴をもっていた。第一に、調査サンプルの選定にあたり、当初から中小規模を重視するので、大企業との差異の明確化に傾斜することはなく、むしろ、客観的条件を用いた多様性の分析を中心的目的とした。

図表 2-2　中小企業の多様性を前提とする研究

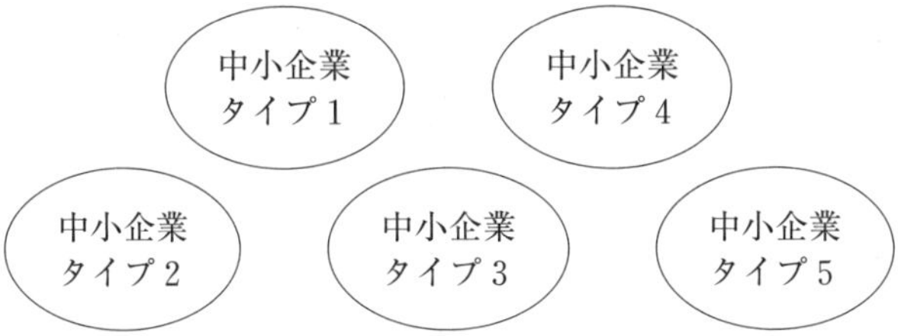

出所：Torrès, O. (1998b), p. 35.

第二に、中小企業の多様性の考慮にあたっては、条件適合という側面を重視し、類型化の手法をとるため、特殊性を前提とする研究と比べると、一般的なフレームワークを構築することが困難であった。換言すれば、分析の結果導き出される理論の適用範囲は狭くならざるを得なかった。

以上をもってトレスは、二つの研究の流れ、すなわち、中小企業の特殊性を前提とするアプローチと中小企業の多様性を前提とするアプローチを対立的立場にあるものとして理解する。中小企業の特殊性を前提とするアプローチは、普遍的な枠組みの中に研究対象としての中小企業を位置付けるものであった。

これは中小企業にみられる管理諸現象のうちに普遍的傾向を発見し、それらを一つのモデルとして集約する立場である。普遍化や統合化という過程を通じて輪郭が与えられた大企業と比較した場合の中小企業の特徴は、中小企業に関する知識の蓄積を容易にし、演繹的にアドホックな問題を解決することを可能にするものであった。

しかしながら、このアプローチは、その発展の中で、既に示したような、ある種の危険に陥りがちであった。すなわち、普遍性をもつ中小企業モデルの構築という当該アプローチの目的は、すべての中小企業が中小企業モデルと整合するか、あるいは、それに整合すべきである、という思考と結びつく危険性を内包していた。

他方、中小企業の多様性を前提とするアプローチは、中小企業の多様性を類型化という作業を通じて単純化していくものであった。このアプローチは、現実事象との整合性に重きを置くものであったが、その結果として、研究成果の応用範囲は限定的にならざるを得なかった。極論すれば、このアプローチの根底には、すべてを条件の問題であると片付けてしまい、中小企業に関する知識を単なる小話のレベルに留まらせてしまうという危険性が存在していたのである[32]。このように多様性を前提とするアプローチは、現実事象との整合性を追求するがゆえに、科学の発展にとって必要不可欠な一般化という過程と馴染まなかった。

3．中小企業の管理学的研究におけるジレンマ

図表2-3は、これまで解説してきた内容をまとめたものである。このように、1960年代～80年代半ばにかけて行われた中小企業の管理学的研究の中には、二つのアプローチの対立を見出せる。すなわち、第一に普遍的中小企業理論を求めるアプローチと、条件適合的理論を求めるアプローチの対立、第二に、中小企業の特殊性を前提とするアプローチと、多様性を前提とするアプローチの対立である。これら二つの対立関係は、いずれも中小企業を研究対象としてみなすか、あるいはそれを研究領域としてみなすか、という根本的な選択

問題を含んでいる。端的に言い表せば、発生期から基礎確立期にかけての研究によって、「研究対象としての中小企業 (PME-objet)」と、「研究領域としての中小企業 (PME-champ)」の間に断絶、あるいは乖離が存在することが明らかとなったと言える。

図表 2-3　中小企業の管理学的研究における対立

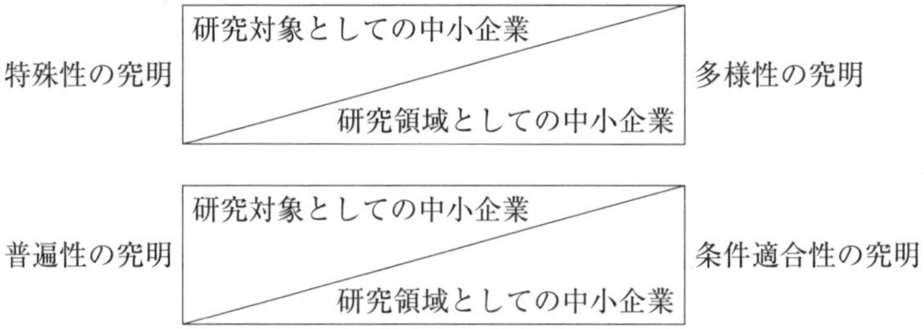

	研究対象としての中小企業	
特殊性の究明		多様性の究明
	研究領域としての中小企業	

	研究対象としての中小企業	
普遍性の究明		条件適合性の究明
	研究領域としての中小企業	

出所：Torrès, O. (1998b), p. 36.

　中小企業を「研究対象」としてみる場合には、理論の積み重ねを前提として、中小企業モデルが描かれ、当該モデルに沿った管理現象の分析・検討、あるいは予測がなされる。すなわち、その方向性は、普遍化・一般化という発展経路を辿る。これに対して、中小企業を「研究領域」として捉える際には、多様性という事実が重視され、したがって、研究は、条件適合的手法を基調として深化していく。これは、普遍化・一般化とは、むしろ逆方向である。このように、上記2つのアプローチの対立という問題は、中小企業研究がその後さらなる発展を遂げるに際して障害となるジレンマに他ならなかった[33]。

　では、この相容れない二つの流れをいかにして調和、あるいは統合すべきであろうか。換言すれば、いかにして「研究対象としての中小企業」と「研究領域としての中小企業」を同時に考慮して、先のジレンマを克服すべきなのであろうか。次の第3章で見るように、1980年代半ば以降の中小企業研究は、まさに、こうした特殊性と多様性、および普遍性と条件適合性の統合を求めて展開していった。

V. 結

　以上、1960年代半ば以降の約20年間における中小企業の管理学的研究の流れを考察してきた。ここで、これまでの考察における要点を整理するとともに、若干の私見を述べたい。

　トレスによれば、中小企業の管理学的研究の萌芽は、企業規模効果および企業成長モデルの研究に見られる。これらの研究は、その後の中小企業研究に影響を与える2つの特徴的なアプローチを含むものであった。

　企業規模に関する研究の中では、その影響が、組織の相違を超越し、普遍的に及ぶとするアプローチに対して、その影響を条件適合的に捉えるという二つのアプローチが存在した。さらに、企業成長モデルの研究においても、普遍的成長モデルを追求するアプローチと、各企業が固有の成長過程をもつことを前提とする条件適合的なアプローチの対立がみられた。

　以上のように、発生期における中小企業研究は、トレスが「古典的な対立パターン」と呼ぶ方法論上の対立関係を含むものであった。すなわち、普遍性を目指す理論的アプローチと、実証研究の成果を中心とした条件適合的アプローチの対立である。

　1970年代半ば以降は、中小企業に関する研究蓄積が進み、学者集団に共有される中小企業組織像、あるいは中小企業モデルとも言うべきものが形成されはじめた。これは、中小企業研究が一学問として成立する上で不可避な一般化という過程を通して形成されたものであった。一般化・普遍化という作業を通じて、中小企業モデルを形成し、このモデルに沿って中小企業の経営諸現象を考察・分析するという、中小企業の特殊性を前提とする研究は、その後の中小企業の知識の蓄積を容易にするという側面に貢献したが、同時に、高度に抽象化された中小企業モデルを絶対視し、過度に現実事象から乖離してしまうというリスクを伴うものであった。

　他方で、特に実証面を中心とした中小企業の研究成果が蓄積されるにつれ、中小企業の多様性が大企業と対比される重要な特徴であると認識されるように

なり、中小企業の多様性を前提とする研究が進められた。先の中小企業の特殊性を前提とする研究が中小企業を「研究対象」としていたのに対し、ここでは、それが「研究領域」として捉えられ、そこにおける多様性を確認・整理するという目的のもとに、条件適合的な観点から、類型化がおこなわれた。このアプローチは、より現実適合的ではあったが、そこから導かれる理論の応用範囲が限定的にならざるを得ず、一般化が困難になるという、学問としての発展を阻害する根本的な問題を含んでいた。

　このように、1970年代半ば以降の中小企業研究は、中小企業の特殊性を前提とするアプローチと、中小企業における多様性を前提とする2つのアプローチに沿って進められたが、前者は、上述の企業規模と企業成長モデルの研究の中で見られた普遍化・一般化という論理的側面を、後者は条件適合という論理的側面を、それぞれ継承するものであった。企業規模効果および企業成長モデルの研究でみられたアプローチの対立は、その後の研究の中でも繰り返されたのである。

　トレスは、中小企業を管理学における研究対象としてみるか、あるいは研究領域としてみるかという選択は、互いに補完的ではあるが、しかし異なる研究成果を生み出し、異なる発展経路へとつながるものと捉えている。換言すれば、中小企業を研究対象としてみることで必然的に求められる一般化・普遍化という作業を通じて形成される中小企業モデルは、中小企業を研究領域とみなすことによって不可避的に受け入れざるを得ない多様性という重要な事実と相容れなかった。たしかに中小企業を特徴づけるものは、その多様性、あるいは異質多元性なのであり、それを統一的基準に基づいて描き出す事は確かに難しい。しかしながら、他方で、既述のように、一学問や一科学の発展過程においては概念の一般化、あるいは普遍的適用が不可避的に求められる。この矛盾を研究者が直面する根源的な課題であるとした上で、そこに中小企業の管理学的研究の特徴と発展の方向性を見出さんとするトレスの見解は的を得たものであろう。ただし、彼が論理展開上、中小企業の特殊性を前提とする研究と中小企業の多様性を前提とする研究の相互補完的側面を完全に捨象している点には注

意が必要である。

　ところで、冒頭にも述べた通り、中小企業の管理学的研究の性質や発展過程に触れた業績は極めて稀少である。わが国では中小企業の研究蓄積が、たとえば二重構造論に代表されるような国民経済や産業構造上の問題、あるいは広く政策上の問題に呼応する形でなされてきた。むろん、マクロレベルの中小企業分析の必要性は今後も重要であるが、他方で、多くの研究者が中小企業経営に注意を向け、多様な研究手法や研究成果が存在しているという現代の状況に鑑みれば、トレスが示すように、これまでの中小企業研究を一社会科学の発展史として捉え直し、そこから、今後の発展経路を展望するという試みは、貴重である。

　中小企業の管理学的研究が、一般化と、経験事象との整合性という2つの要求の間で、その後いかなる発展をみたのかについては、続く第3章で明らかにされよう。

注

1) なお、ここでいうフランスにおける「管理学（sciences de gestion）」とは経営現象を管理者の立場から科学的に究明する学問の総称を示しているが、中でもトレスが重視するのは、人的資源管理や組織構造、またそこから生じる戦略的側面である。
2) この内容については、Pugh, D. S. et al.(1968), Pugh, D. S. et al.(1969) を参照。
3) たとえば、Blau, P. M. and Scoenherr, R.(1971), Child, J. and Mansfield, R.(1972) など。
4) Mintzberg, H.(1982), p. 217.
5) Torrès, O.(1998b), pp. 20-22.
6) Kimberly, J. R.(1976).
7) Hall, H. and Haas, J. E.(1967).
8) たとえば Desreumaux, A.(1992) などを参照されたい。
9) こうした指摘については、Nguyen, T. H. et Bellehumeur, A.(1985) を参照されたい。
10) Torrès, O.(1998b), pp. 21-24.
11) Gervais M.(1978), p. 49.

12) Godener, A.(1994), p. 182.
13) Torrès, O.(1998b), pp. 24-27. なお、ここでトレスは、以下のように条件適合的アプローチの有効性を強調する立場をとっている。「企業成長モデルの多くが、企業成長を規模指標によって測定可能であることを前提としているにしても、われわれは再度、企業規模の影響度に対しては、努めて慎重にならなくてはならない。企業規模による影響が明らかに存在するとしても、各成長段階の境界は、企業規模以外の条件要素にも影響を受けることを認識しなければならない。(中略) すなわち、企業規模に基づく分類方法の適用は、条件適合的アプローチに基づいて、いかなる状況下でその影響度が変動するかを見極めた上で行われるべきである。換言すれば、大企業と中小企業の境界は、条件適合的に定められるべきものである。

総じて、企業成長モデルは、企業規模による組織の変化(企業規模効果)および質的変化を前提として成立しているから、企業規模を企業分類基準とすることの正当性を認めるものであり、この意味で、企業規模と企業成長に関する研究は、企業規模という基準に依拠せざるをえない中小企業研究の基礎を成すものであった。ただし、われわれは、企業規模指標の絶対視という危険を避けるために、以下に述べる事柄を正しく認識しておく必要がある。

まず、企業規模の影響は、万人に受け入れられるものであるが、それは『法則(loi)』ではない。すなわち、その変化に伴う幾つかの影響は、部分的、あるいは時に全面的に、他の状況要素によって相殺される余地がある。事実、今日まで、企業の機能や成長に影響を与えると考えられてきた他の要素(たとえば技術、環境、活動、文化的背景等)に対して、企業規模が支配的であるとの事実は何一つ証明されていない。たしかに、企業規模が構造に影響を与えることは多くの人々にとって既知の事実であるが、その影響範囲については、慎重に議論されなくてはならない。われわれは、特定の状況や環境のもとでは、企業規模が構造に対して、さしたる影響力をもたないか、もしくは、何ら影響力を持たないという状況を見ることがあるからである。このように、企業規模による影響は、普遍的というよりも、条件適合的なものとして受け入れることが重要である。

さらに、万人に受け入れられる企業成長モデルは存在しない。企業の質的な成長の内容は企業ごとに異なるから、企業規模による境界は、客観的ではなく曖昧なものである。中小企業と大企業の世界を分ける境界も含めて、特殊性の枠というものは、条件適合的なものである。」
14) Bayad, M. et al.(1995), p. 97.
15) Penrose, E. T.(1959), p. 19 (訳25頁).

16) Marchesnay, M.(1982b), p. 72.
17) Hertz, L.(1982), p. 19. なお（　）内の記述は筆者による。
18) Julien P. A. et Marchesnay, M.(1988), p. 24 .
19) トレスは当該問題に取り組んだこの時期の代表的業績としてGervais M.(1978), Candau, P.(1981), Marchesnay, M.(1982b). などを上げている。
20) Julien P. A. et Marchesnay, M.(1988), p. 23.
21) Marchesnay, M. et Guilhon, B.(1994), p. 17.
22) こうした中小企業のモデルや概念を提唱したものとしてHertz, L.（1982）, Jullien, P. A.(1994b), Marchesnay, M.(1982b), Julien P. A. et Marchesnay, M.（1992）などがある。
23) Moles, A. A.(1990), p. 87
24) Torrès, O.(1998b), pp. 27-31.
25) Popper, K. R.(1963), p. 49(訳83頁).
26) こうした議論については、Bayad et al.(1995) が詳しい。
27) Torrès, O.(1998b).
28) Leo, P. Y.(1987), pp. 423-424.
29) Candau, P.(1981), p. 16. なお、（　）内の記述は筆者による。
30) Fabli, B. et al.(1993).
31) Torrès, O.(1998b), pp. 33-35.
32) Torrès, O.(1998b), pp. 35-36.
33) Torrès, O.(1998b), pp. 36-37.

第3章　中小企業研究の発展

Ⅰ．序

　第2章では、1960年代～1980年代半ばまでの中小企業研究の発展過程を考察・検討した。本章では、さらに、その後の研究の発展過程を整理・分析する。

　トレスの分析では、1970年代半ば以降の中小企業の管理学的研究には、中小企業の特殊性を前提とするアプローチと、中小企業の多様性を前提とするアプローチ、という二つの対照的なアプローチが存在した。

　前者のアプローチは、いわば典型的な中小企業を描き出した上で、そのもとに研究成果の蓄積をおこなうという方向である。これは、一般化、普遍化、抽象化という過程を含むものであり、したがって、中小企業研究が一社会科学としての地位を確立するに際して不可欠な要素を含むものであった。しかし、当該アプローチは、一般化、普遍化、抽象化の過程を経て形成された典型的な中小企業像が絶対的なものとして扱い、結果的に、過度に現実事象から乖離した研究の蓄積へとつながる危険性を有していた。

　他方で、中小企業の多様性を前提とするアプローチは、中小企業における多様性という特徴をもって、大企業と対比すべき重要な指標とみなし、当該多様性を条件適合的な観点から説明するものであった。その多くは、類型化という手段に依拠したが、そこには、現実事象との適合性を重視するがゆえに、研究成果や理論の一般適用範囲が限定的にならざるをえない、という問題があっ

た。この状況は、中小企業研究が一社会科学としての地位を確立し、研究成果を集約・蓄積していく上では、一つの障害となった。

このように、基礎確立期ともいうべき中小企業の管理学的研究には、ジレンマが存在した。すなわち、一社会科学としての地位を確立するためには、大企業と比較した場合の中小企業の管理現象における特殊性を一般化、普遍化、抽象化のラインに沿って集約し、理論構築と知識の蓄積をおこなっていく必要があったが、この過程は、現実において観察される多様性という中小企業にみられる重大な特徴を捨象することを意味していた。他方で、多様性を中小企業の特徴として重視する場合には、条件適合的視点に基づく方法に依らざるを得なくなり、一般理論の構築と知識の蓄積という側面で限界に直面せざるを得ない、という状況があった。この状況を他言すれば、元来、同じ経験事象から出発するものであるにも関わらず、特殊性を重視することによって描きだされる「研究対象としての中小企業」と、多様性を重視することによって描き出される「研究領域としての中小企業」が、相容れない状況であったといえる。図表3-1は、この関係を示したものである。

ここで、左上の領域は、中小企業の特殊性を前提とするアプローチによって明らかにされる領域を示し、右下の領域は、中小企業の多様性を前提とするアプローチによって明らかにされる領域である。トレスによれば、1980年代半ば以降の中小企業の管理学的研究は、AおよびBの領域を追及していく中で発展していった。

トレスによれば、Aは、「統合（synthèse）」と呼ぶアプローチによって明らかになる領域である。具体的には、中小企業の管理的特徴の中に多様性の根拠を発見する、あるいは多様性を生む要素を集約することによって解明される領域である。これに対して、Bは、「変性（dénaturation）」と呼ぶアプローチによって明らかになる領域である。具体的には、Aの領域の有効範囲を客観的事実に基づき条件適合的視点から確認していくことによって解明される。以下では、これら1980年代半ば以降に展開した「統合」と「変性」を詳細に考察する。

図表3-1　中小企業の管理学的研究の分類

	特殊性	多様性
普遍性	研究対象としての中小企業	A
条件適合性	B	研究領域としての中小企業

出所：Torrès, O. (1998b), p. 38.

II.「統合」アプローチによる発展期　（1980年代中～90年代初期）

　中小企業の多様性と特殊性を同時に考慮せんとする試みは、特に1980年代後半～90年代はじめにかけて盛んにおこなわれた。ここでは、まず中小企業の特殊性が、幾つかの要素の組合せによって成立していると見なされた。すなわち、中小企業の特殊性とは、固定的なものではなく、ある程度の幅をもった多様な要素の組合せとされた。たとえば、ジュリアン（Julien, P. A.）は、従来の研究が拠り所としてきた中小企業区分を概観したのち、図表3-2にみられる指標を示して、中小企業の多様性を考慮しようと試みた[1]。

　図表3-2は、企業規模の変化に伴って生じる組織構造および組織行動上の変化が連続的なものであること、および、その程度には幅があることを示している。いわゆる古典的な中小企業概念と一致するのは、図中の左側の特徴のすべてを備える企業である。しかし、実際には、観察される側面に応じて、より右寄りの特徴を有する中小企業も存在する。つまりこの図表は、中小企業の特殊性と多様性を結び付け、いわば同質異像ともいうべき状況を説明できるものである[2]。

　また、トレスは、それまで平行的に発展してきた特殊性を前提とするアプローチと多様性を前提とするアプローチの接合役として、カンド（Candau, P.）[3]の業績を評価する。カンドは、企業者の役割の大きさに焦点をあてることで、

図表 3-2　企業類型の連続性

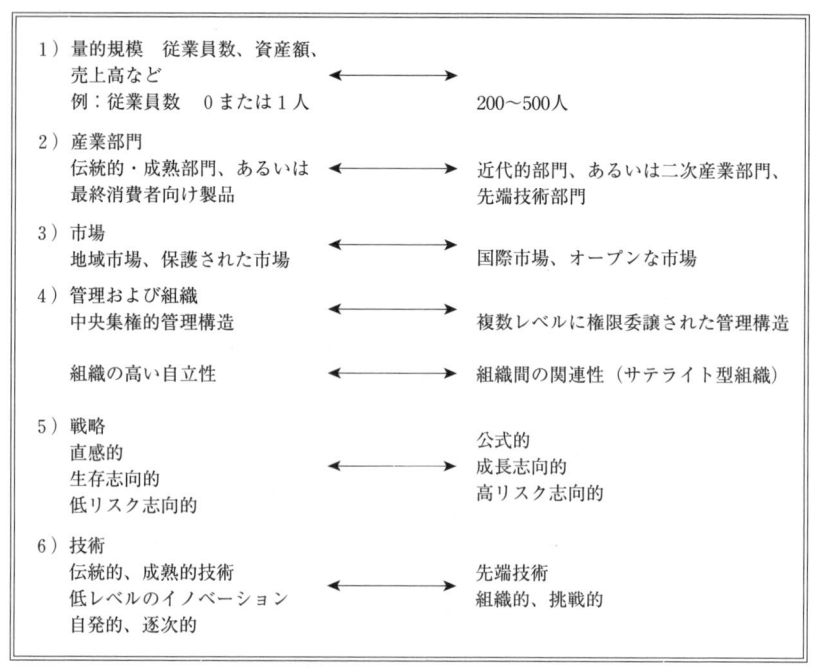

1）量的規模　従業員数、資産額、売上高など 　　例：従業員数　0または1人	←→　200～500人
2）産業部門 　　伝統的・成熟部門、あるいは最終消費者向け製品	←→　近代的部門、あるいは二次産業部門、先端技術部門
3）市場 　　地域市場、保護された市場	←→　国際市場、オープンな市場
4）管理および組織 　　中央集権的管理構造	←→　複数レベルに権限委譲された管理構造
組織の高い自立性	←→　組織間の関連性（サテライト型組織）
5）戦略 　　直感的 　　生存志向的 　　低リスク志向的	←→　公式的 　　　成長志向的 　　　高リスク志向的
6）技術 　　伝統的、成熟的技術 　　低レベルのイノベーション 　　自発的、逐次的	←→　先端技術 　　　組織的、挑戦的

出所：Julien, P. A.（1994b）, p. 35.

　中小企業の特殊性と多様性を同時に考慮可能であるとした。カンドは、中小企業研究が、企業者の人間性や動機、およびその家族の考慮無くしては不可能であるという視点に立脚した上で、こうした人間性の介入が、大企業に対する中小企業の管理上の特徴を生み、かつ、その多様性を生んでいると考えた。いわば、中小企業の特殊性を構成する事実の中に多様性の根拠が存在する、という見解である。

　以上のように、中小企業の多様性の根拠が中小企業の特殊性に求められるようになると、もはや、具体的な輪郭を有する中小企業（profil-type de LA PME）を描く必要性は低くなり、むしろ、中小企業の多様性を説明可能な、よりヒューリスティックな分析枠組やモデルが求められるようになった。そしてこの方向は、論理的かつ経験的に反証可能な仮説を設定する研究と結びついた[4]。

その後、研究の進展に伴って発見された諸事実は、ある典型として集約されていった。しかしながら、既述のように、中小企業の世界は、多様性という特徴を本質的に備えていたために、当該典型は、程無くして、還元主義に偏ったものとしての評価を受けざるを得なくなった。そこで、中小企業という管理学上の研究対象は、概念（concept）というよりは、むしろ、より一層、概念的で外形が曖昧もの、すなわち、マルチネ（Martinet, A. C.）がいうフォルム（forme）としての性質を備えるようになった[5]。

概念が境界設定、類型化、切り離し、を構成原理とし、明確なる外枠をもつのに対して、フォルムは集中、素描、寄せ集め、を構成原理とし、明確な外枠を有しない。フォルムは、曖昧性を許容するとともに、時間的普遍性を有し、有形・無形の事象を受け入れることで、具体的に調整されていく。それは、いわば実際には存在しない空の集合体のようなものであるが、研究対象の存在を知覚可能にし、ヒューリスティックな研究の発展に役立つものである。こうして、統合アプローチを経たのちの中小企業研究は、研究対象の明確化という要請から開放されたのである[6]。

中小企業フォルムの形成原理は、理念型のそれと非常によく似たものである。アロン（Aron, R.）によれば、理念型は、現実の描写ではないが、曖昧性を排除した現実の説明を可能にし、いわば、合理化と様式化の要求に応えるものである。すなわち、理念型は、すべての学問が、その明瞭性を確保し、内部的側面における合理性を保ちつつ、そして時にはこのような合理性を十全には形式化されていない諸事実をもとにして確保せんとする努力の結果として形成されたものである。これに対して、概念は典型的な特徴の描写を目的として形成される。したがって、それは、固体すべての特徴を表現することはできないし、あるいは、中間的な特徴さえ受け入れることはできない[7]。

中小企業フォルムは、理念型と同じく、研究者に首尾一貫した分析枠組を提供し、あわせて、彼らの研究ビジョンを結び付け、秩序付けることを可能にした。研究対象の外枠が曖昧化することによって、研究者は、観測・測定が可能な領域だけでなく、理論や解釈上の研究を進めることが可能となり、さらに、

図表 3-3　「統合」アプローチ

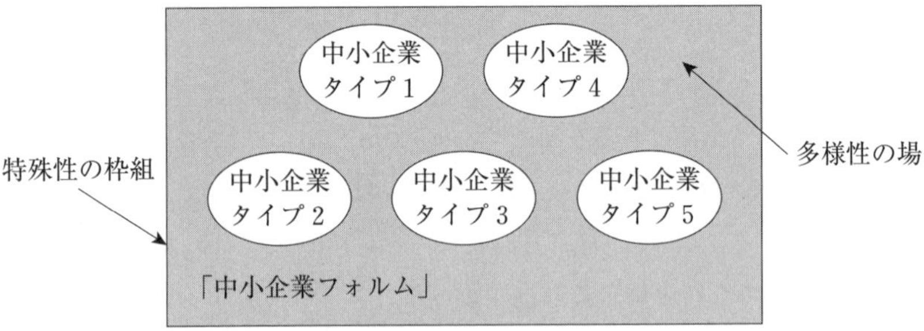

```
特殊性の枠組 → ┌─────────────────────────────┐
              │   中小企業        中小企業    │ ← 多様性の場
              │   タイプ1        タイプ4    │
              │                             │
              │ 中小企業   中小企業   中小企業│
              │ タイプ2   タイプ3   タイプ5 │
              │                             │
              │  「中小企業フォルム」        │
              └─────────────────────────────┘
```

出所：Torrès, O. (1998b), p. 41に加筆・修正。

　これら両研究を仮説のもとに結びつけ、ヒューリスティックな研究を進めることが可能となった[8]。

　こうした発展過程の中には、クーン（Kuhn, T. S.）が、パラダイム（paradigm）という言葉を用いて説明した科学の発展過程が確認される。中小企業フォルムは、その曖昧性ゆえに、中小企業の多様性を受け入れ、同時に、理論の統合を可能にした。ここに、中小企業フォルムを一つのパラダイムとする研究発展の道が開かれた。学者集団は、研究対象としての中小企業の特殊性、すなわち、中小企業フォルムをパラダイムとして肯定し、共有することで、研究成果や知識の蓄積をおこなうことが可能となり、また、それらを即時的に利用することが可能となった。パラダイムは、本来、学問領域の境界を規定し、その自立性を確保するための手段として機能するものであるから、この状況は、中小企業研究が、広義の「学問基盤（matrice disciplinaire）」を形成したことを意味していた[9]。

　しかしながら、他方でパラダイム主導的な研究の深まりは、学者集団によるパラダイムの絶対視という危険な状況と結びつくものであった。なぜなら、パラダイム主導的な研究の秩序は、パラダイム内の「堅い核（noyau dur）」への不可侵、という事実によって維持されるものであったからである。この核は、補助仮説と当初の条件といった保護帯に守られ、否定されることも変更される事もない。学者集団は、彼らが共有しているパラダイムに対して批判的態度を

とる事はなくなり、既存のパラダイム内で解明できない諸事実が発見された場合であっても、パラダイムの妥当性そのものを疑うことなく、あくまでも、そうした事実を変則事象として扱いがちとなる。この場合における、「堅い核」とは、普遍的立言（énoncés universels）と同義である[10]。

このように、パラダイムとして成立した中小企業フォルムは、事前に研究の道筋を示し、研究者達のビジョンを、ある一定の方向へ誘導し、研究ステップを限定する、という機能を備えていたが、このいわば方法論上の命令ともいえる作用によって、中小企業フォルムの絶対視という、一科学としての研究発展にとって危険な状況が発生した。これは、いわばパラダイムとしての中小企業フォルムの逆機能ともいうべき状況であった。

トレスによれば、これまでの中小企業の管理学的研究を振り返るとき、中小企業は単に理論の適用、あるいは分析の場として扱われてきたに過ぎず、したがって、中小企業フォルムの妥当性について客観的な分析のメスが入れられることは殆んど無かった。たとえば、過去、中小企業の結合、中小企業の雇用、中小企業の人材教育、中小企業のイノベーション、中小企業戦略や情報システムなどの研究がなされてきたが、これらは、いずれも研究対象の設定において、中小企業フォルムを無批判に受け入れるものであった。このように、中小企業フォルムを無批判に受け入れ、研究対象となるべき企業が本当に中小企業であるか否かに注意が払われなくなる帰結として、研究上おこなわれる仮説の設定範囲は中小企業フォルム内に限定され、しかも、それに従った結果の分析しかおこなわれなくなる。

たとえば、管理者の役割に着目する多くの中小企業研究者にとって、「中小企業では経営者の影響力が大である」という、中小企業フォルムに含まれる立言は、自己の研究を正当化する手段である。そして、実証研究を通じて、中小企業では経営者の役割が明らかに大きい、という仮説を立証する。このケースにおける問題は、中小企業フォルムが中小企業の経営現象を捉える際の暗黙的な規範として機能しており、無批判に受け入れられていることである。すなわち、研究対象としての中小企業の認識方法そのものに疑問の目が向けられるこ

となく、より多くの研究者が共有する中小企業フォルムに従った研究対象の設定と、これに沿った経験事象の確認が行われるに過ぎない[11]。

さらに、従来の類型化の試みの中にも中小企業フォルムの形成に伴う問題を見出すことができる。類型数を増やすことによって、中小企業という世界の多様性を捉え易くなるのは確かである。しかしながら、従来の研究において示されてきた諸類型は、パラダイムとして共有される中小企業フォルムに規定された中小企業としての特徴を前提としていた。

企業家活動とスタートアップ企業の類型について考察をおこなったブルヤ (Bruyat, C.) によれば、類型化という研究手法は、そこで示される諸類型が下位種 (sous-espèces) であること、すなわち、同じ家族から派生していることを前提とするものである。それゆえ、これら下位種に共通する一つ、あるいは複数の特徴を発見することによって、同じ家族を起源としていることを証明しなければならない[12]。中小企業研究における下位種に共通する特徴とは、いうまでもなく、中小企業フォルムによって示されてきた。したがって、中小企業フォルムを前提とする研究が明らかにしてきた中小企業の管理上の多様性とは、あくまで中小企業フォルムに規定される内容を備えた上での程度の差を示すものに過ぎなかった[13]。

以上のように、「統合」アプローチは、中小企業フォルムの形成を促し、パラダイム支配的な中小企業研究の道を拓いた。パラダイムとして共有されるようになった中小企業フォルムは、知識の蓄積と研究者間の意思疎通という側面において、一社会科学としての中小企業研究の発展を後押し、加えてヒューリスティックな研究を可能にした。しかしながら、この発展過程には、同時に中小企業フォルムの無批判な受け入れという、むしろ研究の発展に負の作用をもたらす要素が含まれていた。このパラダイムの逆機能ともいうべき状況に対処するには、従来当然視されてきた中小企業フォルムに反するか、あるいは、そこから逸脱する事象を発見し、この成果をもって、中小企業フォルムそれ自体の限界を客観的に評価し、必要に応じて、それを更新していくという作業が必要となる。この新たな研究の方向は、「変性」アプローチと呼ぶべきものであ

り、トレスは、そこに今後の中小企業の管理学的研究の発展方向を見出している。

Ⅲ.「変性」アプローチ（1990年代中〜）

トレスによれば、今後の中小企業の管理学的研究の発展に必要なのは、中小企業フォルムによって規定される中小企業の特殊性を反証可能な仮説として捉えた上で、その限界を客観的に確認していくことである。その際、妥当か否か、という判断基準によってではなく、条件適合的な観点から、その有効範囲を限定していくという視点が重要である。

図表3-4によって「変性」アプローチの内容を確認する。「変性」アプローチは、パラダイムとしての機能を果たす従来の中小企業フォルム、あるいは中小企業の特殊性の枠組の有効範囲を条件適合的視点から客観的に検証するものである。ここで、1〜4の企業は、従来の研究が研究対象としてきた領域、すなわちパラダイムとしての中小企業フォルムの枠内に含まれる中小企業の管理上の特殊性のうちの一つ、または複数の特徴を有している。したがって、これらの差異は、本質的なものというよりは、むしろ程度の差異である。

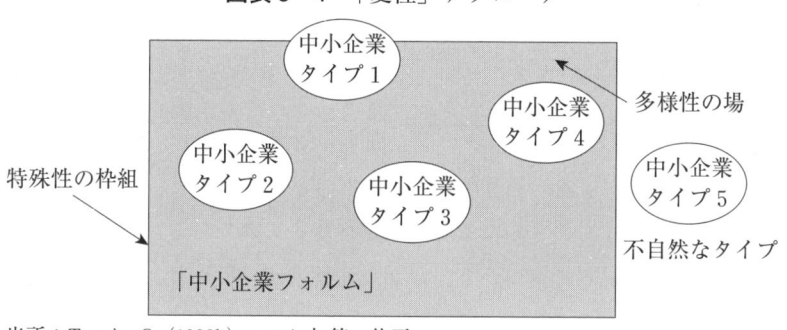

図表3-4　「変性」アプローチ

特殊性の枠組 → 「中小企業フォルム」
中小企業タイプ1
中小企業タイプ2
中小企業タイプ3
中小企業タイプ4
多様性の場
中小企業タイプ5
不自然なタイプ

出所：Torrès, O. (1998b), p. 45に加筆・修正。

従来、条件適合的視点から示されてきた諸類型は、図中の特殊性の枠組内に納まるものであった。しかしながら、我々にとって重要なのは、条件次第では

中小企業の管理上の多様性の範囲が当該枠組を逸脱し、本質的変化（「変性」）を示す可能性がある、ということである。すなわち、従来の類型化の試みが例外として捨象してきた 5 のケース、すなわち、「変性」の状況に目を向けることが、今後の研究の発展には必要である[14]。

5 のケース、いわば従来の研究が当然視してきた特殊性を有しない（non spécificité）中小企業、あるいは隠れた（cachée）中小企業とでも表現すべきものを発見・考察することの意義は、量的データの処理方法について論じたユーベルマンら（Huberman, A. M. et Miles, M. B.）の言葉の中にも示されている。すなわち、「一般に、全ての結果は例外を含むものである。われわれは、それを無視する、あるいは、その正当性について過小評価する傾向がある。しかしながら、この典型に納まらないケースは、研究者の味方（allié）[15]」である。この主張は、従来の中小企業の特殊性という枠組から逸脱するケース、換言すれば、典型外、あるいは、不自然なケースに目を向けることの有効性を端的に示している。つまり、一見して例外的と思われる事象や、極端と判断されるケースに目を向けることによって、いわば、外側からメインとなる領域の内容の妥当性を検証し、あるいは補強することが可能となる。換言すれば、従来、無批判に受け入れられてきた中小企業の特殊性とは相容れないケース、あるいは、否定的、極端、矛盾的といったケースを意図的に研究視野に取り込むことによって、従来当然視されてきた中小企業の特殊性の有効範囲を知ることができる。

このように、「変性」アプローチは、従来の研究を客観的に分析する方法として役立ち、パラダイムの逆機能ともいうべき状況に対処し、ひいては中小企業研究の一科学としてのさらなる発展に寄与するものである。その際、重要なのは、論理反証的視点に基づいて、いかなる要因が、従来用いられてきた中小企業の特殊性との不整合を発生させるのか、を明らかにするという作業である。この作業を通じて明らかにされる諸要因は、従来の研究が依拠してきた中小企業の特殊性の枠組を必要に応じて更新することに役立つ[16]。

従来の中小企業の特殊性を前提とする研究が、企業規模に沿った研究対象の

特定化を志向していたのとは異なり、「変性」アプローチでは、もはや企業規模の差異は問題とされない。むしろ、研究対象の特定化において重視されるのは、管理上の特徴である。このように、企業規模という絶対基準から開放され、その意味で大企業との比較という事実から開放されるとき、中小企業の管理学的研究は、一つの独立した研究領域としての地位を獲得する。「変性」アプローチは、従来の中小企業の特殊性を前提とする研究が獲得しえなかった大企業研究に対する学問的自立性を確保する手段として有効である。そして、それは同時に中小企業の多様性を前提とする研究の限界であった研究成果の一般適応性の低さを克服し、かつ、「統合」アプローチが不可避的に直面したパラダイムの逆機能という問題に対処する手段としても有効である[17]。

Ⅳ．中小企業研究の展開と展望

トレスは、以上の考察を踏まえた上で中小企業研究の発展を時系列的に整理している。図表3-5は、1960年代～90年代における中小企業の管理学的研究の方法、および、これらの相関を示したものである。

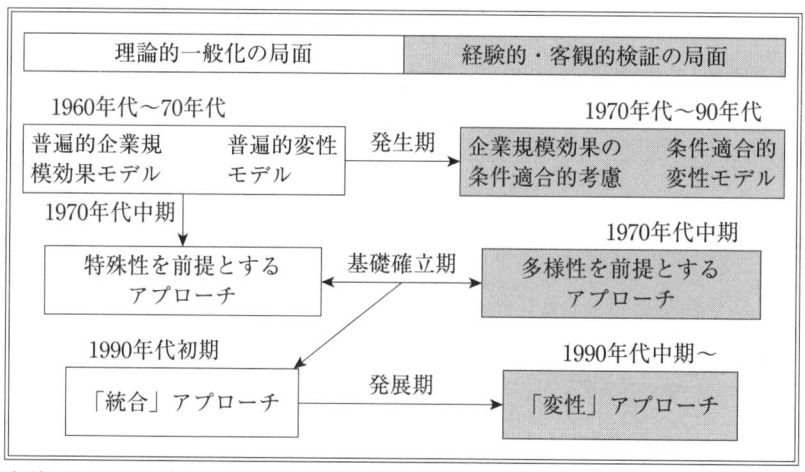

図表3-5　中小企業の管理学的研究の連鎖

理論的一般化の局面		経験的・客観的検証の局面	
1960年代～70年代		1970年代～90年代	
普遍的企業規模効果モデル	普遍的変性モデル	企業規模効果の条件適合的考慮	条件適合的変性モデル
1970年代中期		1970年代中期	
特殊性を前提とするアプローチ		多様性を前提とするアプローチ	
1990年代初期		1990年代中期～	
「統合」アプローチ		「変性」アプローチ	

（発生期／基礎確立期／発展期）

出所：Torrès, O. (1998b), p. 49に加筆・修正。

このように、これまで見てきた中小企業研究を時系列的に整理することによって、時代の経過、および忘却とともに、ある仮説が暗黙的・無意識的に、続く時代の研究の前提条件となってきたことが確認される。

次に、この図には、中小企業の管理学的研究が、普遍性を求める研究（一般理論の構築という局面）と、条件適合性を求める研究（経験的・客観的検証という局面）の往来を繰り返しながら、一研究分野としての地位を確立してきたことが示されている。今後の発展方向と目される「変性」アプローチは、中小企業の特殊性を前提とするアプローチと、中小企業の多様性を前提とするアプローチによって蓄積された成果を踏まえた「統合」アプローチの延長上に展開する経験的・客観的検証の局面である。

パラダイムとしての中小企業フォルムの形成当初には存在しなかった新しい要素・要因に着目する「変性」アプローチは、経験的に観察される、いくつかの現象が、従来のアプローチの変更を迫るものであるか否かを知覚可能にし、一層客観性を帯びた研究対象としての中小企業を描き出すことに役立ち、さらには、それに基づいた、正当性の高い理論の構築を可能にする。このように、中小企業の管理学的研究は、経済や企業にみられる新しい現象や傾向に目を向け、その条件や要因を統一的な理論体系として集約するときに、はじめて前進する[18]。

コエン（Cohen, E.）[19]は、理論研究が、そのアイデンティティーを確立・強化していく課程で確保すべき項目として以下の項目をあげている。第一に、当該固有の研究対象を特定する認識方法、第二に、構造と首尾一貫性を備えたそれを構成する諸研究領域、第三に、当該研究領域の境界の明確化、である。中小企業の管理学的研究は、一社会科学としてのアイデンティティーを確立すべく、これら条件を順次整えてきた。まず、第一の項目に関して、初期における企業規模の影響と企業成長に関する研究によって、企業規模という基準が、企業の管理的側面における本質的な変化、つまり中小企業の特殊性を浮き彫りにすると認識されるようになった。企業規模は、独立の研究対象として中小企業を大企業と識別する一つの区分としての役割を果たしたのである。

さらに、中小企業の特殊性を前提とするアプローチによって、研究対象としての中小企業を特定する方法が一層明確になり、ここから、中小企業に特徴的にみられる諸問題の発見や適切な分析手法の探求がなされ、中小企業の管理学的研究は、しだいに大企業研究から独立していった。

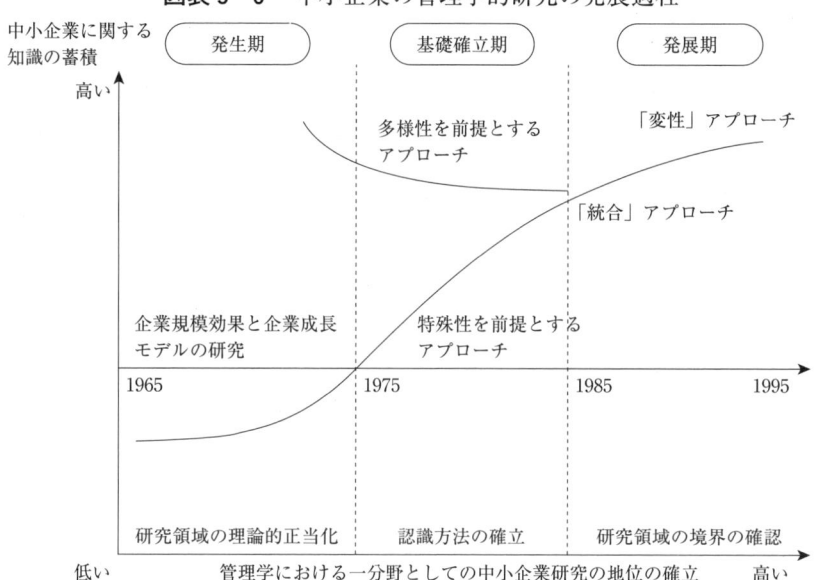

図表3-6　中小企業の管理学的研究の発展過程

出所：Torrès, O. (1998b), p. 53を一部加筆・修正。

第二の項目に関して、中小企業概念と強い結びつきをもつ領域として、企業家活動、地域開発、創業・起業、手工業、イポ・グループ（hypogroupe）[20]といった研究が発展してきた。特に1980年代のフランスでは、中小企業と企業家活動や地域開発を専門に扱う研究誌の刊行が相次いだ。この現象は、中小企業の管理学的研究を構成する諸研究領域が、その基盤を整えてきたことを物語っている。

第三の項目を満たすために必要なのは、「変性」アプローチである。当該アプローチは中小企業の特殊性という枠組の限界を明らかにし、中小企業の管理

学的研究が、その他の研究領域からの自立性を維持・拡大することに貢献する。今や、中小企業の管理学的研究の対象が具体化の傾向を強め、典型と目される中小企業像が研究者の活動に与える影響を無視できない、という状況に鑑みれば、今後は、それらの有効限界を確認するために、多くの研究努力が払われるべきである[21]。

　図表3-6は、中小企業の管理学的研究が一研究領域としての地位を獲得すべく、首尾一貫性や構造を整え、あわせて研究上の知識を蓄積してきた過程を連続的に捉えたものである。この図に見られるように、今後求められるのは、従来の研究によって蓄積された成果を踏まえつつも、新たな諸事実の発見によって、その限界を条件適合的観点から検証していくという、いわば反主流的研究、すなわち「変性」アプローチである。

V. 結

　以上のように、トレスによれば、1980年代以降の中小企業の管理学的研究は、彼がいう「統合」アプローチ、すなわち、中小企業の特殊性を前提とするアプローチと、中小企業の多様性を前提とするアプローチの融合・結合というラインに沿って発展した。この過程を経て、中小企業の管理学的研究における研究対象は、フォルムとしての性質を帯び、パラダイム主導的な研究の道が開かれた。

　パラダイムとしての中小企業フォルムは、研究者集団のビジョンを結び付け、そのもとにおける知識の蓄積を容易にし、理論と現実事象を仮説設定という手法を通じて結びつけることを可能にして—社会科学としての中小企業の管理学的研究の発展に寄与したが、こうした発展経路の中には、パラダイムの逆機能、すなわち、研究者集団による中小企業フォルムの無批判な受け入れ、という、むしろ研究の発展には負の影響をもたらす要素が含まれていた。そこで、今後は、過去の研究によって形成された中小企業の特殊性、すなわちパラダイムとして成立した中小企業フォルムの妥当性を客観的に検証していく、という新たな研究視点が求められる。具体的には、従来のパラダイムと矛盾する

か、あるいは、相容れない事実の発見、すなわち、研究者集団においてコンセンサスが得られていない、反主流的、あるいはその意味で不自然な事実の発見と、こうした諸事実の発見に基づく、従来のパラダイムの客観的検証（条件適合的検証）が必要となる。このように、中小企業の管理学的研究は、パラダイム主導的な研究と、その有効範囲の確認という2つのアプローチの相互作用の中で発展していく。

　以上の指摘は、これまで直接的に論じられる事が少なかった中小企業の管理学的研究の学問的性格を、科学の発展という枠組の中で捉え直したという点で評価される。それは、研究者をはじめとする当該領域の関係者が、自己の立場と役割を再確認することを可能とし、ひいては今後の中小企業研究の発展経路を示唆するものである。

　トレスの考察は、クーンが示した科学の発展過程[22]に強い刺激を受けている事は明らかである。クーンによれば、科学の発展過程では、パラダイムが形成され、その枠内での法則、慣例にしたがった学者達の「パズル解き（puzzle solving）」が見られるようになる。しかし、これはある学問が「通常科学（normal science）」としての存在を確立した事を示す証左でもある。クーンが指摘したように、パラダイムを確立した科学は、その後、新たな事実の発見によって、パラダイムの転換、あるいは、彼のいう「科学革命（scientific revolution）」の道をたどる。つまり、従来のパラダイムに反する新事実の発見は、既存パラダイムの単なる修正や、補正を要求する水準に留まらず、既存の研究者集団の存立基盤を奪うレベルの変革と従来の研究との断絶を求める可能性がある。

　すでに見たように、トレスは、クーンが示した既存パラダイムの転換、あるいは「科学革命」の状況までは想定せず、矛盾・異例といった新しい事実の発見が、あくまで従来のパラダイムに対して補完的役割を果たすと考えている。換言すれば、研究者集団が拠るべき立場として、パラダイムに導びかれた研究が主であり、それに対する「変性」アプローチが従であることを示し、パラダイムの精緻化・限定の内に、今後の研究発展の道を展望している。われわれ

は、ここに社会科学たる中小企業の管理学的研究の宿命と本質を確認することができる。

重要な事は、パラダイムに沿った知識の蓄積という役割は、当該分野の研究者集団にしか担えない、ということである。なぜなら、クーンの分析を引用するまでも無く、パラダイムの共有という状況は、研究者集団における研究者の再生産とコミュニケーションの中で、相応の時間を掛けて形成されるものだからである。

他方、従来のパラダイムに反する事実を発見し、それを指摘できるのは、パラダイムから一定の距離を置いた、その意味で自由を有する人々、あるいは集団である可能性が高い。なぜなら、パラダイム本来の機能に鑑みれば、実際には、当該分野における研究者が既存パラダイムから逸脱する事実を発見すること自体が困難なばかりでなく、たとえそれを発見できたとしても、自身が所属する研究者集団の存立基盤を奪いかねない、こうした事実を問題にすることは危険なためである。

以上のように、中小企業の管理学的研究を専門とする研究者集団と、その他の周辺領域の集団の役割の異質性を前提とし、その相互作用の中で中小企業の管理学的研究が今後発展していくとすれば、近年の産官学の連携や、広く環境問題や地域開発といった社会的要請のもとに形成される多様な専門家からなる集団が研究の発展に及ぼす正の影響も自ずと明らかになるであろう。既存の研究者集団に求められるのは、こうした場を、融合・迎合あるいは妥協の機会としてではなく、周辺領域の専門家集団との対立、対話、緊張を通じた「変性」発見の場として捉え、積極的に活用するという視点である。

注
1) ジュリアンの見解については、Julien, P. A.(1994b), pp. 35-38を参照。
2) Torrès, O.(1998b), pp. 37-39.
3) Candau, P.(1981).
4) Torrès, O.(1998b), pp. 39-40.
5) Martinet, A. C. (1987) および Martinet, A. C. (1990), p. 228を参照。なお、以

下の説明で明らかなように、ここでいう「フォルム」とは哲学でいうところの「形相（けいそう）」である。「形相」とは、「質料」と並び事物を存在させるのに不可欠な本質的な構造であり、人間が看取する事物の像、本質、あるいは器とされる。
6) トレスは、このような中小企業概念の変化を表すにあたり、他にゲシュタルト（gestalt）、理念型（idéal type）、曖昧な輪郭（configulation）といった用語を用いている。
7) Aron, R.(1967), pp. 519-520.
8) Torrès, O.(1998b), pp. 40-41.
9) パラダイムの機能については、Kuhn, T. S (1970) が詳しい。
10) Chalmers, A. F.(1987), pp. 107-125を参照。
11) Torrès, O.(1998b), pp. 41-43.
12) Bruyat, C.(1993), p. 51.
13) Torrès, O.(1998b), pp. 43-45.
14) Torrès, O.(1998b), pp. 45-46.
15) Huberman, A. M. et Miles, M. B. (1991), p. 432.
16) Torrès, O.(1998b), p. 47.
17) Torrès, O.(1998b), p. 48.
18) Torrès, O.(1998b), pp. 49-51.
19) Cohen, E.(1989), pp. 1058-1059.
20) イポ・グループとはフランスの中小企業研究において、イペール・グループ（hypergroupe）と対置される概念である。イペール・グループが、大企業を中心とする資本的関係を基礎にした企業グループを示すのに対して、イポ・グループは、あくまで中小企業のみから構成される資本関係に基づくグループである。
21) Torrès, O.(1998b), pp. 51-53.
22) クーン理論についてはKuhn, T. S(1970)を参照。

第4章　現代のフランス中小企業研究

I. 序

　ここではフランスにおける中小企業研究の現状について考察を行う。のちに見るように、フランスの中小企業は、アングロサクソン系先進諸国や日本のそれと比べて、政策上の重要性が認識される時期が遅かった。かかる状況は、中小企業研究の成立の遅れを生み、現在における研究の範囲とその深度に影響を与えている。

　残念ながら、フランス中小企業研究の現状について網羅的に論じるのは、紙幅上不可能である。そこで、中小企業支援を目的とする政府系機関[1]が中心となって2007年に発行した『フランスにおける中小企業の学術研究（*La recherche académique française en PME*）』を中心として、フランスにおける中小企業研究の現状を鳥瞰図的にとらえることとしたい。その際、中小企業関連の博士論文、研究誌、学会およびそれに準ずる組織の動向を分析対象とする。当該資料は、近年の中小企業関連情報の集約化と公開を目的として作成されたものであり、現時点でのフランス中小企業研究の現状を捉える上で、数少ない有力な手掛かりである。

II. 博士論文にみる中小企業研究

1. 博士論文数

　フランスの博士論文は、研究者や大学における教育者になるための入口とし

ての意味を有する。したがって、博士論文の数や、その内容を分析することは中小企業研究の動向を捉える上で、有意義といえる。図表4-1は、1975～2005年にかけて、フランスで審査を受けた中小企業関連の博士論文数の推移である。

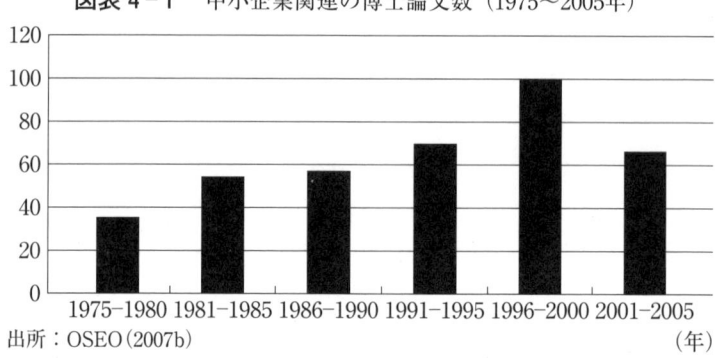

図表4-1 中小企業関連の博士論文数（1975～2005年）

年	論文数
1975-1980	35
1981-1985	53
1986-1990	56
1991-1995	69
1996-2000	99
2001-2005	65

出所：OSEO(2007b)

1975～1980年にかけて、35編であった博士論文数は、1996～2000年の間に約3倍の101編となっており、この間に中小企業分野への関心が高まったことがみてとれる。この動向は、フランスにおける中小企業観の変化とも連動している。すなわち、「栄光の30年間（les trente glorieuse）」といわれる経済成長期を経てフォーディズムを中心とする大量生産体制の限界が認識され、かつては政策や研究の表舞台にでる機会が少なかった中小企業が、ダイナミズムの源泉、経済活性化の担い手、柔軟性発揮の主体、として積極的な評価を与えられるようになった。また、フランスにおける中小企業への関心の高まりは、広く地方分権の一層の推進、大企業主体の経済社会の見直しという、大きな社会変革をともなう一連の動向と連動したものである。

しかしながら、2001～2005年にかけての博士論文数は、1990年当時の水準にまで減少している。この減少は、第一に、フランスにおける中小企業研究が、目下増加傾向にある企業家活動の研究に吸収されつつこと、第二に、主たる中小企業研究者が近年相次いで退職を迎えたために、博士論文の指導者が減少し

たことから説明される。

　起業、イノベーション、キャピタル・リスク、スピン・オフ、企業家の役割などに関する博士論文は、特に1990年代以降、顕著に増加している。企業家活動に関する博士論文数は1985〜1995年にかけて年間平均で1編であったのに対して、2000〜2005年のそれは、5編となっている。さらに、フランスの代表的な中小企業関連学会であるAssociation internationale de recherche en PME（国際中小企業学会）は、2002年にAssociation internationale de recherche en entrepreneuriat et PME（国際中小企業・企業家研究学会）に改称した。このことは、中小企業研究と企業家活動研究が切り離せないものであることを示している。

　中小企業研究に関する博士論文数が2001年以降顕著に減少している背景のいま一つとしては、中小企業を研究対象とし博士論文の指導にあたることができる多くの研究者や教員が年齢的な理由で早晩退職する予定であるか、もしくは既に退職してしまっているという事実がある。このように、博士課程の学生の研究計画を指導し、博士論文のテーマを決定する権限をもつ研究者や教員の層が薄い為に、中小企業研究者の再生産が一時的に滞っている状況がみてとれる[2]。

2．博士論文の特徴

　図表4-2は、学問分野別に見た中小企業研究関連の博士論文数である。中小企業研究が最も盛んなのは、管理学（science de gestion）であり、1975〜2005年の233編という数は、この間の中小企業研究関連の博士論文の約6割を占める。これに続くのは、経済学（90編）であり、さらに大きく離れて法学（26編）、地理学（13編）、社会学（12編）と続く。

　このようにフランスにおける中小企業研究は多くの学問分野に及ぶものであるが、博士論文数への寄与という観点からは、管理学が圧倒的な比重を占める。中小企業の管理学研究233編のうち、60編以上は、中小企業には管理的側面において、大企業とは区別されるべき特殊性があることを明示している。当

図表 4-2　学問分野別の博士論文数

研究分野	博士論文数 (1975-2005 年)
管理学	233
経済学	90
法学（私法・公法）	26
地理学	13
社会学	12
情報・コミュニケーション学	6
その他	11

出所：OSED(2007b), p. 27を一部加筆・修正。

該資料の編集に関わったトレス（Torrès, O.）によれば、こうした、パラダイムともいうべき認識の存在が中小企業研究と大企業研究の区別を正当化し、のちにみる中小企業研究に特化した研究誌や学会の存在をならしめているという[3]。

次にテーマ別に博士論文を分析してみると、旧植民地を中心とする留学生が多いことを反映して、発展途上国をテーマにするものが最も多いが、次いで、財務やキャピタル・リスク、輸出、グローバル化、イノベーション、研究開発、戦略、情報システム、政策、地域開発などが上位を占める。

これは、現代のフランス中小企業が典型的に抱える管理・経営問題を反映したものと言える。また、戦略的提携や共同化、人的資源管理に関わるテーマも少なくない。特に戦略的提携や共同化の問題は、フランスの中小企業研究にあって古典的とも言える領域であるが、依然としてこれらの研究が若い人材の関心を集めていることは興味深い。これは個人主義を重んじるフランスにあって、「人間サイズの企業」といわれる中小企業間の協力関係を構築することが長年の課題となってきた、という事実の裏返しでもあるといえる。

20篇以下のテーマをみてみると、会計、マーケティング、事業承継など、よりオペレーショナルな内容が多い。5編以下の下位グループのテーマの内容をみると、理論研究は盛んであるとは言い難く、品質、手工業、企業規模、下請

といったテーマに関しても然りである。特に購買や倫理の問題をテーマとするものは、ほぼ無いに等しい。

購買に関するテーマが取り上げられない理由として、当該資料の編集側では、フランスにおいては販売よりも購買の方が企業にとって容易い課題であると誤認されている為である、と分析している。販売やマーケティングに比べてこの領域への関心が薄いのは中小企業研究の領域のみならず、企業研究一般にもあてはまるという。また、倫理に関するテーマがほぼ存在しないに等しいという状況は、中小企業の倫理に関しての研究が盛んであるアングロサクソン系諸国の状況とは対照をなしている[4]。

次に、図表4-3は、フランスの博士論文で対象とされている国を示したものである。ここにみるように、対象国として上位に上がるのは、博士の学位取得を求める多くの学生が存在し、フランスと特別な歴史的関係をもつモロッコ、カメルーンといったフランス語圏である。これらの学生の多くが、非公式

図表4-3　博士論文が対象とする国

対象国	博士論文数（1975-2005年）
フランス（海外県・海外領土含む）	59
モロッコ	13
カメルーン	11
コートジボワール	10
チュニジア	8
レバノン	5
日本	4
メキシコ	4
カナダ（ケベック）	4
ドイツ	3
ブラジル	3
セネガル	3
その他	21

出所：OSEO(2007b), p.33を一部加筆・修正。

組織や発展途上国をテーマとした中小企業研究を行っている。さらに植民地時代や委任統治時代からの関係を反映して、モロッコ、チュニジア、コートジボワール、セネガル、レバノンといった国を対象とするものも多い。

これに対して、中小企業の役割が広く認識されている日本、ドイツ、アメリカといった主要先進諸国を対象とするものは少ない。1971年に中小企業の役割を指摘した「小企業調査報告書」(通称:「ボルトン・レポート」)で知られるイギリスを扱うものも、1975-2005年のデータを見る限り皆無である。さらに、フランスに隣接し、1990年代以降において電子機器、通信、バイオ分野を中心として企業家活動が活発であると評されるスペインのカタロニアなどについても学生の関心は薄い。結局、欧州の主要国であるドイツ、イタリア、イギリス、スペインを対象とするものは合計においても6編しか存在しない。フランス語圏や歴史的に強い結びつきのある発展途上国以外についても、博士論文は少なく、たとえば、ブラジル、ロシア、インド、中国、トルコを合わせても5編が存在するのみである。このように、言語上の問題はあるとはいえ、研究者予備軍ともいうべき人材が他国の状況に関心が薄いという状況は、フランス的な特徴となっている。むろんこれは、今後の研究の拡大という意味においては好ましい状況ではない。

次に、中小企業研究関連の博士論文が、いかなる企業規模を対象としているのかをみる。1975〜2005年にかけて存在する383編のうち、中小企業という用語を正確に定義しているのは77編である。すでに示したように、欧州では中小企業の定義にあたり、従業員数250人未満を一つの基準としているが、フランスの多くの博士論文では依然として従業員数500人未満という基準が支配的である。これは、フランスの公的統計において近年まで従業員数500人未満という境界が重視されてきたこと、および過去の国有化政策などによって巨大化した企業群と、その他の企業、という一般的認識が根強く残っている為と考えられる。いずれにしても、企業区分の相違は、研究や分析結果の比較を困難にするものであり、早急に統一が求められる。

図表4-4は、フランスにおける中小企業研究関連の博士論文がどの大学で

図表 4-4　主査とその所属による博士論文の分類

主査名	学問分野	大学	審査博士論文数
Marchesnay Michel	管理学	Montpetlier 1	21
Paturel Robert	管理学	Grenoble 2 et Toulon	13
Mérigot Jean	管理学	Bordeaux 1 et 4	11
Conso Pierre	管理学	Paris 9	8
Perez Roland	管理学	Montpellier 1	6
Boyer André	管理学	Nice	5
Debourse Jean-Pierre	管理学	Lille 1	5
Louart Pierre	管理学	Lille 1 et Toulouse 1	5
Pras Bernard	管理学	Paris 9 et Aix-Marseille 3	5
Capet Marcel	管理学	Paris 1	4
Grand Jean-Paul	管理学	Caen	4
Hirigayen Gérard	管理学	Bordeaux 1 et 4	4
Labourdette André	管理学	Bordeaux 1	4
Martinet Alain-Charles	管理学	Lyon 3	4
Saporta Bertrand	管理学	Borrdeaux 1 et 4	4
Teller Robert	管理学	Nice	4

出所：OSEO(2007b), p. 36.

受理されたかを示している。最も多くの博士論文の主査を行っているのがモンペリエ第一大学のマルシェネ（Marchesnay, M.）であり、21編という数字は他の指導教官を大きく上回っている。いずれにせよ、表中に示される上位16人の主査は、当該期間における博士論文の約3割（383編のうち106編）に関わっており、既に見た指導教官の不足が深刻なことを裏付けている。

加えてこの表から、中小企業の研究は管理学において盛んなこと、および首都であるパリよりもむしろ、地方都市においてその研究が進められていることが分かる。後者の状況は、近年の他国の先進諸国と同様に、フランスの中小企業が地域発展や地方分権政策において注目されているという事実を反映している[5]。

Ⅲ. 研究誌の動向

経済学や管理学の研究誌としてフランスで広く知られているのは、*Revue*

*française d'économie, Revue d'économie politique, Revue économique, Revue d'économie industrielle, Revue française de gestion*である。これら研究誌の中で中小企業に関する論文数は1995〜2004年に32編（図表4-5参照）しか確認できない。

この結果をさらに分析してみると *Revue française d'économie* に掲載された論文数は無く、*Revue d'économie politique* が1編、*Revue économique, Revue d'économie industrielle* が各2編、そして *Revue française de gestion* が27編と最も多い結果となっている。この時期に上記5研究誌に掲載された論文総数が700〜800編に上ることからすれば、フランスの経済学や管理学における中小企業研究のプレゼンスは高いとはいえない。特に経済学においては、中小企業研究が、派生的分野として二義的に扱われる傾向が今なお強く残っている。管理学における中小企業への関心が比較的高いのは、企業規模に応じた企業分類を前提とする中小企業研究の性質が、組織の問題を扱う研究者の関心を引いている為である。

管理学分野では *Revue française de gestion* が1997年に小規模企業をテーマとする論文集（*La petite enterprise : sortir de l'ignorance*）を発刊し、2003年には中規模企業をテーマとする論文集（*Entreprises moyennes : le retour?*）を発刊している。前者はジョフルとウィカム（Joffre, P. et Wickam, S.）を編者とするものであり、後者は前述のマルシェネを編者とし、それぞれ6編の論文から構成されている。しかし、いずれにせよ、フランスでは中小企業研究の認知度は高いとはいえない。中小企業研究の発展にとって、研究者間の情報共有や他の研究領域との相互補完性が不可欠であることを考えれば、より専門的で特殊な研究発表媒体が今後求められる。

中小企業や企業家活動に関して、諸外国には多くの研究誌が存在する。OSEOの資料では約40の中小企業や企業家活動に特化した研究誌がリストアップされているが、これらの大半（36誌）は、その発行元がアメリカとイギリスであることを反映して、英語を主要言語とするものである。また、スウェーデン、イタリア、ドイツなどでも英語を使用言語とする中小企業や企業家活動に

第4章　現代のフランス中小企業研究

図表4-5　中小企業関連の研究論文

雑誌名	論文名	筆者	年
Revue d'économie politique	Pour la construction de l'espace financier des PME: identification des vides de financement et implications poitiques	Sylvie CIEPLY	Vol. 106-N° 4, 1996
Revue d'économie industrielle	Contribution à une approche marshallienne de la petite entreprise	Richard ARENA Paul Marie ROMANI	N° 86, 1998
Revue d'économie industrielle	Performance à l'exportation et innovation technologique dans les PME manufacturières	Élisabeth LEFEBVRE Louis LEFEBVRE Mario BOURGAULT	N° 77, 1996
Revue économique	Microentreprises, croissance et mutations de l'emploi dans les pays en transition	Gérard DUCHENE Philippe RUSIN	Vol. 53-N° 3, 2002
Revue économique	Participations bancaires dans le capital des PME et cycles réels. Un modèle théorique	Nicolas EBER	Vol. 49-N° 3, 1998
Revue française de gestion	Les problématiques de diagnostic et de projection dans les PMI	Hervé GOY Robert PATUREL	N° 150, 2004
Revue française de gestion	Apprentissage organisationnel et développement durable. La norme AB en PME	Éline NICOLAS	N° 149, 2004
Revue française de gestion	Les NTIC dans les PME : stratégies, capacités organisationnelles et avantages concurrentiels	Serge AMABILE Martine GADILLE	N° 144, 2003
Revue française de gestion	La petite enterprise : sortir de l'ignorance	Michel MARCHESNAY	N° 144, 2003
Revue française de gestion	Petitesse des entreprises et grossissement des effets de proximité	Olivier TORRÈS	N° 144, 2003
Revue française de gestion	Éthique et petite entreprise	Jean-Marie COURRENT	N° 144, 2003
Revue française de gestion	Petite entreprise et stratégie collective de filières	Saïd YAMI	N° 144, 2003
Revue française de gestion	Petite enterprise et stratégie collective de filières	Marion POLGE	N° 144, 2003
Revue française de gestion	Les petites enterprises des métiers d'art	Stéphanie LOUP	N° 144, 2003
Revue française de gestion	Évaluation des PME défaillantes lors d'un plan de cession	Marie-Christine BARBOT	N° 140, 2002
Revue française de gestion	Mesurer les phénomènes agissant sur la transmission des PME familiales	Slimane HADDADO Aude d'ANDRIA	N° 132, 2001
Revue française de gestion	Le processus d'innovation dans les PME	Frédéric BOUGRAIN	N° 124, 1999
Revue française de gestion	Les PME et la qualité : diffuser L'innovation en gestion grâce à une démarche collective	Robert PATUREL Nathalie BARRIOL	N° 122, 1999
Revue française de gestion	Comment aider les petites entreprises jeunes?	Sylvie SAMMUT	N° 121, 1998
Revue française de gestion	Quel marketing pour les très petites entreprises?	Jean-Claude PACITTO	N° 121, 1998

Revue française de gestion	Normalisation comptable et inertie face au changement dans les PME	Bernadette BAC-CHARRY	N° 121, 1998
Revue française de gestion	Le financement des PME africaines : comment mesurer les risques?	Paul SECA-ASSABA	N° 119, 1998
Revue française de gestion	Design management : les PME aussi	Monique BRUN	N° 117, 1998
Revue française de gestion	Les atouts des entreprises moyennes	Patrick JOFFRE Sylvain WICKAM	N° 116, 1997
Revue française de gestion	Entreprises moyennes : structures de propriété et comportement stratégique	Fabrice LE VIGOUREUX	N° 116, 1997
Revue française de gestion	La moyenne enterprise existe-t-elle?	Michel MARCHESNAY	N° 116, 1997
Revue française de gestion	Le profil du dirigeant de moyenne entreprise	Bertrand DUCHENEAUT	N° 116, 1997
Revue française de gestion	Le Mittelstand industriel alle-mand : des atouts spécifiques…et des interrogations	Sabine URBAN	N° 116, 1997
Revue française de gestion	Italie : la compétitivité des entreprises spécialisées de taille intermédiaire	Jacques LIOUVILLE Constantin NANOPOULOS	N° 116, 1997
Revue française de gestion	Les PMI face á la planification stratégique	Roland CALORI Philippe VERY Jean-Luc ARREGLE	N° 112, 1997
Revue française de gestion	Un outil de diagnostic pour les alliances de PME	Dominique PUTHOD	N° 110, 1996
Revue française de gestion	Le financement des PME innovatrices : Le temps du partenariat	Pla IMBS	N° 104, 1995

出所：OSED(2007b), pp. 42-43.

図表 4-6 中小企業や企業家活動に特化した研究誌（純増数）

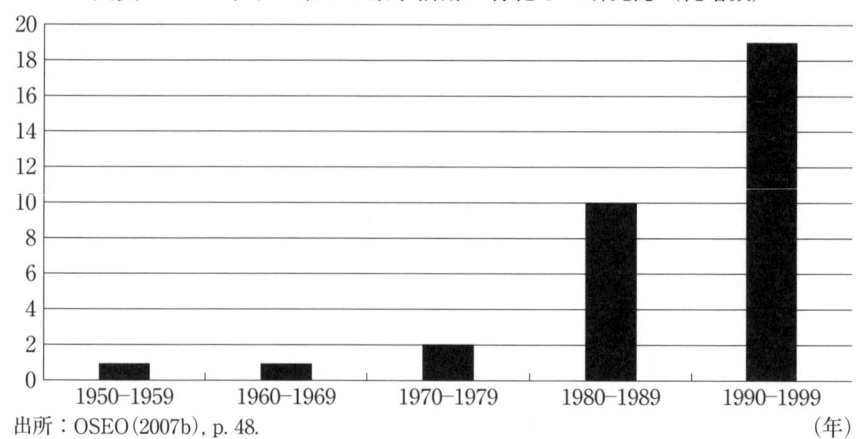

期間	純増数
1950–1959	1
1960–1969	1
1970–1979	2
1980–1989	10
1990–1999	19

出所：OSEO(2007b), p. 48.

関する研究誌が存在する。

むろん、フランス語圏で発行が開始されたものも少数ながら存在する。このうち、もっとも長い歴史を有しているのがカナダ（ケベック）、フランス、ベルギーの研究者の協力によって発行が開始された*Revue internationale PME*である。

図表4-6は中小企業や企業家活動を専門に扱うヨーロッパやアングロサクソン系諸国における研究誌の純増数を示したものである。これをみると1980年代以降にその数が急増している。この時期はフランスでも大量生産体制の限界が認識され、「栄光の30年間」と呼ばれる経済成長期が終わりを遂げたとされる時期である。すなわち、中小企業や企業家活動研究の活発化は、世界経済が脱工業化の時代に入り、小規模企業の経済・社会的役割の重要性が認識されはじめた時期と一致している。

アングロサクソン系諸国の学術論文雑誌のタイトルには、多くの場合"国際"という言葉が使用されており、特に2000年以降に発行が開始されたもののタイトルには全てこの言葉が用いられている。これに対してフランスの場合、中小企業研究に限らず"国際"をタイトルに含む研究誌は少なく、むしろ、その代わりに"フランスの（française）"という形容詞が多用されることが多い（たとえば、先の*Revue française d'économie*や*Revue française de gestion*）。一般にフランスは、母語に強い愛着を持つ国であるとされるが、この状況が研究の閉鎖性を生み、広範な研究者間の交流を妨げていることも否定できない。特に、研究の歴史が浅く、国内における認知度が依然として高いとはいえない中小企業研究においては、国際的に開かれた研究誌の存在が果たす役割は大きい[6]。

ところで、フランスでは、近年他の諸外国で見られるような研究誌の格付けが行われている。国立科学研究所（CNRS：Centre national de la recherche scientifique）では、自然・人文・社会科学の領域を40分野に細分化し、分野ごとに研究誌を格付けしている。ここで経済学と管理学は、あわせて一つのカテゴリーとして扱われる。

国立科学研究所（CNRS）によれば、このランキングは研究の成長段階への

考慮や科学的価値判断を含むものではないが、研究者が、どの研究誌を研究成果の公表の場として選択するかを決定する上で役立つものであるという。具体的には、一般的な評判と影響力という指標に基づいて、次の4段階のカテゴリーを示している。

　　Aランク──卓越した学術論文雑誌であり、知名度も非常に高い。
　　Bランク──高い評価が与えられる学術論文雑誌であるが、その高度な専門
　　　　　　　性、購読者の学問領域や地理的限定性から影響力は限定的であ
　　　　　　　る。
　　Cランク──当該学問領域において参照されるべき国際的学術論文雑誌
　　Dランク──参照に値する学術論文雑誌であるが、その影響力は限定的で、
　　　　　　　購読者の多くもフランス国内の研究者に限られる。

　経済学および管理学分野は、さらに細分化され10以上の専門分野に分けられている（たとえば、経営戦略、意思決定、会計、産業組織、雇用、経済思想史、ファイナンス、保険、情報システムなど）が、ここに中小企業や企業家活動の研究は含まれていない。すなわち、依然として中小企業や企業家活動の研究は、フランスの経済学あるいは管理学において主要研究領域とはみなされていない。
　上記の格付けの動きは、特に、若い研究者が研究計画を策定し、それを効率的に実行していく上で一つの指標となるものである。しかしながら、中小企業や企業家活動の研究が周辺領域としか扱われていない状況で、今後これらの領域への若手研究者の積極的参入を期待するのは困難である。これに加えて、上記のランキングには次の問題が付随する。第一に、使用言語によっては、学問的評価とは違った側面からの評価を受けざるを得ない。すなわち、当該格付けは、対外的な影響力を非常に重視するものであるがゆえに、英語以外（たとえば、フランス語、ドイツ語、イタリア語）を使用言語とする研究誌は不当に低い評価を受けてしまっている可能性がある。第二に、近年の国立科学研究所（CNRS）では、特に経験的、実証的研究、あるいは統計に基づく研究を高く評

価する傾向にあるが、こうした志向性がランキングの内容に影響を与えていることも否定できない[7]。研究の発展は、隣接諸科学分野における成果の導入によってもたらされることが多いという我々の経験からすれば、理論研究や概念論的な研究を積極的に評価するという姿勢も今後は問われるであろう。

IV. 学 会 の 状 況

世界的にみて、中小企業研究部門で最も広く知られるのは、International Council for Small Business（以下ICSB）である。これは1955年にアメリカにおいて設立され、60カ国程度から約2000人の研究者を集めている。また、このうちヨーロッパについては、European Council for Small Business and Entrepreneurship（以下ECSB）が存在し、約300人の会員を擁する。ECSBは、毎年ヨーロッパ規模で国際大会を開催しており、フランスでは1998年にリヨン・マネジメント・スクール（EM Lyon）が開催会場となった。ヨーロッパには、他にもEntrepreneurship, Innovation and Small Business（以下EISB）が存在する。これはICSBやECSBとは異なり、広義の商業や経営教育の促進を図ることを目的として設立されたものである。教育、実務・コンサルタントといった約500の組織と約12000人のメンバーによって構成される。EISBもまた毎年、中小企業や企業家活動をテーマとした大会を開催している。

以上が英語を主要言語とする学会であるのに対して、特にフランス語による研究を重視するものとして既出のAssociation internationale de recherche en entrepreneuriat et PME（以下AIREPME）がある。これはフランス語圏の中小企業研究の先駆者として知られるトロイビエール大学（ケベック）のジュリアン（Julian, P. A.）とモンペリエ第一大学のマルシェネが中心となって設立されたものであり、約15カ国から150人の研究者を集めている。AIREPMEでは、フランス語圏の研究者のネットワークを形成し、中小企業や企業家活動に関わる研究成果の公開機会を拡大することを目的として隔年ごとにフランス語圏における国際大会（CIFEPME：Congrès international francophone en entrepreneuriat et PME）を開催している。先に示した研究誌、*Revue internationale PME* は、AIREPMEのメンバーが中心となって発刊されるものである。

より最近設立された学会としては、Academie de l'entrepreneuriatがある。これは、1998年に全国企業経営教育財団（FNEGE：Fondation nationale pour l'enseignement de la gestion d'entreprises）を支援母体としてフランスの研究者により設立されたものである。主なメンバーは、大学、高等学校、商業・工業専門学校の教育関係者であり、各教育段階における企業家教育の充実、企業家育成のための教育方法の共有化、企業家活動研究の社会的評価の向上、企業家社会の実現に向けた政策提言などを主たる目的とする。Academie de l'entrepreneuriatは、先のAIREPMEによって行われるCIFEPMEと交互に隔年ごとの全国大会を開催し、研究雑誌として、*Revue d'entrepreneuriat*を発行している[8]。

V. 結

以上、フランスにおける中小企業研究の状況を確認するという目的のもとに、博士論文、研究誌、学会などの状況や動向を考察してきた。既にみたように、フランスにおける中小企業研究はアングロサクソン系先進諸国や日本のそれと比べて充分な蓄積がなされているとは言い難く、また国内における研究分野としての地位もさほど高くない。これは、他の先進諸国と比べて中小企業問題の発生時期が遅れたこと、すなわち、戦後しばらくは国有化を中心とする大企業に対しての政策が支配的であり、混合経済といわれる独特な体制のもとに、独占資本主義と表裏の関係にある中小企業が問題論として取り上げられる機会が少なかったこと、個人主義が重んじられる社会の中で、特に小企業者や手工業者に一定の社会的評価が与えられ、したがって、こうした階層を大企業と対置し、そこにおける問題性を取り上げるという一般的認識が希薄であったこと、人文・社会科学部門では伝統的に哲学・歴史・文学あるいは法学や政治学が重んじられてきたこと、などに起因するものと考えられる。さらに、加えるならば、歴史的に中央集権的な体制を目指す中でフランス語への執着が国民

性として形成され、これにより、他国の中小企業研究成果の導入が遅れたことなども軽視できない要因の一つと考えられる。しかしながら、こうしたフランス中小企業研究の後発性が、経済学よりもむしろ管理学における中小企業研究の拡大と深化を生んでいる、という状況は我々にとって興味深い。

また、研究蓄積は十分ではないとはいえ、特に、中小企業が国民経済に果たす役割が評価される契機となった1970年代のオイルショックを経た80年代以降は、着実にフランス中小企業研究に広がりがみられる。すでにみたように、母語に強い愛着を持つ国であることが研究の閉鎖性を生み、総じて他の先進諸外国の研究への関心が低く、依然として研究者の絶対数も多いとはいえない状況にはあるが、近年では研究誌や学会等を中心として、中小企業の社会的役割の重要性が確実に認識の度を強めつつある。何よりここで紹介したように、公的機関が中小企業研究の状況を把握し、そこにおける課題を明らかにせんと乗り出したこと自体が、近年のフランスにおける中小企業への期待の大きさを物語っている。フランス中小企業研究が、すでに示した課題を克服しつつ、いかにして高まる社会的期待に対処していくべきかが注目される。

注
1) フランスでは「預金供託公庫（CDC：Caisse des dépôts et consignations)」、「中小企業開発銀行（BDPME：Banque du Développement des PME)」、「企業設置庁（APCE：Agence pour la création d'entreprises)」が中心となって2001年7月に中小企業局（Agence des PME）が組織化されたが、その後はOSEOが中心となり、中小企業関連情報の公開を目的としたシリーズものを継続的に発行している。
2) OSEO (2007b), pp. 22-26を参照。
3) OSEO (2007b), p. 27を参照。
4) OSEO (2007b), pp. 28-32を参照。
5) OSEO (2007b), pp. 33-37を参照。
6) OSEO (2007b), pp. 41-50を参照。
7) OSEO (2007b), pp. 50-53を参照。
8) OSEO (2007b), pp. 57-63を参照。

第2部　中小企業と企業間関係

第5章 伝統的下請論

I. 序

　イギリス、アメリカ、ドイツにおいては第一次大戦までに急速に独占資本主義が発展したのに対して、フランス経済が独占段階に入ったのは第一次大戦後とされる。したがって、フランスにおける中小工業問題の発生時期もまた、他国に比べ遅れたものであった。

　工業人口が少なく、鉄鋼を中心とする重工業、機械工業の比重が低いフランスにおいては1920年代に入ってからも小農民経済がなお支配的であった。しかしながら、他方でフランス独占資本は、第一次大戦の勝利とインフレによる一時的な好況を背景として、急速な集中を完成させようとした。この動きはサンディカリスト的市民としての中間階級、すなわち手工業に脅威を与えたため、結果として、1923年6月の手工業を対象とする税法、1923年12月の手工業金庫に関するデクレ、手工業会議所の設置に関わる1925年7月のデクレといった保護的性質をもつ措置が相次いで講じられた。このように、フランスにおける中小工業問題は、まず手工業の保護という形で発生した。

　戦後の1947〜53年にはフランス経済復興のため、第一次経済計画が実行に移されたが、これは基幹産業、特に石炭、鉄鋼、電力、セメント、農業機械、運輸の六部門における生産拡充を図るものであり、その結果として、大工業による小工業の包摂という新たな課題に際して下請問題が発生した[1]。

　以上を踏まえ、本章および次章では、フランスの企業間関係論の端緒となっ

た下請論の変遷を考察する。まずは、公的機関を中心としたフランスにおける下請定義の内容を検討したのち、フランスの伝統的下請論ともいうべきウーシオ（Houssiaux, J.）の「準統合（quasi-intégration）」論を考察する。この作業を通じて、下請問題が発生した当時のフランスにおいて、下請がいかに評価され、あるいは、いかなる役割を期待されていたのかが明らかとなろう。

II. 下 請 の 定 義

フランス工業規格化協会（AFNOR：Association française de normalisation）は、次のように下請を定義している。「業界の慣習において下請活動とみなされるのは、製品設計、仕上げ、生産、設計、あるいは製品のメンテナンスといった生産サイクルに属する活動のうちの1つ、または複数の活動において、発注者と呼ばれる企業が、当該業務を、自社自らが最終決定する技術上の指示・仕様に忠実に従う下請企業または受注者に委託する活動の総称である。この技術上の指示書…は、発注者が単独で当該製品の最終コンセプトの責任を負う限りにおいて、下請企業…の意見や提案を取り入れることが可能である[2]」。この定義は、望ましい下請関係の構築を目的として1971年に公表された下請憲章（la charte de la sous-traitance）や、過去の経済計画にも影響を与えた。

また、国立統計経済研究所（INSEE）が発行する『フランス統計年鑑（*Annuaire statistique de la France*)』では、「ある企業（発注企業）が自社のために、そして前もって用意した特定の仕様書にしたがって、自らが経済上の最終的責任を負う生産、あるいはサービス活動の一部を、他の企業（受注企業）に委託する取引」をもって下請の定義とし、さらにこれに、以下で示す「量の下請（sous-traitance de capacité）」、「専門性の下請（sous-traitance de spécialité）」という定義を付け加えている[3]。この区分は、その他の公的資料などでも慣例的に用いられ、伝統的な下請概念として広く定着している。

「量の下請」…「下請は、自社でその製品を製造できる能力を備えている発注企業が、生産の一時的な増大や突発的な技術的事故によっ

て臨時的に、あるいは、自社の生産能力を残しておきたいという理由により、多かれ少なかれ慣習的に、予備的な外部の生産能力を利用することを望むとき、量の下請と呼ばれる」。

「専門性の下請」…「下請は、発注企業が、その固有の戦略から生じる事情によって、当該仕事に必要な設備や能力を備えることが不可能か、もしくはそれを望まないときに、その要求を満たす設備と能力を備えた《専門メーカー》に呼びかけることを決定する場合に、専門性の下請と呼ばれる」。

ここからも分る通り、「量の下請」の定義の中で示される下請企業は、景気変動調整のために用いられるものであるのに対し、「専門性の下請」の定義の中で示される下請企業は、より高度な能力を備えた企業である[4]。しかし、いずれにせよ、公的機関を中心として示されてきた伝統的なフランス下請定義は、総じて受注企業、すなわち下請企業の技術上の依存性、あるいは劣位性、および発注企業と受注企業の不平等で過度に商業的な関係を前提としていたことは否定できない。また、下請問題が、大企業中心の政策の副次的結果として生じた大工業による小工業の包摂という状況により発生したこともあり、フランスの下請は、企業規模格差を伴う取引関係、すなわち、発注企業たる大企業と受注企業たる中小企業の関係、として捉えられる傾向にあり、また、こうした意味で下請企業の成長に対しても悲観的な要素を含んでいた。

こうした中、フランス下請研究に最も大きな影響を与えたのは、1950年代に提唱されたウーシオの「準統合（quasi-intégration）」論である。「準統合」とは、大企業と下請企業によって組成される経済的統合の一形態であり、純粋な市場取引でもなければ、完全的に企業に内部化された取引でもない取引形態を示す。「準統合」においては、下請企業の法的な独立性が維持され、価格や数量を媒介とした関係は継続されるため市場取引的要素が維持されるが、他方で発注大企業は、その独占的な地位を用いて可能な限り下請中小企業をその管理下に置かんとする。ウーシオは、「準統合」における、発注大企業による下請

中小企業のコントロール性を強調するのみならず、「準統合」に組み込まれることによって、下請中小企業にも成長・存続の道があることをも示したのであるが、むしろ、その後のフランスにおける研究の中では、「準統合」論を、大企業と中小企業の取引関係における「支配－従属」的要素を強調したものと評価する動きが支配的となった。以下では、より詳細に当該理論を考察・検討したい。

Ⅲ．ウーシオ（Houssiaux, J.）の下請論

　フランスの研究者によって、現代でも、しばしば引き合いに出される古典的下請論として、ウーシオの「準統合」論がある。ウーシオは1950年代のフランス経済の状況を踏まえた上で、下請を「準統合」として位置付けた。「準統合」は、「異なった生産段階にいる独立した企業間における継続的関係」、と定義され、市場競争作用と垂直的統合の中間的な性質を伴う取引関係であるとされる[5]。

　こうした関係の経済合理性は、一般的な垂直的統合のメリットと市場取引的要素のメリットを併せ持つことに求められる。すなわち、発注企業に対しては、規則正しい供給の保証を可能ならしめ、需要変動に応じた下請企業の変更を容易にし、下請企業に対しては、安定的受注をもたらす一方で、法的独立性を確保することを可能にし、かつ、取引開始当初は、市場を媒介とした関係が保持されることから、価格や数量についての市場取引的要素のメリットもまた保持される。

　ウーシオによれば、「準統合」がフランスにおいて見られるようになった背景としては、次の2点が重要であるという。第一に、フランス企業の多くは、資本主義の発展に伴い、まずは規模の経済性を希求するという観点から、垂直的統合という選択肢をとったが、このことが大規模組織ゆえの非効率性を顕在化させ、一群の下請企業を包摂する必要性を発生させた。すなわち、垂直的統合を推し進めた大企業は、需要変動への柔軟性を失い、生産の各段階におけるボトルネックや投資の分散による非効率性などに対処せざるを得なくなったた

めに、下請企業を包摂し、同時に柔軟性を確保する、という方法を採用する道が開かれた。この点、20世紀初頭に垂直的統合が法によって厳格に規制され、したがって物質的専門化を通じて下請企業が編成されていったアメリカの状況とは対照的であったという。

第二に、下請として従事する、特に、小企業におけるフランス的特質が、「準統合」の広がりに正の作用を及ぼした。すなわち、フランスの小企業は、一般に既得権を危険にさらすような変化への抵抗が強く、かつ成長意欲が乏しいために、大企業の要求に応えるだけの能力を持ち合わせず、かつ伝統的に品質の優劣や差別化を希求し、成長至上主義に対して抵抗感を持つ職人気質的な体質を持っていたことから、かえって「準統合」に組み込まれやすかったという[6]。

ウーシオは、以上の認識を土台として「準統合」を、法的側面、経済的側面、社会的の3側面から分析する。ここでは具体的に8つ、すなわち、「準統合の目的」、「準統合の地位」、「契約内容」、「契約形式」、「契約履行の態様」、「契約期間」、「下請関係の排他性」、「発注企業の干渉程度」といった指標が用いられ、最終的に、図表5-1に示すような2類型が示される。ただし、下請企業を規定する生産条件や産業の特性に応じて、取引関係も多様になることから、他の形態が存在することは否定できないという。

図表5-1にみられる「発注企業の干渉程度」の例としては、技術的援助、原材料の支給、生産の管理、財務的支援などが上げられるが、この程度が賃加工下請では強く、競争的下請で中程度とされるのは、賃加工下請の場合、先の小企業の特質により、発注大企業の管理幅の拡大に抵抗する傾向が強く、かつ経営の近代化が進んでいない為に発注大企業の要求水準を満たすのに相応の介入が必要であるという意味を含んでいる。補完的下請の場合や契約が継続するにつれて、発注大企業との交渉力格差は緩和され、したがって発注大企業による干渉の程度は穏やかなものとなる。

「下請関係の排他性」については、賃加工下請、補完的下請とも変動的なものとして位置付けられる。これは、下請関係における統合の要素を強調しなが

図表 5-1　「準統合」の類型

基準	グループⅠ	グループⅡ
経済的側面		
準統合の目的	賃加工下請	専門下請
準統合の位置付け	競争的	補完的
法的側面		
契約内容	単純	複雑
契約形式	慣行的	書面による契約
契約履行の態様	一括納入	分割納入
契約期間	不安定	遵守
社会的側面		
下請関係の排他性	変動的	変動的
発注企業の干渉程度	強い	中程度

出所：Houssiaux, J. (1957), p. 246.

らも、同時に市場的要素を排除しない、というウーシオの立場を反映したものである[7]。

　以上の「準統合」概念を踏まえて、後の論文の中でウーシオは、フランスに数多く存在する限界的下請企業は、「準統合」を通じた発注企業からの技術援助や安定的受注を拠り所にする場合には消滅や淘汰を回避できるが、こうした関係を受け入れない限り、激しい競争と経営の不安定性というリスクにさらされ、かつ成長も保障されないと主張している[8]。このようにウーシオは、「準統合」を、フランスの伝統的な小企業を効率的に生産条件に適合させる為の手段として位置付け、その拡大の内にフランス経済や工業の近代化と発展の方向を展望している[9]。

Ⅳ．結

　ここで、本章の考察を通じて確認された事柄について、私見を交えながら再度整理しておきたい。

　主に公的機関によって示されてきた伝統的なフランス下請定義は、総じて下

請企業の技術上の依存性、あるいは劣位性を前提とするものであり、下請企業の成長に対しても悲観的な要素を含むものであった。

　フランスの伝統的下請論の提唱者として知られるウーシオは、下請を「準統合」、すなわち、垂直的統合と市場の中間的な性質を伴う取引関係とした上で、こうした関係を通じた大企業と中小企業の効果的協働関係の構築・拡大の内に、フランス経済発展の可能性をみた。

　しかしながら、彼が「準統合」とは、大企業と下請企業によって構成されるグループにおける経済的統合の一形態、外部企業の間接的な統合、と述べていることからも分かる通り、下請における統合的要素と市場的要素の並存を認めながらも、前者の要素を主とした論理展開を行っている点は見逃せない。すなわち、長谷川秀男が指摘するように、ウーシオの理論の背景には、他国に比べれば緩慢であった産業革命、手工業的で小規模な生産方法の残存、保護主義の影響の強さ、個人主義的気風の強さなどが支配的であった当時のフランスにおいて、「下請企業の独立性・自立性を強調して前近代的部分を下請関係に組み込み、前近代的部分と近代化された部分との有機的な相互補完関係の確立、いわゆる『大企業と中小下請工業との効果的な協働関係』を確立させ、経済の近代化を一層高め、国際競争力を増強させようとする意図[10]」が存在したのであり、その意味において「準統合」における効果的協働関係とは、あくまでも発注大企業から見た一方向的な有効性を示すにとどまるものであった。このように「準統合」論において、下請を担う中小企業、特に小企業の成長・発展についての指摘がみられるにしても、それは大企業の管理下における他律的な成長・発展を示すにとどまるものであったといえる。われわれは、ここに伝統的下請論の特徴をみることができる。ウーシオの「準統合」論は、すでにみた公的な下請定義に示されるがごとく、大企業に対する中小企業の劣位、あるいは成長悲観論ともいうべき要素を内包していたのである。

注

1）稲葉襄（1967）、1-12頁、81-88頁を参照。

2) Ministère de l'industrie, des postes et télécommunications et du commerce extérieur(1993), p. 13.
3) 以上の定義は INSEE(1996), pp. 583-584による。
4) なお、中川洋一郎（1994）は、「量の下請」を景気変動のバッファとしての下請利用形態、「専門性の下請」を資本節約のための下請利用形態と特徴付けている。いずれにしても、これらの区分は、発注企業主体の定義であり、技術的な支配関係を含んでいることに変わりはない。
5) Houssiaux, J.(1957a), p. 222.
6) Houssiaux, J.(1957a), pp. 222-225.
7) Houssiaux, J.(1957a), pp. 238-247.
8) Houssiaux, J.(1957b), pp. 394-400.
9) 長谷川秀男（1977）、78頁による。なお、長谷川秀男（1977）・（1978）は、ウーシオの理論背景として、1950年代当時のフランスの経済・社会的背景を整理し、独自の見解を示している。重要な指摘として、以下に要約しておく。

　フランスでは第一次経済計画（1947～53年）を通じて、機関部門の復興、戦後再建の基礎が固められた。ここでは石炭、電力、鉄鋼、セメント、輸送農業の投資計画、農業生産の機械化、建設産業の近代化、輸出関連部門の生産力強化が図られ、一応の成功を納めたが、他方で国民経済の不均衡的発展、貿易赤字という負の問題が残った。

　第二次経済計画（1954～57年）では、第一次経済計画で形成された産業構造の高度化、重化学工業化の徹底が図られ、フランスの国際競争力向上をスローガンとしたドゴール政権の影響下で経済の集中化がさらに進んだ。この環境下では、多数の非生産的企業が存在するという経済構造が問題視され、経済拡大のためには、非近代的な部門の整理が必要であるとの主張も見られるようになった。すなわち、この時期を境として、従来は、保護主義政策や独占資本の隠れ蓑として位置付けられることにより保護され残存せしめられてきた中小工業が、整理没落の対象としてみなされるようになった。これは、搾取・収奪の強化と非能率的企業の排除へと結びつく、新たなフランス中小工業問題の出現に他ならなかった。

　しかしながら、他方でフランス的事情として、中小企業に伝統的に残る個人主義的思想とそれに基づく職人気質をいかに近代化に結びつけるかという政策課題はなおも軽視できるものではなかった。このため、ウーシオは、近代化と大企業セクターと中小企業セクターの不均衡的発展という事態を取巻く国内の対立を緩和しつつ国民経済を一体化し、国際競争力を高める手段として下請制を位置付けた。

10) 長谷川秀男（1977）、73頁。

第6章　下請論と中小企業の成長

I．序

　第5章で考察したように、伝統的な下請論は、大企業に対する中小企業の劣位、あるいは成長悲観論ともいうべき要素を含んでいた。しかしながら、1970年代における石油危機を一つの契機として、フランスでは大企業の非効率性が浮き彫りになり、代わって、中小企業が本来的に有する柔軟性や雇用創出力に期待が寄せられるようになった。さらに、1970年代のフランスでは、下請を受発注企業間の協力的、あるいは互恵的関係とみなし、積極的に活用すべきであるという議論がマスメディアや政策サイドを中心に広がりを見せ始めた。この「パートナーシップ（partenaires de la relation）」論ともいうべき当時の議論の内容は、以下のように要約される。

① 下請は、企業の専門性を高める。
　下請は、下請企業の技術的専門性の向上に寄与し、ひいては発注企業のイノベーション能力の向上をもたらす。下請の利用を通じて、発注企業は、自社単独では実現不可能な専門性を獲得し、より効率的な設備の利用が可能となることから価格競争力の向上を期待できる。

② 下請は、投資効率を高める。
　一般に、小規模である下請企業の固定費は、大企業である発注企業より低い

水準であることが多い。加えて、小規模下請企業における管理構造および商業的（commercial）構造は、発注大企業のそれと比べれば単純であることが多く、設備や施設の専用性が非常に高いため、それらに向けられた費用は、すでに他の取引によって回収されていることが多い。以上の理由から、発注大企業は、下請の利用によって、内製を行った時よりも、より低い製品価格を実現可能である。さらに、在庫費用、固定費の一部、あるいは一時雇用に要する費用なども節約可能である。下請の利用により、発注大企業が、技術革新あるいは流通の革新、公害問題への対処、あるいはセキュリティーの改善といった必要不可欠な他の活動に自社の経営資源を集中させることが可能になることも重要である。

③　下請は、市場国際化の環境下における中小企業の存続を保障する。

　発注大企業が投資効率への配慮から下請中小企業を利用するとしても、それは後者にとって不利を意味しない。なぜなら、下請は、企業間の合理的な課業分担を可能とし、近代的な相互補完体制を通じて、中小企業に新たな成長の機会を与えるからである。このように下請は、企業規模とは無関係に、そこに参加する企業の成長を促し、専門性を深化させる。

④　下請は、地域を活性化させる。

　当該問題は「下請憲章」でも扱われている。下請は、発展的な地域と、非発展的な地域間の取引を増大させることによって、地域格差を是正する。地域に根差した企業、すなわち、市場開拓能力に乏しい中小企業は、下請に組み込まれることによって恩恵を受け、他方で、産業の「地方分散（décentralisation）」の名の下におこなわれる大企業の工場設立は、専門性をもつ地方の中小企業の成長（あるいは創業）の機会を提供する[1]。

　このように、下請の再評価が行われる中では、従来の伝統的な下請定義や概念の限界を明らかにし、それを再定義もしくは精緻化することが必要となっ

た。以下では、1970年代に示された2つの下請論の内容を考察・検討することにより、当時の下請論の特徴を明らかにしたい。

II. ベナン（Vennin, B.）の下請論

1. 問題意識

1970年代の石油危機を契機として、大企業の非効率性が認識されつつある中、ベナン（Vennin, B.）は、当時下請が広く普及していた自動車産業の状況を踏まえながら、伝統的な下請定義や概念の限界を指摘する。その際、工業化の進展に伴う生産面、および労働分配過程面の構造的変化に着目しながら、下請の特徴を科学的、かつオペレーショナルな見地から明らかにするというスタンスをとっている。

従来、フランスで広く認められてきた下請概念は、「量の下請」＝「景気変動調整的下請」、および「専門性の下請」＝「構造的下請」の二類型に帰着する。しかし、両者の区分は、多様な現実の観察を反映したものとはいえず、むしろ、企業あるいは経済にとっての合理性と非合理性という、イデオロギー的価値判断によってなされるものである。すなわち、従来の下請概念および企業分類は、曖昧性を排除できず、オペレーショナルなものとはいえない。

特に、自動車産業における機能部品供給メーカー（fournisseurs）[2]の位置付けは、困難な問題である。機能部品供給メーカーは、自社技術の管理能力を備え、固有の商標や特許などに基づいて交渉がおこなえる企業である。この意味で、機能部品供給メーカーと最終製品組立メーカー（自動車メーカー）の技術的関係は複雑であり、むしろ、そこには寡占企業同士の取引が存在するとさえいえる。しかしながら、当該企業を、下請大企業一般と区別するのは困難な場合が多い。

さらにベナンによれば、取引関係における技術的・商業的な交渉過程を観察する場合には、厳密な定義に照らせば、下請企業として分類されてしまう企業が、機能部品供給メーカーと一般に呼ばれている企業よりも、技術や経営的側面において優位なこともめずらしくない。つまり、自動車産業にみられる複雑

な取引状況を理解するにあたり、既存の下請概念は殆ど役に立たないというのである[3]。

2．生産プロセスと交渉力

　以上の認識のもとにベナンは、下請企業を分類するにあたって、生産プロセスへ目を向け、そこにおける取引当事者間の交渉力格差に着目することが必要と考える。本来、下請は、独立した企業間の商取引であり、固有のノウハウに基づいた生産物の交換過程として捉えられる。しかしながら、フランス自動車産業では、下請企業の自律性が制約された取引、すなわち、寡占大企業（自動車メーカー）によって完全に支配された生産プロセスに組み込まれた取引が存在する。したがって、下請企業の地位は、大企業である自動車メーカーの生産構造の中で捉えることによって、はじめて明らかとなる。

　さしあたり、自動車メーカーの生産プロセスは以下のように区分できる。
① 　製品特性の決定、イノベーション、労働力の準備過程
② 　製造過程
③ 　販売過程

　一般に、自動車メーカーは、自社の競争力を獲得するために、①および③の過程の大半をその管理下に置く。むろん、大量生産を特徴とする産業社会では、量的な製造能力を確保することが重要である。したがって、自動車メーカーは、②の過程をも、直接管理下に置かんとするが、その際問題となるのは、大規模な設備投資に伴う固定費の増大、という問題である。ここに、自動車メーカーが外部の生産能力、すなわち、下請企業を利用する根拠がある。

　自動車メーカーは、必要な生産設備の全てを所有することによって発生する硬直性を避ける為に下請企業を利用する際でも、当該取引によって実現される利益の優位な獲得を行うことが可能である。これは下請企業との間に、自動車メーカーにとって好都合な交渉力格差が存在するからに他ならない。この格差は、下請企業自身の市場へのアクセス能力に依存するが、自動車メーカーは生産過程の川上と川下を管理することによって、下請企業の交渉力を抑制するこ

とが可能である。このように、現実の下請の状況は、伝統的な下請概念が依拠する取引の技術―経済的側面のみから説明できるものではない[4]。

3．下請企業の地位

ベナンは、伝統的な下請概念の限界を踏まえた上で、自動車産業における下請企業の多様性を企業規模という指標に基づいて整理する。ここで、下請企業は、下請大企業（従業員数1000人以上）、下請中企業（同100〜1000人未満）、下請小企業（同100人未満[5]）の3つに分類され、これら区分ごとに経営上の特徴が、以下6つの指標に基づいて分析される。

① 技術の範囲（taille technique）：下請企業の戦略における技術の幅。
② 技術管理水準（maîtrise technique）：下請企業が責任をもつ技術管理水準。
③ 取引期間（horizon temporel）：下請企業と自動車メーカー間の取引期間。ただし、法的―商業的な解釈とは無関係。
④ 自動車メーカーとの交渉レベル（niveau de la discussion avec le donneur d'ordre）：下請企業が自動車メーカーの購買方針に関与可能なレベル。
⑤ 製品特性（produites）：下請企業が最終的に供給する財の性質。
⑥ 戦略（stratégie）：自動車の生産プロセスにおいて下請企業が果たす、もしくは遂行可能な機能と能力。

以上の組合せを示したものが図表6-1である。この枠組は、企業規模ごとに下請企業の経営的特徴に共通項が見いだせることを示し、下請企業の地位の移行という現象を分析可能にするものである。ただし、現実には、ある地位における特徴と、他の地位における特徴が混在している場合があるため、ここで示される明確な境界は存在し難いという[6]。

図表 6-1　企業規模による下請企業の分類

企業規模	①技術規模	②技術管理水準	③取引期間	④発注者との交渉レベル	⑤製品	⑥戦略
大	工場レベル(usine)	設計(conception)	数年	経営幹部レベル(direction general)	機能部品(fonction)	多角化(diversification)
中	作業所レベル(atelier)	ノウハウレベル(savoir-faire)	1年	購買責任者レベル(chef de division d'achat)	部品(pièce)	専門化(spécialisation)
小	機械レベル(machine)	実行レベル(exécution)	1か月	購買担当者レベル(acheteur)	賃加工品(heure)	生存(survie)

出所：Vennin, B. (1975), p. 294を一部加筆・修正。

4．取引の特性と下請企業の成長戦略

次にベナンは先に示した下請企業の地位に関する枠組に基づいて、自動車メーカーと下請企業の関係を分析し、企業規模ごとに、下請企業の戦略における相違があることを示している。

① 下請大企業

下請大企業は、自らが販売活動を行う能力をもち、その活動は複数の産業にまたがることが多い。そのため、当該企業にとって、自動車産業は非常に重要な市場ではあっても、唯一の市場ではない。下請大企業は、市場を拡大する能力を備えているために、戦略策定において、発注企業に影響を受けることが少なく、その意味で自律性が高い。

自動車メーカーが、下請大企業に機能部品の生産を委託する場合であっても、当該生産に必要な技術の大半を所有するのは、下請大企業である。そして、ここで用いられる技術は、複数の産業分野に応用可能であると同時に、下請大企業が固有の製品開発戦略を策定する際の基盤となる。

自動車メーカーと下請大企業の取引期間は、少なくとも中期間以上（数年）

となる。下請大企業の自動車メーカーに対する交渉上の地位は、機能部品供給メーカーのそれに近いものであり、その自律性を獲得する最も効果的な手段は、特定の製品市場において独占的地位を獲得することである。そのため、下請大企業が下請中企業を資本関係を通じてコントロールするといった現象も見られる。

② 下請中企業

下請中企業の顧客は、自動車メーカー、あるいは、大規模な機能部品供給メーカーである。自動車生産に参加するには、大規模で規則的な部品の供給を行う必要がある。そのため、下請中企業には相応の生産能力と投資能力が求められる。当該企業は、こうした要求への対応を通じて特定顧客に対する専門性を高め、結果的に自動車メーカーに対する依存度を高めていく。いわば、下請中企業の市場範囲は、技術的な理由から制約される。

下請中企業の活動領域は、当該産業の発展如何に依存し、そこでの支配的な経営課題は、発注企業との個別交渉、および、彼らの要求を満たすための生産構造上の調整である。とりわけ、品質レベルの向上、規則的な部品供給能力、要求価格への対応力の向上が求められる。

下請中企業と発注企業の取引期間は短期的であり、比較的長期に取引が続くとしても、それは短期契約の継続という形をとる。下請中企業の地位は、発注企業の作業所、あるいは分工場と同レベルであり、成長を実現し、自律性を確保する上で採り得る唯一の手段は、自動車メーカーや機能部品メーカー、あるいは下請大企業といった顧客の管理を受け入れ、順応することである。

③ 下請小企業

下請小企業については、生産設備（outillage）の製造を担う企業と、その他の企業を区別しなければならない。生産設備は、その仕様が殆ど変更不可能であり、汎用性が低い。生産設備の製造は、非常に特殊的性質をもつため、この仕事を担う企業は一種の「超手工業（super-artisanat）」と呼ぶべきものであ

る。

　その他の下請小企業は、通常大型輸送トラック・メーカーや自動車メーカーの下請企業、あるいは機能部品供給メーカーに対し、部品を供給する場合が多い。当該企業の市場範囲は、複数の産業分野に及ぶ事はなく、むしろ特定企業に限定される。これら企業は、巨大市場に見合うだけの企業規模に成長する理由も手段も持たないが、その役割は、生産のロジックというよりはむしろ、社会経済的な平等という観点から評価されるべきものである。

　すなわち、下請小企業の存在価値は、経営者（chef d'entreprise）の擁護、つまり個人の意思決定の自由と、自律的な労働編成という国民的期待に応えるために、政策イデオロギーの観点から判断されるべきである。このために、企業間取引や競争環境を制約する規制、つまり、大企業による小企業の駆逐を防止する政策が必要となる。

　以上の内容を踏まえてベナンは、下請は、当時の「パートナーシップ論」で示されるような、専門性と生産性の向上、取引当事者双方にとって互恵的な技術的あるいは生産関係ではない、との結論を導き出している[7]。

Ⅲ．シャイユ（Chaillou, B.）の下請論

1．分析視点

　シャイユ（Chaillou, B.）もまた先のベナンとほぼ同時期に、フランスにおける伝統的な下請概念が、明瞭性を欠いていることを指摘し、下請概念の統合・整理を図ろうとしている。ここでは、主として製造業が考察対象とされ、①機能的側面、②市場的側面、すなわち、下請市場の競争状態と発注企業の内製化の可能性、③利用・運営的側面、すなわち、取引期間と下請企業間の関係、という3つの基準に基づいて下請が分類・整理されている。このうち、①は、下請を他の企業間関係と区別する際に有効な手段であり、②は、下請の多様性を確認するのに有効な手段である。③は、オペレーショナルな観点から下請を認識する手段として有効である[8]。以下では、上記3つの分類ごとに、考察を進める。

2．第一の分類基準：機能的側面

　シャイユによれば、下請を機能的側面から分析するには、生産プロセスにおける以下 4 つの要素に着目する必要がある。
・仕様書（cahier des charges）：製品特性を規定するもの。
・図面（dessin）：行うべき仕事内容を明示したもの
・作業指示書（gamme d'usinage）：図面に示される仕事を実行するための方法と手段を示すもの。
・生産（fablication）：作業指示書の内容に基づき、図面に示される製品を具現化する過程。

　以上を踏まえると、下請が利用される生産プロセスは、以下のように説明される。
　仕様書によって行うべき仕事の全体が示される　→　図面によって、それが経済活動に固有の言語に変換される　→　作業指示書によって図面に示された事柄を実行するための手段と方法が明示される　→　部品やサービスが具現化される[9]。
　このように下請をその機能の面から段階的に把握することによって、他の企業間関係と区別することが可能である。
　図表 6-2 は、企業X-Y間に形成される分業関係を示している。左の各数字は、企業Xに対し、企業Yが果たす機能のパターンである。1～8 では、企業Xが仕様書の作成に関与する。このうち、1 は、いわゆる垂直的統合を示し、2～8 が下請あるいはライセンス契約と呼ばれる取引関係である。9 は、企業Yが単独で仕様書を作成する場合であり、一般に、購買とよばれる形態である。ケース 8、すなわち、企業X、Yの双方がパートナー（partenaire）と捉えられる関係は、下請とライセンス契約の中間形態である。斜線部分は、各生産段階ごとに、企業X-Yが分業する領域を示している[10]。
　なお、図表 6-2 において下請とされる取引関係、すなわち、「量の下請」、「専門性の下請」、「サプライヤーによる下請」についてシャイユは次のように

図表 6-2　機能的側面による取引関係の分類

フェーズ	アイデアの決定	解説書の作成	方法・手順の決定	具現化	産業一般		
フェーズ	アイデアの決定	図面の作成	方法・手順の決定	生産	機械工業		
ケース	責任の範囲				企業Xの名称	企業Yの名称	取引関係
1	X	X	X	X	統合企業		垂直的統合
2	X	X	X	Y	発注企業	下請企業	「量の下請」
3	X	X	Y	Y	発注企業	下請企業	「専門性の下請」
4	X	Y	Y	Y	発注企業	下請企業	「サプライヤーによる下請」
5	X	X	Y	X	ライセンス供与企業	ライセンス受与企業	方法・手順のライセンスに基づく関係
6	X	Y	Y	X	ライセンス供与企業	ライセンス受与企業	技術あるいはサービスのライセンスに基づく関係
7	X	Y	X	X	ライセンス供与企業	ライセンス受与企業	2つのライセンスに基づく関係
8	X	Y	X	Y	パートナー	パートナー	企業XとYの利用に関する合意
9	Y	Y	Y	Y	買手	サプライヤー	サプライヤーによる供給

各労働段階における具体的要素：詳細解説書／方法の手引／サービス（産業一般）、仕様書　あるいは　図面／作業指示書／部品（機械工業）

出所：Chaillou, B. (1977), p. 266を一部加筆・修正。■はその関与の程度。

解説を加えている。

　フランスでは、下請の類型として、「量の下請」と「専門性の下請」という区分がよく用いられる。しかし、これらの相違は十分に理解されていない事が多い。「量の下請」と「専門性の下請」の相違を明らかにするには、専門性という言葉の意味を分析することから始めなければならない。専門性の追及は、企業者（entrepreneurs）の重要な目的であるが、それは固有の技術的能力を有

しているか否かによって判断される。下請企業が、発注企業との関係において、このような固有の技術的能力を有している場合には、その取引形態を「専門性の下請」、その他のケースは「量の下請」と呼ぶことができる。専門性の程度は、それが適用される手段や方法が特殊か否かによって判断されるから、発注企業が外部に単純な仕事を委託する場合には、その形態を「量の下請」とするのが妥当である。

「サプライヤーによる下請」とは、企業Yが、生産、作業方法・手順の決定のみならず、図面作成や仕様書の作成に部分的に関与するケースであるが、多くの研究者は、この形態を、サプライヤーによる供給と同じとみている。これは、フランス自動車産業固有の歴史において、かつて生産活動のみに特化していた古典的な下請企業が、しだいに発注企業から貸与された仕様書をもとにして、自社で作業方法・手順を決定し、図面作成を担うようになったことから生まれた形態である。「サプライヤーによる下請」という形態における下請企業が、高い専門性を有していることには変わりはないが、発注企業は、自社の経営資源の節約や、その他の戦略上の理由から、当該形態を利用することがある[11]。

図表6-3は、下請と他の企業間関係の相違を明確化にするために、図表6-2を簡略化したものである。

図表6-3 下請と他の企業間関係

垂直的統合（intégration）	ケース1	Xによって作成される仕様書
下請（sous-traitance）	ケース2、3、4、8	
ライセンスまたは協定 （travail sous licence ou apparenté）	ケース5、6、7、8	
購買（achat） その他	ケース9	Yによって作成される仕様書

出所：Chaillou, B. (1977), p. 267.

3．第二の分類基準：市場的側面

　先に見た下請の機能的側面の考察は、下請を他の企業間関係と区別する際に有効なものであった。さらに、シャイユは、下請の多様性を確認する為に市場的側面に着目する。より具体的には、①下請市場の競争状態と、②発注企業の内製化に対する態度、という指標を用いて下請の分類をおこなっている。

　シャイユによれば、下請市場の競争状態は、次の2つに大別される。
― 下請市場が当該下請企業によって独占されている場合。
― 下請市場が非独占的である場合（ただし、以下では、状況により競争的市場という表現も用いる）。

　次に、発注企業が、特定の仕事を外部へ委託する場合の行動としては、以下の2つが想定される。
― 当該仕事のすべてを外部委託する場合。
― 当該仕事の一部を外部委託しつつ、あわせて、自社でも同じ仕事をおこなう場合。

　図表6-4は、第一の分類基準による下請類型と、第二の分類基準による下請類型を重ね合わせたものである。ここでは7つの下請類型が示されているが、各ケースの実在可能性までは考慮されていない。ただし、下請企業が特定の市場で独占的地位にあるときは、生産のみならず、方法・手順の決定をも行うことが一般的である。したがって、市場を独占的している下請企業が、生産のみを行うというケースは省略されている。また、完全な垂直的統合の場合、すなわち、発注企業が市場を独占し、企業内部で全ての仕事を行うケースも考慮されていない[12]。

　以上の解説を加えた上で、シャイユは、次に示すように、図表6-4における1～7の形態について解説を加えている。

・ケース1　「純粋な量の下請 (sous-traitance de pure capacité)」
　これは、下請市場が競争的であり、下請企業が、単に生産のみに従事するケースである。ここで「純粋な」、と注釈がつくのは、発注企業の行動如何に関

図表6-4　第一の分類基準と第二の分類基準に基づく下請の類型

ケース	下請類型化の指標			下請形態の名称
	労働的側面	市場的側面	発注企業の活動	
	下請企業が担う機能	市場の状態	発注企業が同じ仕事を自社内で行う	
1	生産	競争的	○	「純粋な量の下請」
2		非独占的	×	「発注企業の行動に依存する量の下請」
3	方法・手順の決定＋生産	独占的	×	「純粋な専門性の下請」
4		非独占的	×	「発注企業の行動に依存する専門性の下請」
5		非独占的	○	「発注企業の行動に依存する専門性の下請もしくは量の下請」
6	図面の作成＋方法・手順の決定＋生産	独占的	×	「純粋なサプライヤーによる下請」
7		非独占的	○	「発注企業の行動に依存するサプライヤーによる下請」

出所：Chaillou, B. (1977), p. 272.

わらず、市場が競争的な状況下では、必然的に「量の下請」が成立するからである。市場が競争的であるということは、使用されるべき技術上の方法や手段が、一般に普及しており、汎用的であるといえる。すなわち、ここに下請企業の専門性は見いだせない。

・ケース2　「発注企業の行動に依存する量の下請（sous-traitance de capacité par rapport au donneur d'ordres）」

　これは、発注企業が、外部へ委託している仕事を自社では行わないが、下請企業に対して、仕事の全範囲に渡る方法・手段を指示するといったケースである。当該形態が成立するのは、おおよそ以下2つのうち、いずれかの条件が整う時である。

― 発注企業が当該仕事を実現するために必要な経営資源を所有しているにもかかわらず、他のより利益のある目的、あるいは、より重要な目的のために、これらを使用、もしくは、留保する場合。このケースでは、たとえ下請企業の設備が旧式で単純なものであっても、要求された仕事の実現が可能な限りは、発注企業にとって利用価値があるとみなされる。

― 発注企業が当該仕事の実現に必要な経営資源を保有していないが、過去の経験や技術上の単純性から、当該仕事を自社で行うことが可能であるにも関わらず、あえてそのために必要な資金を、より利益が見込める他の仕事の為に用いる場合。

以上から明らかなように、「量の下請」は、発注企業が、ある仕事を実現するために必要となる手段と技術を所有している、あるいは所有することが可能であるにも関わらず、当該仕事を自社内で行う積極的根拠を持たない、という状況から生まれる。

・ケース3 「純粋な専門性の下請 (sous-traitance de pure spécialité)」

これは、下請企業が当該市場において独占的な地位にあり、作業手順・手段の決定、および生産を同時に担うケースである。ここで「純粋な」と注釈が付くのは、発注企業の行動に関わらず、下請企業の専門性を認めることができるからである。下請企業が独占的地位にあるとき、発注企業は、その企業に頼ることを余儀なくされる。この場合、当該仕事を実現する方法は、下請企業しか知らないからである。

・ケース4 「発注企業の行動に依存する専門性の下請

(sous-traitance de spécialité par rapport au donneur d'ordres)」

下請市場が独占的状態から、しだいに競争的になると、「純粋な専門性の下請」は存在し得なくなる。この状況で、下請の性質を決定する要素は、下請市場の状態ではなく、発注企業の行動である。

下請市場が独占的でない状態で、下請企業が作業手順・手段の決定、および生産を行い、且つこの時、発注企業が下請企業に委託した仕事と同じ仕事を自社内ではおこなわないとき、その形態は「発注企業の行動に依存する専門性の下請」である。この形態の存在理由を考えるにあたっては、技術や設備の側面のみならず、発注企業における人材の不足や、ある種のノウハウの欠如などが考慮されなければならない。事実、十分な技術や設備を備えた発注企業であっても、複数の理由から、ある種の仕事を外部へ委託する場合がある。
　発注企業が、あえて「専門性の下請」を利用するケースは、以下のようにまとめられる。
— 下請企業が発注企業よりも、効率的で高い専門性を有している場合。
— 当該仕事が非常に単純すぎて、利益に結びつかない場合。ただし、このケースでも、経済的理由（下請企業に委託した仕事に関する自社の技術経験を提供するため）、技術的理由（管理をおこなうため）、財務的理由（生産原価の分析のため）などから、発注企業が下請企業に対して、厳格な指示を与えることが多い。

・ケース5　「発注企業の行動に依存する専門性の下請もしくは量の下請」
　これはケース4に準じたケースであるが、発注企業が下請企業にすべての仕事を委託するのではなく、同じ仕事の一部を自社内に取り込む場合である。このケースには「発注企業の行動に依存する専門性の下請」の場合と、「発注企業の行動に依存する量の下請」の場合の2つがある。

・ケース6　「純粋なサプライヤーによる下請（sous-traitance fourniture pure）」
　これは、市場を独占する状態にある下請企業が、図面の作成、作業手順の決定、生産の仕事を同時に担うケースである。「純粋な」と注釈が付くのは、発注企業の内製化に対する態度の如何に関わらず、「サプライヤーによる下請」と認識されるからである。当該形態における下請企業は、生産設備や加工局面における管理能力に照らし合わせて定義される。それは、図面の作成に関わる

ことから、「専門性の下請」よりも高度な企業である。しかしながら、自社で当該市場に提供すべき製品やサービスを開発しない（自社ブランドを持たない）という意味では、サプライヤー未満の能力をもつ企業である。寡占状態の産業、および一般に特殊な生産方法を要求する産業の場合、「純粋なサプライヤーによる下請」は、購買（achat）形態と見なされることがあるが、これは誤りである。「純粋なサプライヤーによる下請」がよく見受けられる産業としては、自動車産業や、航空機産業、家電産業があるが、それは、市場が競争的になればなるほど純粋さを失い、発注企業の行動に依存する形態へと移行する。

・ケース7 「発注企業の行動に依存するサプライヤーによる下請

　　　　　　　　　（sous-traitance fourniture par rapport au donneur d'ordre)」
　このケースが、上記6のケースと異なるのは、発注企業が、下請企業へ委託した仕事と同じ仕事の一部を自社内でも行う点である。発注企業が当該仕事の一部を自社内で行うとしても、下請企業が図面作成に参加するのであれば、そこに高度な専門性を認めることができる。ここには、発注企業と下請企業間の共同関係が見いだせる[13]。

4．第三の分類基準：利用・運営的側面

　シャイユは、第三の下請分類の方法として、利用・運営的側面に着目する方法、すなわち、取引期間と、下請企業間の関係による類型を示している。

　まず、取引期間について、一般に、短期的な下請利用は、発注企業に有利に作用する形態と考えられている。こうした比較的短期間の下請利用については、ミクロ経済学ですでに「臨時下請（sous-traitance occasionnelle)」という概念が示されており、あるいは、マクロ経済学においても「景気変動調整の為の下請（sous-traitance conjoncturelle)」という概念が存在する。この二つは、必ずしも同じものでは無いが、同義に用いて差し支えの無いものであるという。

　下請企業には、取引関係が長期化する可能性が高まるにつれて専門性が一層求められるようになるが、他方で、委託された仕事の納期が短く、その完遂可

能性が低くなればなるほど、専門性が求められることもある。このように、「専門性の下請」は、取引期間の長短に関わらず成立可能な形態といえる。一般に、短期的な下請利用は、単純に「景気変動調整の為の下請」と考えるのが妥当であろうが、下請企業が与えられた仕事を実現するために必要な手段（設備や機械）を継続的に、あるいは一時的に保有する場合はこの限りではない。

以上の短期的な下請利用の場合に対して、長期的な下請利用については、「恒常的下請（sous-traitance permanente）あるいは「準統合[14]」、および、「構造的下請（sous-traitance structurelle）」という概念が存在する。

「恒常的下請」が成立するには、取引が中期間以上におよび、かつ、当該期間の生産計画が固定される必要がある。重要なのは、取引の長期化は、取引関係にある企業双方の経営構造に影響を及ぼし、取引当事者間の調整の機会を増やすという事実である。すなわち、取引の長期化は、下請企業においては、人事的側面（勤務時間、採用等）、財務的側面（追加的投資の回収可能性に関わる問題）、技術的側面（効率的な技術や方法の習得に関わる問題）に影響を与え、発注企業においては、従業員教育の側面、技術的側面（下請企業との技術情報の交換）などに影響を与える。

たしかに、長期契約の確実性が存在しないところでは、労働時間の延長、取引事前的な投資、経験の浅い技術への人材の動員などは、実行不可能であるから、「恒常的下請」は、発注企業と下請企業間の関係を調整する必要性を高め、「構造的下請」に発展することがある。「構造的下請」とは、下請企業と発注企業間に存在する既存の関係と、発注企業が下請企業の能力に関する充分な知識を有することによって成立するものである。長期的な関係を通じて発注企業と下請企業の経営構造が充分に緊密な繋がりをもつに至った際には、それを「準統合」と呼ぶのが相応しい。

次に、第三の分類基準のうちの下請企業間の関係に関連して、下請企業が個別に発注企業と直接取引している場合と、下請集団を形成している場合に二分される。前者のケースで、最も一般的なのは、一社または複数の下請企業が競合関係にある場合である。これは、「古典的下請（sous-traitance classique）」と

呼ぶべきケースである。これに対して、下請企業は、市場の確保、大規模市場の確保、海外進出などを目的として、その能力、技術、競争戦略、専門性に応じて、集団を形成している場合がある。このように下請企業が、集団として、発注企業と取引している場合は、「共同下請 (sous-traitance communautaire)」である。「共同下請」が成立するには、少なくとも、下請集団内の企業が、中長期に及ぶ関係を維持し得る条件が整うことが必要である。それゆえ「共同下請」は、典型的には「構造的下請」から派生する。

図表6-5は、特に第二分類と第三分類の組合せを考慮しつつ、先に考察してきた3つの分類基準による下請概念を整理したものである。図表6-6は、図表6-5をさらに簡略化したものである。図表6-6では、「発注企業の行動に依存する」という言葉を省略し、単に「量の下請」、「専門性の下請」、「サプライヤーによる下請」と表記している。他方、「純粋な量の下請」、「純粋な専門性の下請」、「純粋なサプライヤーによる下請」については、そのまま表記している。また、「景気変動調整の為の下請」、「構造的下請」という表現をそれぞれ、「臨時的下請」および「共同下請」という表記に統一している。

図表6-5　第一～第三分類による下請の類型

分類基準			
第一分類	第二分類	第三分類	
労働的側面	市場的側面 発注者の行動	取引期間	下請企業間の関係
下請	「純粋な量の下請」 「発注企業の行動に依存する量の下請」 「純粋な専門性の下請」 「発注企業の行動に依存する専門性の下請」	景気変動調整の為の下請 (臨時的)	古典的下請
	「純粋なサプライヤーによる下請」 「発注企業の行動に依存するサプライヤーによる下請」	「準統合」を含む構造的下請 (恒常的)	共同的下請

出所：Chaillou, B. (1977), p. 282を一部加筆・修正。

図表 6-6　第一～第三分類による下請の類型（略図）

分類基準			
第一分類	第二分類	第三分類	
労働的側面	市場的側面 発注者の行動	取引期間	下請企業間の関係
下請	「純粋な量の下請」 「量の下請」	臨時的 下請	
	「純粋な専門性の下請」 「専門性の下請」	恒常的 下請 （準統合 を含む）	共同的下請
	「純粋なサプライヤーによる下請」 「サプライヤーによる下請」		

出所：Chaillou, B. (1977), p. 282を一部加筆・修正。

　シャイユは、図表6-5、6-6について、より日常的に見られる組合せがある一方で、現実には、成立不可能な組合せも含まれると注釈をつけている。一般には、下請企業が高度化する（sophistiquée）のに従い、各分類の組合せのパターンは減少するという。「量の下請」は、組合せのパターンにおいて最も制約を受けない形態である。「専門性の下請」は、投資の増加に伴い、中長期的な取引の保障を必要とするため「景気変動調整の為の下請」よりは、むしろ「構造的下請」として現れることが多いといえる。また、「サプライヤーによる下請」は、その性質から、「景気変動調整の為の下請」や「共同下請」と結びつくことは殆どない[15]。

Ⅳ．結

　以上、本章ではフランスにおいて「パートナーシップ」論がマスメディアや政策サイドから広がりを見せ始めた1970年代における2つの下請論を考察・検討した。最後に補足的な事柄にも触れながら、ここでの考察内容を整理しておく。

　先の第5章で考察した伝統的下請論は、総じて下請企業の技術上の依存性、

あるいは劣位を前提とするものであり、下請企業の成長に対しても悲観的な要素を含むものであった。この時期に示され、その後のフランス下請研究に大きな影響を与えたウーシオの「準統合」論は、端的に言い表せば、それを明示的に示していないにせよ、下請中小企業の依存性、あるいは劣位性を前提とし、その自律的成長の道について、何らの示唆を与えるものではなかった。

　しかしながら、1970年代にはフランスにおいて下請概念と下請が果たす社会的役割についての再認識がおこなわれた。フランスでは、1960年代から、独占的な大企業の国際競争力を強化するための企業政策がとられた結果、1970年代には、こうした政策のしわ寄せ現象が、単価切り下げ要求、下請代金の支払い遅延、強引な納期短縮等の下請問題として顕在化した。こうした中で、マスメディアや政府の主張を通じて、過度に敵対的な受発注企業間関係を見直し、協力的、かつ、相互補完的な取引関係、すなわち「パートナーシップ」を構築すべきとの議論が広がり始めた。また、2度の石油危機は、過去において政策の中心におかれてきた大企業の非効率性を浮き彫りにし、それまで保護政策の対象であるとされてきた中小企業の役割を見直す契機となった。かかる状況下においては、下請振興を軸にした経済の近代化を推進する上で、従来の法的に規定された下請概念の現実適合性、およびその限界を検証し、その整理を図ることが急務となった。

　こうした状況のもと、ベナンは、当時下請が広範にみられた自動車産業の実態に鑑みながら、よりオペレーショナルな観点から、下請企業の地位を分析しようと試みた。ここでは、古典的な下請概念において用いられてきた要素、すなわち、下請企業が、発注企業に対して有する補完性といった尺度ではなく、企業規模に基づいた下請企業の自動車産業への関与の程度、技術・製品・市場管理上の能力といった、より具体的な尺度が用いられ、下請企業の多様な地位が確認されている。

　ここでの結論は、下請の地位、および成長戦略は、発注企業＝自動車メーカーによって方向付けられる、というものであった。すなわち、下請企業は自動車メーカーが組織する生産構造の一要素に過ぎず、非常に特殊なケースを除

き、下請企業の地位向上・成長は困難とされる。ベナンの考察は、当時、広がりをみせ始めていた「パートナーシップ」論と、現実に観察される下請現象のギャップを指摘し、政策的見地から下請の正常化を図る必要性を暗に示唆したものであったという点で評価されるべきであろう。その根底には、ウーシオの「準統合」論でもみられた、発注企業たる大企業の優位性という視点が確認できる。

さらに、ほぼ同時期にシャイユは、伝統的下請概念の限界を指摘し、多様な尺度によって下請企業の再分類をおこなった。シャイユは下請企業を分類するにあたり、企業規模という伝統的かつ一元的尺度ではなく、よりミクロで多様な指標を用いている。生産過程において下請企業が担う役割、市場独占の程度、取引期間といった要素を複合的に考慮せんとする彼の視点からは、当時の下請企業の実態を、より立体的に描き出さんとする意図がうかがえるとともに、発注大企業と社会的分業関係にあるサプライヤーと下請企業を区別した上で、その中間形態としての下請企業の多様性を明らかにしているという点では、下請企業が高度化する過程さえも示したといえる。

しかしながら、以上をもって彼の分析が、当時の「パートナーシップ」論が想定していた相互補完的あるいは、協力的で有機的な取引関係を想定していたとするのは早計である。なぜなら、彼の分析の基礎を構成するものは、下請企業が有する技術の深さと広さの程度なのであり、この意味で、発注企業-受注企業間の技術的優劣を重視する伝統的な下請定義や概念の域を、なお出ていないからである。

以上のように、当時の下請の実態は、「パートナーシップ」論で示された真に協力的で有機的な取引関係という状況とは大きく乖離したものであった。たとえば、当時下請が最も広範にみられるとされたフランスの自動車産業の取引関係について、ド・バンビーユとシャナロン（De Banville, E. et Chanaron, J. J）は次の様に述べている。

自動車メーカーは、生産過程の全域における支配力を維持するために、全面的な技術支配、産業的・商業的、あるいは金融的支配を通じて、多くの部品メ

ーカーを、言いなりになる下請企業として利用せんとした。一般に、外部の部品メーカーに対しては、自らが作成した仕様書や設計図に従った生産工程以外の仕事を委託することは無く、競争入札方式による取引先の変更が頻繁になされた。部品メーカーは、自動車メーカーによる技術や工業規格、生産方法、組織化方法の強要、突然の基準の変更や景気変動にともなう発注量の増減に対処する方法として、特定の自動車メーカーへの取引依存度を低め、生産工程にかかわる情報の開示については、それが自動車メーカーに対する自らの交渉力の低下を招くとの配慮から、躊躇せざるを得なかったのである[16]。

この指摘を踏襲するなら、1980年代以前の下請あるいは、取引関係は、敵対的かつ短期的な性格を有しており、したがって、1970年代当時の「パートナーシップ」論は、極めて規範的で、政策的意図を備えたものであったといえる。しかし、いずれにせよ、この時期に、下請が果たす社会的役割と下請概念に対する再認識があったことは疑いの無いところである。フランスの1970年代は、それまでの大企業主体の産業・経済政策の歪みが顕在化し、下請の役割の再検討と従来の政策についての反省が行われ、伝統的下請論の限界が認識され始めた、一つの転換期であったと結論付けられよう。

注

1) Vennin B.(1975), pp. 283-284. なお、マス・メディア報道等を中心とした1970年代フランスにおける政策サイド、マスコミを中心とする「パートナーシップ」論の展開については、中川洋一郎（1996）が詳しい。
2)「フォルニセール（fournisseurs）」は、本来、部品・原材料供給メーカー一般（すなわち、下請企業、原材料メーカー、機能部品メーカーを含む）を表す。これは、英語圏でいう「サプライヤー（supplier）」に相当しようが、フランス研究者は、「フォルニセール」を用いる場合、上記の意味（広義）で用いることもあれば、意識的に技術的劣位、すなわち、発注企業の仕様書や作業指示書に従うという性質をもつ下請企業（sous-traitant）と区別して、「自社ブランドの製品をもつ企業」の意味（狭義）で用いることもある。また、フランスではこの他、自動車産業において設計・開発能力、自社ブランドを持つ部品メーカーを示すものとして、エキプマンチェ（équipementiers）という用語も慣習的に用い

られる。
　ここでは、「フォルニセール」と下請企業が区別されていることから、その違いを明確にするために、後者を機能部品供給メーカーと訳すことにした。
3) Vennin, B.(1975), pp. 286-287.
4) Vennin, B.(1975), pp. 286-292.
5) 本文では1000人未満と表記されているが、文脈から100人と判断した。
6) Vennin, B.(1975), pp. 292-294.
7) Vennin, B.(1975), pp. 294-306.
8) Chaillou, B.(1977), pp. 262-264.
9) Chaillou, B.(1977), pp. 264-265.
10) Chaillou, B.(1977), pp. 265-267.
11) Chaillou, B.(1977), pp. 268-270.
12) Chaillou, B.(1977), pp. 271-273.
13) Chaillou, B.(1977), pp. 273-278.
14)「準統合」については、本書第5章を参照されたい。
15) Chaillou, B.(1977), pp. 279-283.
16) De Banville, E. et Chanaron, J. J.(1990), pp. 99-100(訳79頁).

第7章 「パートナーシップ」論

I. 序

　これまで考察した下請論は、総じて下請企業の技術上の依存性、あるいは劣位を前提とするものであり、下請企業の成長に対しても悲観的な要素を含むものであった。1970年代以降にはフランスにおいて下請が果たす社会的役割についての再認識がおこなわれ、これが「パートナーシップ」論として広がりをみせ始めたが、当時の下請の実態は、「パートナーシップ」論で示される真に協力的で有機的な取引関係という状況からは程遠く、したがって、当時の「パートナーシップ」論は、極めて規範的で、政策的意図を有するに留まった。

　結局、フランスにおいて、現実的な取引関係の変化が現れるようになり、「パートナーシップ」という名の下に、協力的で有機的な取引関係の効率性と必要性が研究者によって本格的に取り上げられるようになったのは、1980年代半ば以降である。この背景には、フランスを含む先進主要国製造業、特に自動車産業における日本の生産方式・手法の積極的導入、および、日本の生産システムの競争力や特性に関する国内外の理論研究の深化という状況があった。

　以下では、1980年代～90年代にかけてなされた日本の自動車産業の競争力を巡る議論や取引構造面での特徴を整理したのち、当時のフランス自動車産業における取引関係が、いかなる変化をみせたのか、また、こうした変化が、フランスの研究者によって、どのように認識されるに至ったのかを考察したい。この考察を通じて、われわれは、いわば外圧によって下請論から「パートナーシ

ップ」論へと変貌を遂げたフランス企業間関係論の学史的転換点を確認することができよう。

Ⅱ．日本自動車産業の競争力を巡る議論

　1980年代は、産業界や研究者間で日本の生産システムが注目された時期であった。この議論は、自動車産業を中心に展開された。その理由としては、自動車が本来グローバル商品としての性質を持ち、特に研究者にとって、国際比較という点から接近しやすいこと、一般に2～3万といわれる部品から構成され、その為一国の産業構造への影響が大きく、工業に占める出荷額や従業員数におけるウェイトが高いことなどがあった。こうして、フランスにおける下請論や企業間関係論の新たな展開も自動車産業を中心としてみられることとなった。

　この時期、ビッグ3といわれる世界有数の自動車メーカーを抱えるアメリカの自動車産業は大きな転期を迎えていた。すなわち、米国経済の低迷と乗用車価格の高騰、また、小型車需要へのシフトといった消費構造の変化などを受けて、ゼネラル・モータース社（GM）やフォード社（Ford）が相次いで赤字を計上し、1980年代末にはすでに、クライスラー社（Chrysler）が経営危機に瀕していた。

　以上のアメリカの状況とは、対照的に当時世界市場における競争力を強めていたのは日本の自動車産業であった。中でも、1980年に日本の自動車生産台数が一時的にであるにせよアメリカのそれを上回ったことは、その後の貿易摩擦の一層の深刻化とともにアメリカ経済に大きな影響を与えた。

　このような状況の下、アメリカ製造業では1980年頃から、ついで欧州でも1980年代半ば頃から本格的に日本の生産手法を導入する動きがみられるようになった。

　MIT（マサチューセッツ工科大学）は、1985年から5年間に渡って、国際自動車プログラム（IMVP：International Motor Vehicle Program）を立ち上げ、世界の主要自動車メーカーの実態調査を行い、その結果、日本に特徴的にみられる

図表7-1　乗用車生産台数の国別比較

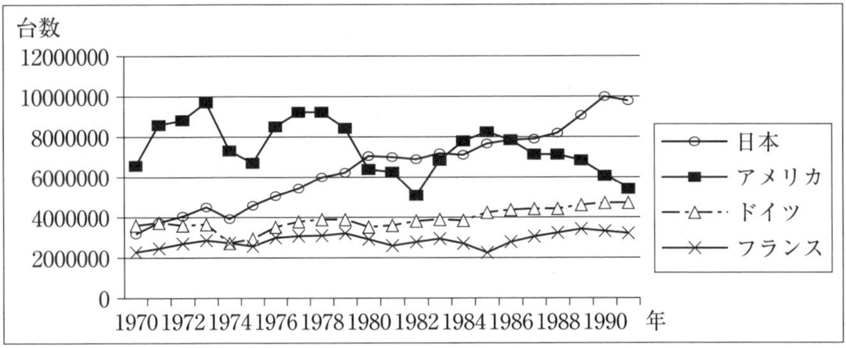

出所：Trinth, S. (1992), p. 302のデータより作成。

生産様式を「リーン生産（lean production）」方式と名づけ、その優位性を国内外に広く紹介した[1]。また、同時期には、フィールド・リサーチにより、日本の自動車メーカーが、生産性や製品開発リードタイムにおいて諸外国の自動車メーカーの優位にあることも多く示された[2]。こうして、日本の自動車産業はもとより、日本の製造業一般の競争力に関する国内外の議論は活発化し、さらには日本の生産システムや管理方法の特性把握と、その国際移転可能性を巡る議論が一層深まりを強めた。

Ⅲ．日本の生産システムの特徴

この時期、日本の生産システムの特徴として特に注目を集めたのは、構造的特徴と取引面での特徴であり、一般には、これらが経済効率性の発揮に結び付いていると認識された[3]。

構造的特徴としては、第一に、外注依存度の高さがあげられた。機械振興協会経済研究所の調査によれば、当時、欧米の自動車産業においてはゼネラル・モーター社の内製率70％を筆頭として、欧米メーカーの場合には50％程度であった。これに対して、日本の自動車メーカーの代表として参照されたトヨタ社と日産社では30％程度であった。ここでは、多くの部品を垂直的統合により直

系子会社や自社工場で生産する欧米のメーカーに対して、エンジンやトランスミッションなどの基幹部品や大型部品の生産に特化し、多くの部品を外部部品メーカーや専門メーカーから調達するという日本の自動車メーカーの特徴が明らかとなった。

　第二の構造的特徴としては、日本の製造業が階層的分業構造を成していることがあげられた。中でも自動車産業はこうした垂直的分業構造を持つ典型であるとされた。すなわち、自動車メーカーを頂点として、このすぐ下に自動車メーカーとの資本関係や協力会などを通じた密接な関係をもつ少数の一次部品メーカーが存在し、ユニット部品を供給する。そして、この下には一次部品メーカーに対して主に機関部品や電装品などをユニット単位で納入する二次部品メーカーが存在し、さらにその下にはプレス加工、鋳造や鍛造、メッキ加工などを担当する数多くのメーカーが存在するという構造である。この構造は、下層に行くほど企業規模が小さくなり、かつ企業数も増えることから、ピラミッド型を形成しているとされた。また、部品メーカーの能力向上に伴う取引先の分散と専属性の希薄化を考慮して、「山脈的構造[4]」とも特徴づけられた。

　取引面での特徴としては、第一に、日本では外注依存度が高いにも関わらず、自動車メーカーが直接取引する企業数が欧米に比べて顕著に少ないということがあげられた。欧米の自動車メーカーは外注比率が低いにも関わらず、潜在的に数千～1万社あまりの部品メーカーと取引関係にあったのに対して、日本の自動車産業における一次部品メーカーの多くは、ユニット発注方式や、一部品あたりの調達先を多くても3社程度に抑える、という自動車メーカーの購買方針の下に編成され、その多くは、自動車メーカーによって組織された協力会に参加していた。協力会メンバーはトヨタ社でも200社程度であって、これは資本や人的交流を通じた強固な結合関係の基盤を形成していた。

　取引面での特徴の第二は、自動車メーカーと一次部品メーカーの間の実質的な契約期間の長さである。一般に、欧米では部品発注にあたって単年度ごとの契約が基礎となり、競争入札方式により、取引先のスイッチングは比較的容易になされたのに対し、日本では長期継続的取引が広範にみられるとされた。

第三に、上記の長期継続的取引と関連して、自動車メーカーと部品メーカー間では、技術指導、人的交流といったように、関係性を深める仕組みが築き上げられ、その結果として、交換される情報の質と量が、欧米のそれと比べて高レベルであるとされた。

　欧米の単年度ごとの入札では、価格情報に大きく依存した取引が成立せざるを得ないのに対して、日本の自動車メーカーは、部品メーカーの人事情報、原価情報、加工技術情報といった、本来ならば企業秘密とも言うべき情報を十全に把握しているという状況があった。これは、自動車メーカーが外部から調達する部品の開発パターンにも影響を与えた。

　浅沼萬里は、自動車メーカーが当該部品の設計・開発を行った上で、部品メーカーへの設計図を配布し、生産工程のみを部品メーカーに委託する「貸与図方式」と、自動車メーカーが、大まかな要求事項を部品メーカーに示し、これに基づいて部品メーカーが設計図を作成し、自動車メーカーがそれを承認した上で生産を開始する「承認図方式」を区別したが、日本の自動車メーカーは後者を採用する場合が多く、その意味で部品メーカーの能力を最大限に活用しているとされた。

　取引面での特徴として第四に、部品価格の決定方式があった。欧米の場合、部品メーカーは製造原価、販売経費、一般管理費、利益の総和として部品価格を決定するが、日本の自動車メーカーと部品メーカーの間では、自動車メーカーが、まずターゲット・プライスを用意し、自動車メーカーと部品メーカーのVA・VEを通じた経営努力により、この目標に近づけるという方式がとられた。加えて、生産開始後の部品メーカーの原価低減努力による利益に対しては、一定の価格固定期間を設けることで、部品メーカーの利益を確保し、あるいは需要変動や原材料費の上昇によるリスクを自動車メーカーと部品メーカー双方で分け合う仕組みなどがみられた[5]。

　このように、欧米の自動車産業における取引関係は短期・スポット的なのに対して、日本のそれは長期安定的、あるいは協力的な企業間関係ともいうべきものであった。この取引関係は、理論的にも取引費用を節約し、取引に特定的

な資産への投資[6]を促し、自動車メーカーと部品メーカー間の情報共有によるイノベーションを促進するという経済合理性を有しており、結果として日本の自動車メーカーをはじめとする製造業の競争力がもたらされていると理解された。欧米における日本製造業のシェア拡大に際しては、日本の取引慣行の閉鎖性に対する批判も合わせて政治問題化する傾向を強めたが、他方で欧米自動車メーカーは、1980～90年代にかけて、日本の製造業の競争力の源泉ともいうべき上記の諸要素を積極的に取り入れる傾向を強めた。

Ⅳ．フランス自動車産業における取引関係の変化

当時、フランスでは、イギリスに比べて一部の自動車部品工場を除けば、日系の製造工場は少なかったことから、日本の生産システムに対する関心の高さは他の先進国ほどではなかったという[7]。しかしながら、コンサルティング会社やビジネス関連書などを通じて、日本の生産手法や管理方式は次々に紹介された。

1980年代前半にフランスの自動車産業を代表するプジョー・グループ(PSA)とルノー社（Renault）は、生産設備の旧態化、モデルチェンジ・サイクルの遅れや製品差別化への対応の遅れ、労働コストの上昇、労使関係の不安定性などの問題を抱え、市場の飽和化に伴う競争激化の中で国際競争力の低下と財務構造の悪化を経験し、経営破綻寸前にまで陥っていた。

プジョー社（Peugeot）は1980年に赤字を経験し、ルノー社も1981年以来、累積赤字を膨らませていた。さらに1984年の初頭、フランスでは、世界の自動車メーカーの中で、フランス自動車メーカーが最も生産性が低いと認識されるようになっていた。従業員1人あたりの生産台数は、トヨタ社が54台に対して、ルノー社が7.4台、プジョー社は6.8台であった[8]。欧州におけるプジョー社のシェアは1978年～1984年前半にかけて17.76%から11.3%へと低下し、ルノー社のそれは1980年～1984年前半にかけて15%から10.6%となった。こうした状況が、フランスの自動車産業における日本の生産・購買管理手法の導入を後押しした。

具体的には、分散発注していた部品のユニット納入、品質管理手法の生産工程への埋め込み、ジャスト・イン・タイム（以下JITと表記）方式などの導入が検討されたが、これらの導入は、結局、従来の自動車メーカーと部品メーカーの関係の変革を無くしては不可能なものであった。すなわち、従来の敵対的でスポット的な取引関係を見直し、比較的安定的な取引関係を通じて、部品メーカーの能力を最大限に利用するという仕組み作りの必要性が認識されたのである。こうした取引関係の再編をめぐる動きは、のちに見るように「パートナーシップ（partenariat）」構築の問題として、産業界はもとより、むしろ研究者間で議論されるようになった。

　フランス自動車産業における取引関係の変革は、自動車メーカーによる、一次部品メーカー数の削減と、それに伴う部品メーカーへの品質責任および開発責任の移転、外注依存度の拡大、という3つの戦略を柱として進められた。

　1980年よりPSAグループは、従来プジョー社とシトロエン（Citroen）社に分かれていた購買管理組織をソジェダック（SOGEDAC）として統合し、フランスの国内工場と直接取引する部品メーカー数を順次削減しはじめた。この結果、1980年時点で2千社程度存在していた直接取引部品メーカー数は、1989年の時点で半数近くにまで減少し、その後も継続して部品メーカーの選別がおこなわれた。また、ある調査では、1988年現在で存在していた950社の部品メーカーのうち、300社は一次部品メーカーと呼ばれ、ある程度製品開発段階に関わり、650社は二次部品メーカーあるいは下請企業と呼ばれ、「貸与図方式」の生産を担っていたことが確認されている。ルノー社でも、従来は1500〜1800社程度存在していた部品メーカー数が、1988年時点で1100社前後、1994年には543社にまで絞られた[9]。

　こうした部品メーカー数の削減に拍車をかけたのが、1987年にPSAグループとルノー社が共同で設定した部品メーカーの評価基準である。これは、自動車メーカーが長期・安定的に取引をおこなう部品メーカーを確定し、優秀と評価される部品メーカーに対して品質責任を移転し、あわせて彼らの設計開発能力やノウハウを積極的に利用する、という目的のもとに導入されたものであっ

た。換言すれば、この基準に沿って高評価を受けた部品メーカーは、自動車メーカーから、ある程度安定的な取引の保証を与えられ、その代わりに、部品の品質に関わる責任の多くを任されるようになった。

具体的に部品メーカーは、
― 提供するサービスの質：納入期間、生産同期化への対応力
― 生産量：信頼性、品質保証能力
― イノベーションと技術的変化への対応能力
― 生産性：価格競争力
― 財務状態

によって識別され、品質管理能力の評価結果は100点満点で次の5つのランクに区分された。

Aランク（90～100点）：品質優秀
Bランク（75～90点） ：品質良好；Aランクに達するよう忠告
Cランク（55～75点） ：品質不良；新たな部品発注はおこなわない。6ヶ月でBに達するよう忠告
Dランク（55点以下） ：取引候補から排除[10]

以上の自動車メーカーによる部品メーカー能力の格付けと、それに伴う取引部品メーカー数の削減という戦略は、日本のように数次にわたる複層的生産分業構造とはいえないまでも、部品メーカーの階層化をもたらした。また、フランスにおける自動車メーカーと120社の部品メーカーは、協力体制の確立を目的として、1984年に日本の自工会にあたるGALIA（Groupement pour l'amelioration des liaisons dans l'industrie automobile）を組織化した。これにより、購買条件の統一化、発注伝票の規格化などの諸問題ごとに自動車メーカーと部品メーカーが研究グループを形成し、討議する機会が与えられた[11]。

この時期のフランス自動車産業における日本の管理方式の導入過程と取引関係の変化は、中央大学の研究グループによって詳細に調査されている。ここでは、厳密な意味でのJITとは言えないまでも、部品メーカーが自動車メーカー

の生産ラインと同期化させて生産を行う体制が整えられつつあり、かつ、QCサークルと類似した組織の形成や、生産現場における多能工化もかなり進んでいることなどが明らかにされている[12]。

また、1993年に発売されたルノー・ツインゴの開発プロジェクトでは、自動車メーカーと部品メーカーの共同によるデザイン・イン方式、コンカレント・エンジニアリングが取り入れられた。従来の自動車開発にあたっては、マーケティングの実施、コンセプトの確定、設計、材料調達、製造、販売などを受け持つ各部署が直列的に連絡を取り合うという体制がとられていたが、ツインゴの開発にあたっては、当時日本の自動車メーカーの多くが既におこなっていたように、製品設計～プロトタイプの製作～生産工程の設計が同時進行で行われ、この結果、開発リードタイムは、従来比で6ヶ月の短縮が可能となった。さらに開発費は15％の削減が可能となったが、これは開発にあたって、事前に目標価格を設定するという、いわゆるターゲット・プライス制を採用したことによる効果が大きかった。ルノー社は、目標価格を実現する為に、まず、外注依存度を70％程度に高めた上で、主要な部品メーカーを指定し、彼らに5～6年の長期的な取引を保障する代わりに部品の設計開発責任を全面的に任せたという[13]。

このように、1980年代中頃を中心として、フランス自動車メーカーは、従来の日本に特徴的であるとされてきた様々な管理手法や生産方法を導入する傾向を強めた。すでに示したように、その戦略の中心は、一次部品メーカー数の削減、部品メーカーへの品質責任および開発責任の移転、外注依存度の拡大といった購買管理方式の変革にあった。こうした一連の動きは、従来の自動車メーカーと部品メーカーの取引関係を大きく変容させるだけでなく、以下でみるように、従来のフランスにおける支配的企業間関係論、すなわち、下請論の限界をめぐる議論へと発展したのである。

V. 新たな取引関係を巡る議論

以上のように、フランスにおける日本の生産システムの要素、とりわけ生産

分業と取引形態の再編に関わる諸手段や管理方法の導入という状況は、従来のフランスにおける下請論に大きなインパクトを与えることとなった。ここでは、こうした新たな取引関係を巡る議論の幾つかを取り上げ検討したい。下請論に代わる新たな企業間関係、あるいは取引関係を巡る議論は、「パートナーシップ」論ともいうべきものである。既に第6章でみたように、「パートナーシップ」論の原型は、1970年代後半あたりからのジャーナリズムや政策サイドを中心とする伝統的な製造業における取引関係における問題性の指摘に求められるが、ここでは、フランスの政策担当者や研究者による分析を中心に考察する。

1976年に下請振興施策の提起を目的として設置された下請技術委員会の指揮をとったアルテルソン（Altersohn, C.）によれば、「パートナーシップ」とは、「合意の下に選択される目標の達成をめざして、社会経済的主体を永続的に結び付け、結果として構造的な関係を生む協調形態の総体[14]」である。このように「パートナーシップ」という用語は、広く企業間関係に適用可能なものであるが、特に「自動車下請企業の嘆き（*La grogne des sous-traitants de l'automobile*）」と題する記事が1984年5月29日のレ・ゼコー誌に掲載されて以降、下請関係の議論の中で用いられるようになったという。

アルテルソンによれば、フランスにおける「パートナーシップ」論の背景には、既に述べた1980年代以降における日本生産システムの効率性に関する議論と、より一般的には、自動車産業を中心として導入された、新たな経営手段や管理方式による影響がある[15]。

ここで「パートナーシップ」は、1980年代以前のフランスにおいて支配的であった「下請」に代わる新しい取引関係として図表7-2のように位置付けられる。ただし、これらの間には中間的な性質を持つ取引関係も含まれるという。

古典的な取引関係である「下請」は、純粋なテイラー主義的原理に支えられる。すなわち、ここでの取引関係は、専門性に応じた明確な分業と序列化を特徴とし、受注企業には、発注企業の工場の一部としての地位が与えられ、その

図表7-2 「下請」と「パートナーシップ」の相違

「下請」	「パートナーシップ」
・テイラー主義に基づく生産	・新しい生産システム
・課業の細分化	・組立水準の再編
・生産工程の分析	・開発初期段階における最終製品コンセプトの提示
・発注企業による事後的な管理	
・発注企業と多数の下請企業間の関係の希薄性	・受注企業による自発的な品質管理
	・ピラミッド的ネットワーク
・多数の下請企業	・少数の受注企業
・とられやすい選択肢 　A-垂直的統合 　B-「より低い価格の提示企業」への発注	・適用目的 　A-発注企業の責任範囲の見直し 　B-重要機能以外の機能の「最大貢献企業」への委譲
・商業的あるいは取引的原理	・関係的原理

出所：Altersohn, C. (1997), p. 65を一部加筆・修正。

意味で受注企業は発注企業の指示に従った生産という限られた範囲での自律性しか与えられない。受注企業は、生産システム全体に関わる貢献を何ら期待されるものではないし、あるいは戦略的な役割をも期待されない。発注企業は、入札方式に基づいた受注企業の選択をおこなうため、受注企業は最善価格の提示者となる限りにおいてしか、当該取引関係の継続を期待できない。

　これに対し、1980年代からフランスに広がり始めた「パートナーシップ」の原理においては、受注企業に対して高度な戦略的役割が期待され、従来は、発注企業が垂直的統合していた生産に関わる多くの機能が委譲される。受注企業の選択も、価格のみならず、それがもつノウハウ、JITへの適応能力、品質保障能力、イノベーション能力といった多面的な尺度に基づいておこなわれる。取引相手として選ばれるのは「最善価格の提示企業」でなく、「最大貢献企業 (mieux servant)」である。アルテルソンによれば「パートナーシップ」は、取引主体間の高い信頼関係と相互依存性を要件とする。この要件を満たすものの一つは、製品や生産工程の改善に役立つ情報交換の質を高め、受注企業による投資意欲を刺激する長期契約である[16]。

　さらに、ドナダ (Donada, C.) は、1980年代以降にフランス自動車産業で外

注依存度が高まり、直接取引部品メーカー数の削減がなされているという状況を考慮して、自動車メーカーと部品メーカーの関係が「パートナーシップ」（ただしここでは「パートナーシップ」の多義性を考慮して「垂直的パートナーシップ（partenariat vertical）」という言葉が用いられる）の性質を帯びるようになったとする。ここでいう「パートナーシップ」とは、大量生産時代の終焉とともに出現した、新しい取引関係であり、それは他の垂直的企業間関係、すなわち「垂直的統合」、「下請」、「オペレーショナルな協力関係」と明確に区別される。

「下請」とは支配—従属をともなう取引関係であり、受注企業は、発注企業が作成する設計図に正確に基づいた生産を請け負うのみである。この取引関係の限界は、発注企業と受注企業間の情報共有の余地を限定してしまうことにある。すなわち、取引を成立させる唯一の指標は、部品の価格であるため、受注企業が製品や部品の改善をおこなう誘因は無きに等しい。

「オペレーショナルな協力関係」とは、発注企業と受注企業の間でJITや同期的部品納入といった手法が取り入れられているケースである。しかしながら、部品設計上の情報を有するのは依然として発注企業であるために、上記の「下請」との違いは限定的である。

これに対して「パートナーシップ」は、日本の製造業の取引関係、すなわち、受注企業の階層化、協力会、部品価格よりもむしろ、最終製品の市場価格を媒介とした取引関係をモデルとして、フランスに導入されたものであり、それは戦略的協力関係とも表現すべきものである。ここでの受注企業は、専門的な技能をもつパートナーとして捉えられ、もはや当該取引関係に、支配—従属の要素は認められない。

ドナダは「パートナーシップ」が企業環境の変化とともに出現したものであるとした上で、図表7-3にみられるように、取引関係の進化の過程を示している[17]。

さらに、レクレール（Lecler, Y.）は、先のアルテルソンによる「パートナーシップ」の定義を参照し、フランス自動車メーカーの購買管理方式の一連の改革によって生まれた取引関係を「産業パートナーシップ（partenariat industriel

図表 7-3　垂直的企業関係の変化

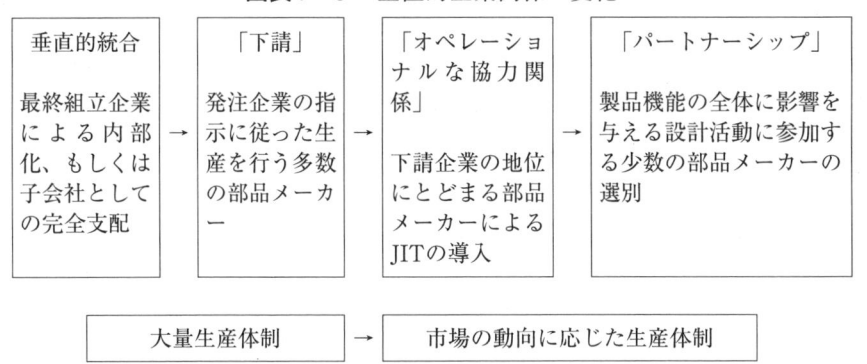

垂直的統合	「下請」	「オペレーショナルな協力関係」	「パートナーシップ」
最終組立企業による内部化、もしくは子会社としての完全支配	発注企業の指示に従った生産を行う多数の部品メーカー	下請企業の地位にとどまる部品メーカーによるJITの導入	製品機能の全体に影響を与える設計活動に参加する少数の部品メーカーの選別

大量生産体制　→　市場の動向に応じた生産体制

出所：Donada, C. (1997), p. 96を一部加筆・修正。

…以下「パートナーシップ」と表記)」として認識しその特性を分析している。レクレールによれば、フランス製造業における「パートナーシップ」拡大の背景には、日本の製造業の影響が無視できないが、より広くみれば、それは製品の品質水準を巡る競争の激化と、グローバル化の進展という中長期的な環境の変化に呼応して生まれたものである。すなわち、図表7-4に見られるように、環境変化に応じて、コスト競争力の強化、品質水準の向上が不可欠となり、これが発注企業の外注依存度を高める誘因として作用した。取引における分業体制の再編は、信頼性の高い外部企業の存在を前提とし、発注企業の戦略と受注企業に課せられる役割と行動に影響を及ぼした。この結果生まれたのが「パートナーシップ」である。

　レクレールは、従来の日本とフランス（欧米）における取引関係については、前者を「関係モデル (modèle relationnel)」、後者を「取引モデル (modèle transactionnel)」として識別している。「関係モデル」とは、取引における関係性を重視する取引関係であり、取引当事者間の強い相互依存性と利益を発生させる集団への帰属意識の強さ、競争力の強化につながるような情報の共有などを特徴としている。この特徴は、シナジーの発揮や取引当事者間における利益の共有へと結びつく。「関係モデル」においては、法的な手続きによる取引関

図表7-4　「パートナーシップ」出現の背景

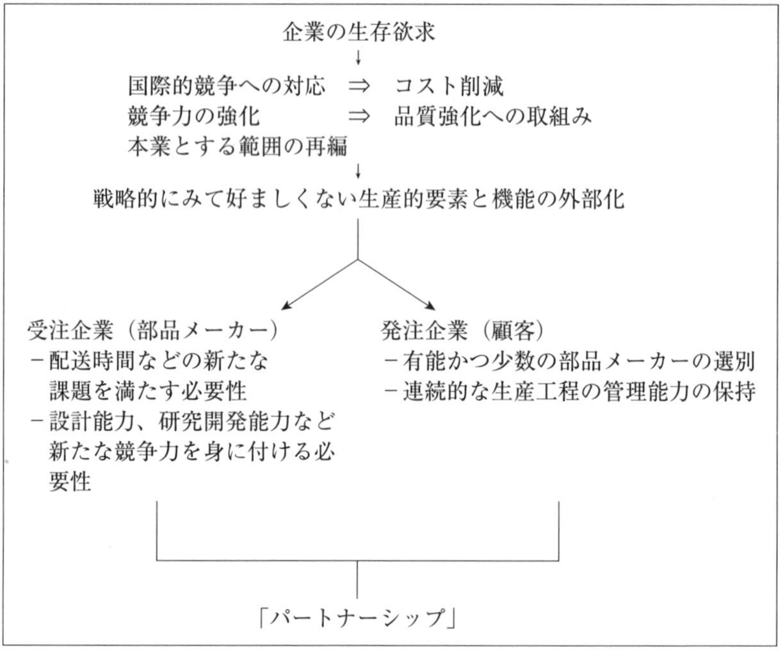

```
              企業の生存欲求
                    ↓
        国際的競争への対応   ⇒   コスト削減
        競争力の強化        ⇒   品質強化への取組み
        本業とする範囲の再編
                    ↓
        戦略的にみて好ましくない生産的要素と機能の外部化
                    ↓
        ┌───────────────┴───────────────┐
        ↓                               ↓
受注企業（部品メーカー）            発注企業（顧客）
－配送時間などの新たな              －有能かつ少数の部品メーカーの選別
　課題を満たす必要性                －連続的な生産工程の管理能力の保持
－設計能力、研究開発能力など
　新たな競争力を身に付ける必
　要性
        └───────────────┬───────────────┘
                        ↓
                 「パートナーシップ」
```

出所：Lecler, Y. (1993), p. 38を一部加筆・修正。

係の調整はあまり重視されることはなく、むしろ、発注企業が生産構造全体に及ぼす管理能力が問われる。また、取引当事者間の相互依存性が強い場合には、取引の解消に伴うリスクは高くなるから、「関係モデル」の成立・存続には、雇用、労働、職業訓練、情報交換における高度な人間関係を伴う繋がり、すなわち、「社会的フロー（flux sociaux）」が求められる。

　これに対して「取引モデル」とは、取引的要素を重視する関係であり、各取引主体の独立性や自律性が重視される。各取引主体は自社の利益の最大化を目指して行動するために、取引相手方の機会主義によるリスクが避けられず、それにともなって、「関係モデル」にみられた、シナジー効果発揮の可能性は低くなる。「取引モデル」では、共同利益を生む集団への帰属意識は弱く、取引当時者各々の企業秘密保持への関心が高いために、競争力の強化に繋がるよう

な情報交換は制約される。取引当事者が特定の関係に縛られない「取引モデル」においては、取引の解消によるリスクは分散されるが、その半面、法的な手続きを通じた関係の調整は不可欠となる。このように「取引モデル」を支えるのは、原材料や製品、時に技術に限定される「産業的フロー (flux industriels)」である。

以上の内容を踏まえて、レクレールは、90年代以降の自動車産業における取引関係の変化についても、その見解を示している。ここで彼女は特定の取引モデル、あるいは広く特定の生産モデルへの単純な収斂論について否定的な立場をとる。すなわち、フランスを含む欧米で進展しつつある取引関係の変化は、かつての日本モデルへの接近であり、またバブル崩壊後の不況とグローバル化の一層の進展による系列の崩壊と価格を重視した従来の取引関係の再編という状況にある90年代以降の日本の製造業における動きは、欧米モデルへの接近であるとする一般的な見解については、これを否定し、むしろ、世界的に日本モデルと欧米モデルの「ハイブリッド化 (hybridation)」の過程が進行していると認識している。換言すれば、各国の生産モデルにおいて「ハイブリッド化」という意味での収斂の傾向は見られるが、これは必ずしも生産モデルの多様性を禁ずるものではないという[18]。

次に、ド・バンビーユとシャナロン (De Banville, E. et Chanaron, J.J.) は、フランス自動車産業に日本をモデルとした様々な管理手法が取り入れられつつある状況に鑑みて、自動車メーカーと部品メーカーの関係を「パートナーシップ」モデルとして位置付け、その効率性を評価している。彼らによれば、「パートナーシップ」とは、「調達ネットワーク関係における組織および構造の特殊な形態」であり、日本モデルに影響を受けた経済、財務、技術、産業、そして社会の領域にまで及ぶ協力のネットワークである[19]。これは、単なる一時的な処方ではなく、商品の流れを基盤とする物的な相互依存関係と、情報の流れを基盤とする非物質的な相互依存関係を構成し、フランス製造業の国際競争力の強化に寄与する、新たな手段である[20]。

彼らによれば、1970年代までフランスで支配的であったいわゆる「下請モデ

ル」においては、自動車メーカーから部品メーカーへの技術情報、部品メーカーから自動車メーカーへの商業的情報の提供という一方向的な情報の流れしか存在しなかった。自動車メーカーはこの取引関係の中で支配的地位にあり、短期契約を媒介として、数ある取引要件の中で価格を最も重視した。すなわち、体系的に組織化された協力的関係は存在せず、自動車メーカーは、部品メーカーの交渉力の抑制に関心を向けがちであった。

これに対して、「パートナーシップ」モデルは、双方向的な情報の流れ、多様な取引条件、取引当事者間における責任と利益の分配に関わる仕組み、時に暗黙のもとにおける中長期の契約期間を取り入れたものである[21]。このように、ド・バンビーユとシャナロンによれば、「パートナーシップ・モデル」とは、双務的関係、物質的・非物質的な関係を深める一つの仕組である。

ボードリ（Baudry, B.）は、同様に、フランス自動車産業における取引関係の変化を踏まえた上で、ここで確認される新たな取引関係を「斜めの位置関係にある準統合（quasi-intégration oblique）」と名付けて、ミクロ経済学の立場からその効率性を説明している。これは、図表7-5に示すように、生産分業のあり方と権限関係でいえば、第5章で考察したウーシオが指摘した「準統合」（ここでは「垂直的位置関係にある準統合」）と、純粋な市場を介した取引関係の中間に位置するものである。

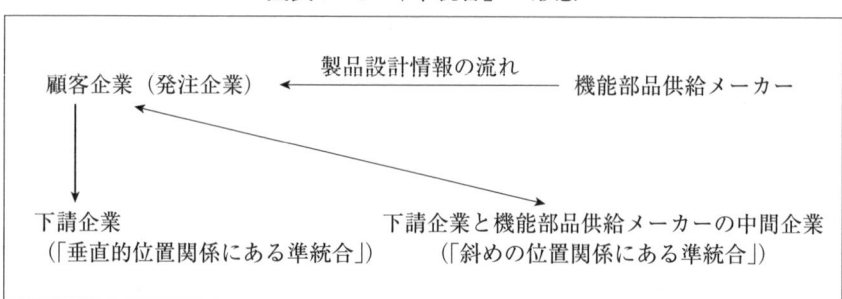

図表7-5 「準統合」の形態

顧客企業（発注企業）	←製品設計情報の流れ―	機能部品供給メーカー
↓	↘	
下請企業 （「垂直的位置関係にある準統合」）	下請企業と機能部品供給メーカーの中間企業 （「斜めの位置関係にある準統合」）	

出所 Baudry, B. (1995), p.7を一部加筆・修正。

ボードリによれば、「垂直的位置関係にある準統合」は、生産分業と権限関係という側面からみれば、厳格な意味での「下請」と同じであるという。ここでは、発注企業が製品設計のすべての責任を負い、情報は垂直的に伝えられる。すなわち、部品メーカーの自律性は極めて限定され、発注企業の「権威」に基づいた支配と短期契約のもとで、部品メーカーは取引上不安定な地位に置かれる。

これに対して、「斜めの位置関係にある準統合」では、たとえば、自動車産業に見られるように発注企業が大まかな製品コンセプトを部品メーカーに伝え、設計作業そのものは部品メーカーに委託する、といったように、製品の設計が発注企業と部品メーカーの「協力 (collaboration)」によって実現される。部品メーカーへの権限委譲は、発注企業の「権威」の幅を縮小させるから、「権威」に代わる新たな取引統御機構が必要となる。発注企業－受注企業という関係は、いわば、経済学の教科書に示されるような純粋な商取引である。たとえば原材料取引の場合のように、価格が絶対的な統御様式として作用する場合がこれにあたり、当該取引関係に権限関係は見受けられない。

ボードリによれば、1980年代以前において支配的な形態であった伝統的なフランスにおける「下請」、すなわち、短期契約に基づく「権威」を媒介とした「垂直的位置関係にある準統合」では、発注企業による監視者の派遣、製品の管理などを通じて、下請企業による機会主義的行動のリスクが排除され、取引費用の削減がなされてきたが、その後こうした取引形態は、企業内外の環境変化に伴って効率性を低下させた。

短期契約と競争入札という下請企業の管理方法をともなう「垂直的位置関係にある準統合」は、本来次のような限界をもつ。第一に、受注獲得の不確実性から長期的視野に立った下請企業側の投資活動を抑制してしまう。第二に、発注企業は取引先の代替が比較的容易なことから、特定の下請企業との関係を深めようとしない。これは下請企業が品質や技術革新につながる知識や経験を得る機会を減少させる。第三に、発注企業と下請企業の役割が明確に区分され、特に技術情報が発注企業から下請企業へと一方向的にしか伝達されないため

に、下請企業の技術力が向上せず、結果として取引を通じたイノベーションの機会は減少する。こうした限界が、以下で説明する外的要因と重なることにより、「パートナーシップ」という、新たな取引関係・形態、すなわち、彼がいう「斜めの位置関係にある準統合」が求められるようになった。

ボードリは、「パートナーシップ」出現の外的要因として、市場、製品、技術的変化を上げている。市場面における変化としては、1970年代以降において、世界的に経済成長の拡大スピードが鈍化したことがあげられる。最終製品市場の規模的縮小は、中間財市場にも影響を与え、取引費用の削減が企業にとって重要な関心事となった。当該課題に対処するには、生産管理や雇用関係の見直し、といった企業内部的調整だけでは不十分であり、企業外部的調整、すなわち、外部企業との取引関係の再編が必要となった。

製品面における変化としては、1970年代前半より消費者行動の変化に伴い、特殊的で専門性の高い市場が形成され始めたことがあげられる。製品差別化を軸とした企業戦略のもとにおいては、外部企業を利用する際でも、「垂直的位置関係にある準統合」における下請企業のような単なる命令の実行者は求められなくなった。すなわち、生産活動全域における提案をおこない、時に発注企業に代わって指導的な役割を果たす外部企業が求められるようになったのであ

図表7-6 「下請」と「パートナーシップ」の比較

指標＼取引の類型	「下請（狭義）」 （「垂直的位置関係にある準統合」）	「パートナーシップ」 （「斜めの位置関係にある準統合」）
契約期間	短期（最長1年間）	長期
部品メーカーの責任範囲	限定的	広範囲
部品メーカーによるイノベーション	なし	促進
物流	在庫による管理	JITによる管理
品質管理	発注企業による管理	工程での作り込み
部品メーカー数	多数	少数

出所：Baudry B. (1995), p. 65を一部加筆・修正。

る。

　技術面での変化としては、マイクロ・プロセッサやコンピュータ技術の進化による情報化の進展が重要である。この変化は、製品・情報・設備の柔軟性に基づく、新たな取引関係と産業構造を生んだ。各企業の能力を情報技術によって結合することにより生まれる、あらたな分業構造の下では、発注企業と受注企業の双方向の情報交換が不可欠となり、そのもとで発注企業の「権威」を伴う一方向的な情報の流れに基づく旧来の取引関係は、効率性を失った[22]。

　以上の見解をもとにして、ボードリは図表7‒6に見られるように、「下請」(「垂直的位置関係にある準統合」)と「パートナーシップ」(「斜めの位置関係にある準統合」)の特徴を整理し、両者を対比的に据えている。ここから明らかなように、「パートナーシップ」とは、従来の日本の自動車産業をはじめとする製造業に特徴的にみられるとされてきた部品メーカーの能力に大きく依存する取引関係である。

VI．結

　以上、1980年代～90年代初頭にかけてなされた日本の自動車産業の競争力を巡る議論や取引構造面での特徴を整理したのち、日本の製造業に大きな影響を受けた1980年代のフランス自動車産業における取引関係の変化を概観し、さらに、こうした変化を巡って展開された代表的な「パートナーシップ」論ともいうべき見解を取り上げ、その内容を考察・検討してきた。

　すでに見たように、1980年代～90年代初頭は、フランス国内外の産業界や研究者間で日本の生産システムが注目された時期であった。こうした状況のもと、フランス自動車メーカーもまた、他国の自動車メーカー同様に、従来の日本製造業に特徴的であるとされた様々な管理手法や生産方法を導入しはじめた。具合的には、部品のユニット納入、生産工程に組み込んだ品質管理手法、JITなどの導入が試みられたが、これらの導入は、従来の自動車メーカーと部品メーカーの関係の変革なくしては不可能であった。すなわち、直接取引関係にある部品メーカー数の削減、部品メーカーへの品質責任および開発責任の委

譲、外注依存度の拡大といった一連の変革を通じて、少数の部品メーカーとの間に、相互協力的で安定的な関係を構築し、シナジー効果を最大限に発揮する仕組み作りが、フランス自動車メーカーにとっての課題となったのである。

こうした自動車メーカーと部品メーカーの取引関係の変容は、従来の取引関係の限界を顕在化させ、フランスにおける企業間関係論、特に伝統的下請論についての議論を活発化させた。なぜなら、当時理想とされた新しい取引関係は、相互協力的、あるいは補完的、かつ長期安定的性質を特徴としており、その特性は支配・従属の関係を伴い、敵対的で短期的であることから、受注企業（すなわち下請企業）の成長・存続を制約する、とされてきた伝統的な取引概念とは相容れないものだったからである。こうして、フランスの自動車産業を中心とする製造業における取引関係の再編をめぐる動きは、研究面においても「下請」論から「パートナーシップ」論へという変化をもたらした。

われわれが考察した「パートナーシップ」論にほぼ共通するのは、以下の諸点である。第一に、フランスにおける「パートナーシップ」出現の背景として、日本の製造業の影響を指摘している。第二に、「パートナーシップ」を、大量生産時代の終焉とともに出現した相互協力的、あるいは互恵的で安定的な取引関係であると認識し、その経済効率性を高く評価している。第三に、多くの場合、「パートナーシップ」の特性把握をおこなうにあたり、「下請」すなわち、支配―従属、あるいは権限を伴う過去の取引関係との相違を明らかにしている。

すでにみたように、1970年代の「パートナーシップ」論は、大企業の振興や中央集権化を目指す政策による歪みに呼応して生じたものであり、いわば政策的意図、あるいは規範的性質を備えたものであったが、日本の製造業の影響を受けた後に展開したそれは、企業の環境適合という目的のもとにおこなわれた戦略の結果生じた、現実の取引関係の変化を背景として生まれたものであった。

いずれにせよ、日本の製造業の影響を背景として導入された「パートナーシップ」は、従来の支配的な取引関係とは区別されるべきものであることが広く

認識され、この新たな取引関係はモデルとすべきオルタナティブとして捉えられた。われわれはここに、下請論から「パートナーシップ」論へという、フランスの企業間関係論における学史的転換点を見出すことができるのである。

注

1) 詳しくは、Roos, D. et al.(1990) を参照されたい。
2) たとえば、Clark, K. B. and Fujimoto, T.(1991)。
3) 日本の生産システムの特徴についての以下の記述は、浅沼萬里（1984）、池田正孝（1987）、財団法人機械振興協会経済研究所（1992）、港徹雄（1988）、吉田敬一（1996）第1章、渡辺幸男（1985）（1989）（1990）を参照。
4) 「山脈的構造」については、渡辺幸男（1985）を参照されたい。
5) 「貸与図方式」と「承認図方式」、あるいは「貸与図メーカー」と「承認図メーカー」の区別、および、価格調整と数量調整を巡る自動車メーカーと部品メーカーのリスク・シェアの問題については、浅沼萬里（1984）を参照。
6) 取引に特定的な資産あるいは、資産の特殊性（asset specificity）については、Williamson, O.E.(1986)、pp. 105-108（訳132-135頁）、山口隆之（1998）、83-84頁が詳しい。
7) このほか、フランスにおける日本製造業の影響が他の先進諸国よりも遅く訪れた理由として、中川洋一郎（1999）、141頁では、①フランス自動車業界においては当時、日本的生産システムに対する偏見と過小評価があったこと、②日本車に対する輸入規制によって国内メーカーが保護されていたこと、③日本メーカーの脅威に対し、当初は外交的な手段で解決しようとしたこと、④日本的生産システムの導入に際し労働組合の強固な抵抗があったこと、⑤政府が自動車業界に雇用維持を強制していたこと、などを指摘している。
8) 中川洋一郎（2001）、204-205頁および中川洋一郎（2005）、113-123頁を参照。
9) 中央大学経済研究所編（1994）、29頁、黒川文子（1996）、78頁、山口隆之（1999）、206-207頁を参照。
10) De Banville, E. et Chanaron, J.J.(1990), p. 98（訳78頁）.
11) 中央大学経済研究所編（1994）、31頁.
12) 中央大学経済研究所編（1994）、第1～2章を参照。
13) ルノー・ツインゴの開発については、池田正孝（1994）、153頁、および　黒川文子（1996）を参照。
14) Altersohn, C.(1992), p. 141.

15) Altersohn, C.(1992), pp. 143-153.
16) Altersohn, C.(1992), p. 154, Altersohn, C. (1997), pp. 66-69.
17) Donada, C.(1997), pp. 94-96.
18) Lecler, Y.(1993), pp. 28-42, pp. 120-123, pp. 226-233, イブリン・レクレール (2006), 167-196頁。
19) De Banville, E. et Chanaron, J.J.(1991), pp. 20-21.
20) De Banville, E. et Chanaron, J.J.(1990), p. 102（訳81頁）.
21) De Banville, E. et Chanaron, J.J.(1991), pp. 20-22.
22) Baudry B.(1995), pp. 5-8, pp. 49-62.

第3部　中小企業政策の展開

第8章 「地域生産システム」の振興政策

I. 序

　近年の中小企業経営や中小企業政策の展開を分析する上で産業クラスターと呼ばれる概念は欠かせない。近年、各国で展開されている産業政策には、産業クラスターの創出とその振興を通じて、地域におけるイノベーションや新規開業の促進、旧来の産業構造からの脱却、中小企業の活性化を図ろうとの意図がみてとれる。

　わが国では、産業クラスター政策として、2001年度から経済産業省が「産業クラスター計画」を打ち出し、文部科学省が2002年度から「知的クラスター創成事業」を推進している[1]。

　他方、産業クラスターの定義や位置付け、その推進手段は異なるものの、EU各国政府、地方自治体でも様々な産業クラスター政策を立案・実施している。欧州委員会の委託によって作成される『ヨーロッパ中小企業白書（*The European Observatory for SMEs*)』の第7年次報告書では、理論的・実証的・政策的な観点から各国の産業クラスターの分析を行い、この結果、産業クラスターが、地域のイノベーション能力や競争力の向上、企業や雇用の増加に一定の役割を果たすとの指摘がなされた[2]。

　以上の状況のもと、フランスでも産業クラスターの振興が政策的課題となっている。2005年より、フランス「国土整備関係省連絡会議（CIADT：Comité interministériel pour l'aménagement et le développement du territoire)」は、各地

方の立案・応募に呼応する形で、フランス全土から「競争力の集積地（pôle de compétitivité）」と呼ばれる潜在能力が高い60余りの地域（活動）を選定し、様々な助成策を講じている。

　近年のフランス産業クラスター政策の特性把握とその問題点の抽出は続く第9章のテーマであるが、本章では、その第一歩として、1990年代後半に進められた、中小企業による地域連携、すなわち、フランスにおいて「地域生産システム（SPL：système productif local）」と呼ばれるネットワーク形成の為の政策を分析する。

　ここで筆者は「地域生産システム」の振興政策を、その後のフランス産業クラスター政策、すなわち、「競争力の集積地」の振興政策の源流とみなすが、この点については、フランスの研究者や政府レベルの議論で必ずしも意見が一致しているわけではない。

　しかしながら、第一に、「地域生産システム」として政府に認定された中小企業ネットワークが、その後の発展により「競争力の集積地」として認定され、現在に至っているものが少なくないこと。第二に、時期的にみても、「地域生産システム」の振興政策を受け継ぐ形で、「競争力の集積地」の振興政策がスタートしたこと。第三に、両政策ともに、長年のフランスにおける課題である地域開発、地方分権促進の為のツールとしての位置付けを与えられていること。第四に、フランスの文献では両者ともに、産業クラスターと同義として扱われる事が多いこと、などから、少なくとも「競争力の集積地」の特性把握には、「地域生産システム」の分析が不可欠であると考える。

　以下では、産業クラスター政策の理論的基礎を整理したのち、「地域生産システム」の概念と内容を分析する。当該考察を通じて、1990年代後半におけるフランス中小企業を取巻く環境と議論を明確にし、現在のフランス産業政策の分析に不可欠な要素を導き出すことが目的である。

II．産業クラスターの理論的基礎

　近年における各国、あるいは地方自治体の産業クラスター政策の理論的基礎

として最も頻繁に取り上げられるのは、国の競争優位の分析をおこなったポーター（Poter, M. E.）の枠組であることに異論は無いであろう。ポーターによれば、産業クラスターとは「特定分野における関連企業、専門性の高い供給業者、サービス提供者、関連業界に属する企業、関連機関（大学、規格団体、業界団体など）が地理的に集中し、競争しつつ同時に協力している状態[3]」である。産業クラスターを構成する要素は、図表8-1に示すとおり、①競争環境　②投資資源条件　③関連産業・支援産業　④需要条件の4つであり、これら要素の相互作用によって、立地上の競争優位性がもたらされる。

産業クラスターがもたらす効果は、第一に、産業クラスターを構成する企業や産業の生産性の向上。第二に、企業のイノベーション能力や産業内でのイノベーションの促進。第三にイノベーションの誘発、および、それによる産業ク

図表8-1　産業クラスターを構成する要素とその関係（ダイヤモンド・モデル）

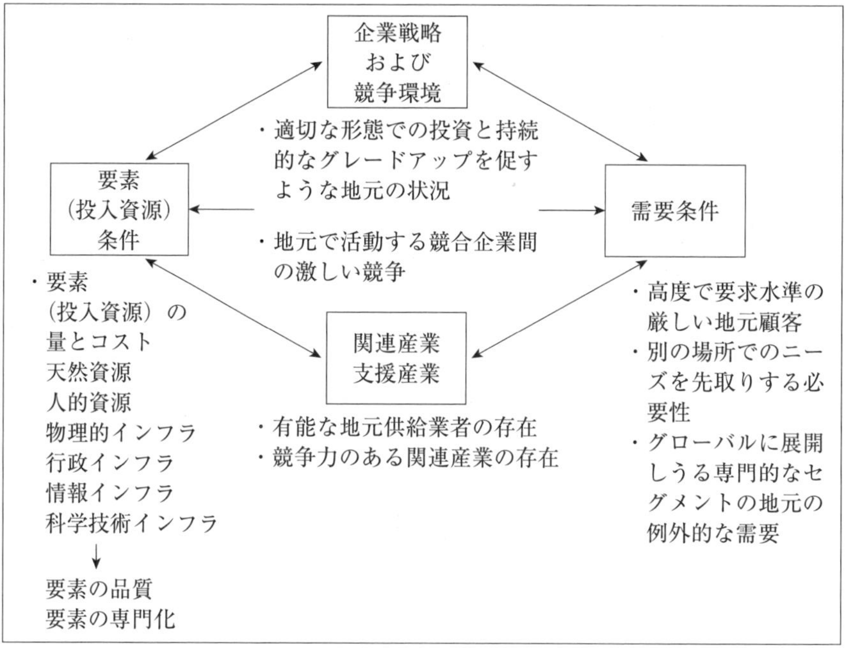

```
                    ┌─────────────┐
                    │  企業戦略    │
                    │  および      │
                    │  競争環境    │
                    └─────────────┘
                   ↗             ↘
        ・適切な形態での投資と持続
          的なグレードアップを促す
          ような地元の状況
┌─────────┐                        ┌─────────┐
│  要素    │  ・地元で活動する競合企業間 │ 需要条件 │
│（投入資源）│    の激しい競争            │          │
│  条件    │                        └─────────┘
└─────────┘                            
    ↓              ┌─────────┐
・要素            │ 関連産業 │
 （投入資源）の    │ 支援産業 │
  量とコスト      └─────────┘
  天然資源        ・有能な地元供給業者の存在
  人的資源        ・競争力のある関連産業の存在
  物理的インフラ
  行政インフラ                  ・高度で要求水準の
  情報インフラ                    厳しい地元顧客
  科学技術インフラ                ・別の場所でのニー
    ↓                            ズを先取りする必
  要素の品質                      要性
  要素の専門化                  ・グローバルに展開
                                しうる専門的なセ
                                グメントの地元の
                                例外的な需要
```

出所：Porter, M. E.（1998）, p. 325（訳83頁）.

ラスター自体の拡大を促す新規事業の発生、に集約される[4]。

　企業が集積することによる経済効果の存在は、既に古くから指摘されてきた。ウェーバー（Weber, A.）の『工業立地論』では輸送費用の節約を中心とした分析がなされ[5]、マーシャル（Marshall, A.）は、「外部経済（external economy）」という概念をもとにして、特定産業の地理的集中がもたらす経済的効果を説明した[6]。クルーグマン（Krugman, P.）は、マーシャルの「外部経済」概念をさらに具体化し、①特殊技能をもつ労働市場の形成、②地域産業に特化した中間投入材とサービスの入手可能性の向上、③情報伝達が容易になることからもたらされる技術の波及、を産業の地理的集中が起こる要因とした[7]。

　ピオリとセーブル（Piore, M. and Sabel, C.）の分析は、近年の産業集積論の活発化の契機となった。これは多面的な国際比較分析を通じて大量生産体制の危機と限界を指摘し、「柔軟な専門化（flexible specialization）」に特徴付けられるクラフト的生産体制への回帰のうちに、経済社会の成長と繁栄の可能性を見出すものであった。ここで、クラフト的生産体制とは、イタリア中央部、あるいは北西部の製造業に典型的に見られるような、技術的に精妙であり、かつ高度に柔軟なネットワークに基づいた中小企業を中心とする生産体制を意味する。クラフト的生産体制に内包される「柔軟な専門化」は、①生産要素の再配置によって生産過程を絶えず変化させるという柔軟性と専門化の結合、②多くの場合は、明文化されていないコミュニティという境界線による参加者制限、③イノベーションを推進する競争の奨励、④継続的なイノベーションを阻害し、要素費用の引き下げにしかつながらないような競争の制限、という4つのミクロ経済的調整機構を備える[8]。

　こうして、近年の産業集積の態様は、中小企業論はもとより、経営組織論や戦略論、ネットワーク論やイノベーション論、ベンチャー・ビジネス論、知識創造論、あるいは空間経済学や経済地理学、法学、工学といった諸科学領域においても活発に議論・分析されることとなった[9]。

　他方、政策面においては、地域コミュニティーの担い手として、地域経済の

発展を支えてきた中小企業の再評価と、その活力の利用を通じた国・地方や私企業の競争力の強化、従来の産業集積を中心とした産業政策の見直しが迫られた。こうした中、ポーターによる産業クラスター論、および第三のイタリアやアメリカのシリコンバレーに代表される競争力ある地域の事例は[10]、地域の競争優位を獲得する上で不可欠な要素を説明するモデルとしての評価を受けるに至った。

Ⅲ．「地域生産システム」とは何か

1．定義

　一般に、フランスにおける「地域生産システム」とは、主に小規模な都市を中心として、特定製品の生産に特化した中小製造業が集中立地している状態を意味する[11]。しかしながら、以下でみるように、政策的には、当該集積内における、共通目的や連携関係が要件として示されている。

　1990年代後半から「地域生産システム」の振興をおこなった「国土整備地方開発局（DATAR）」では、次のように「地域生産システム」を定義し、続く①～③の項目を「地域生産システム」の基本的特徴としている。

　「『地域生産システム』は多面的性格をもつが、次の定義については、研究者や地域の活動主体の見解が一致している。すなわち、それは、一般に、雇用の減少に対処するための特定地域における特殊な生産組織である。この生産組織は、生産過程において分業を行う同一業種、もしくは補完的活動に従事する主体（製造・サービス業、研究所、教育機関、技術移転機関、イノベーション推進機関など）によって構成される相互依存的ネットワークとしての機能を有する[12]」。

①製造業、特に小規模生産者が地理的に集中していること。
②特定の生産過程、あるいは特定製品の生産に特化していること。
③生産手段・生産用具・ノウハウの共有について同一産業に属する中小企業間の協力的活動がみられること[13]。

図表 8-2 「国土整備地方開発局（DATAR）」による「地域生産システム」の概念図

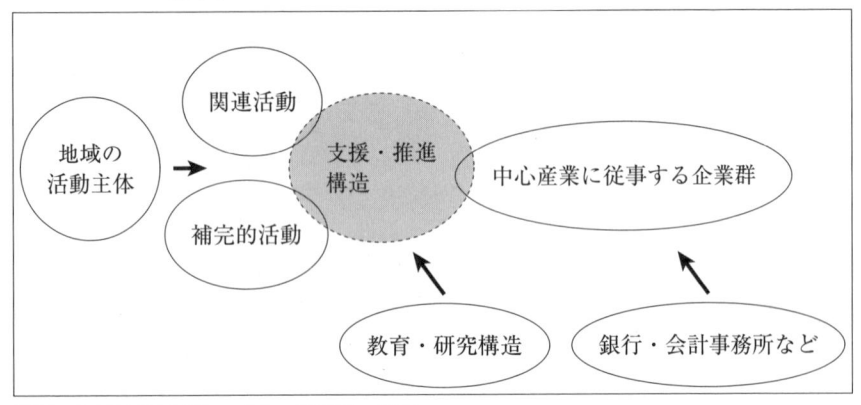

```
地域の活動主体 → 関連活動
                補完的活動
                        支援・推進構造 ─── 中心産業に従事する企業群
                            ↑                    ↑
                        教育・研究構造      銀行・会計事務所など
```

出所：DATAR(2002), p.5を一部加筆・修正。

2．歴史的背景

　フランスにおける「地域生産システム」の起源については明確ではないが、特定地域における専門化した中小企業の集積は、既に19世紀には隆盛を極めていたといわれる。たとえば、ノルマンディー地方（Normandie）における布地生産、リヨン（Lyon）における絹織物生産が代表であり、その他にも金物、刃物、釘、時計などフランスでは特定産業や加工部門に特化した集積が古くからみられた。

　しかしながら、1945～1973年までの高度経済成長、すなわち、フランスで「栄光の30年間」と呼ばれる期間に、「地域生産システム」の多くが消滅した。この理由としては、第一に、計画経済、「混合経済」と評される経済体制のもとに推進される産業政策のなかで、巨大企業の国有化と巨大企業グループの形成が強力に推し進められ、中小工業の経営基盤と存在意義について充分な配慮がなされなかったこと。第二に、テイラー主義的大量生産体制の普及に伴って、地域に根ざした柔軟な分業構造や、多様性を特徴とする職人依存的な生産過程が崩壊したことがあげられる。たとえば、家電・電気産業におけるセブ社

(SEB) やムリネクス社 (Moulinex)、ルロイ・ソメール社 (Leroy-Somer) といった国際的企業グループの形成は、ブルターニュ地域圏 (Bretagne) やフランス北西部における低廉な労働力を求めた企業立地競争を招き、世界市場を視野に入れた製品のシリーズ化戦略のもとに、小規模生産者の存在基盤と立地条件を奪った[14]。

その後、1980年代には、企業、教育・研究機関から構成される地域シナジーの発揮を目指したテクノ・ポリス構想が実施されたこともあって、地域における企業間連携の必要性が認識されるようになったが、現実にはニース (Nice) におけるソフィア・アンティ・ポリス (Sophia Antipolis) の成功事例を例外として、多くの場合は、地域内の重複活動の調整や参加主体による自発的活動を克己するまでには至らなかった[15]。

3．政策推進の契機

1990年代に入ると、「国土整備地方開発局 (DATAR)」は、「地域生産システム」の振興を通じた地域経済・社会の発展を目指すようになった。その背景としては、第一に、EU統合の深化、加盟国の拡大に伴って経済のグローバル化が一層進展したことがあげられる。東欧諸国やアジアにおける低廉な労働力に支えられた商品・サービスの流入、近隣先進国との直接・間接的な競争の激化によって、既存企業のイノベーション能力の向上は不可欠なものとなり、各地方都市においては、フランス国内における地位の向上という目的よりはむしろ、国際都市としての競争力強化が急務の課題とされるようになった。こうした流れと平行して、地域格差の是正を目的とした国土開発理念は、地域の属性と自発性を重視したものへと変化し、1980年代以降は、地方分権に関わる法律が次々と成立していった。

第二に、国内の雇用・失業問題の深刻化があげられる。フランスの雇用状況は、長らく、厳格な解雇規制制度、手厚い社会保障制度の存在といった構造的問題を抱え、第一次石油危機以降の失業率は、景気回復期においても低下しないか、あるいは、むしろ上昇を続けるという状況にあった。こうした中で、雇

用吸収の受け皿としての地域中小企業の役割が注目され、中小企業の活性化と経営基盤の強化を図る何らかの政策が求められた。

　第三に、1990年代より産業集積に関する議論が活発化してきたことが上げられる。特に、フランスと同じく、中世から続く手工業の歴史を持ち、欧州諸国の中でも特に小規模企業の比重が高い近隣国、イタリアが1980年代に奇跡ともいわれる経済回復をみせ、そこにおける中小企業のネットワークが、一つの経済発展モデルとして高く評価されたことは、フランス国内に存在する「地域生産システム」の価値を政策的見地から見直す契機となった。イタリアでは、限られた地理的範囲の中に、企業、教育機関、第三セクター、開発サービス関連業者、業界団体、コーディネーターなどが集中立地し、研究開発からアフター・サービスに至る一連の生産過程が、地域発展という目的のもとに編成されている。各集積は多くの場合、国際競争力をもつ固有のノウハウやブランドを有し、高度なイノベーション能力と環境変化への柔軟性を備えていると評された。

　以上の環境のもと、フランス政府は、特にイタリア型産業集積の適用・導入の可否を検討するため、国内外の産業集積の調査を開始した[16]。

Ⅳ. 政策の展開

1. 選定過程と基準

　1995～1997年にかけて、「フランス計画総庁（Commissariat général du plan）」および「国土整備地方開発局（DATAR）」は、フランス国内外における産業の地理的集中や過疎化の状況を調査した。この結果、比較的限られた地理的範囲内において特定分野の生産活動に特化している200余りの中小企業集積が確認された。

　以上の結果を受け、「国土整備地方開発局（DATAR）」は、1998年11月に、公募に基づいて、潜在能力の高い60の集積を「地域生産システム」として認定し、その振興・発展のために国土整備開発国家基金（FNADT：Fonds national pour l'aménagement et le développement du territoire）の予算210万ユーロを充

当することを決定した。1999年11月には、新たに150万ユーロの追加予算をともなう36の認定をおこない、最終的にはフランス全土で計99の集積が「地域生産システム」として認められた。

　この認定過程には、国土整備・環境省を中心とする、産業、中小企業・手工業、農業・漁業、雇用・連帯各省庁の代表者などが関与し、以下4つの要素が重視された。
① 関連する企業数、および今後の発展可能性。
② 地域内に存在するパートナーシップの特性、および企業間協力の特徴。
③ 地域内の構造によって生まれる外部への影響（新しい連携体制、経済的主導性を発揮するのに好ましい環境条件の提供、他の企業や産業への波及効果など）。
④ 生産性や雇用拡大に与える影響[17]。

　図表8-3は、「国土整備地方開発局（DATAR）」によって「地域生産システム」として認定された集積の地理的分布を指し、図表8-4は、その産業分野別構成割合を示している。

　地域圏（région）別に見れば、ミディ＝ピレネー（Midi-Pyrénées）の11ヶ所を筆頭に、ローヌ＝アルプ（Rhône-Alpes）の9、フランシュ＝コンテ（Franche-Comté）の7の順で多い。産業分野別では、機械・金属が多いが、海産物、チーズ、菓子といった食料品分野、眼鏡、刺繍、陶磁器、籐細工、香水などの手工業的分野、あるいは第三次産業に含まれるスポーツ・レジャー分野や、光学機器やプラズマ・レーザーといったハイテク分野もみられる。

2．「地域生産システム」の類型

　「国土整備地方開発局（DATAR）」は「地域生産システム」を、次の4つの類型に大別している。

① イタリアの産業集積型（Les SPL de type "district industriel italien"）
　これは、手工業的性格や伝統的ノウハウを持つ中小企業が、何らかの共通目的のもとに結びついた集積であり、その多くは、血縁関係や文化、あるいは、

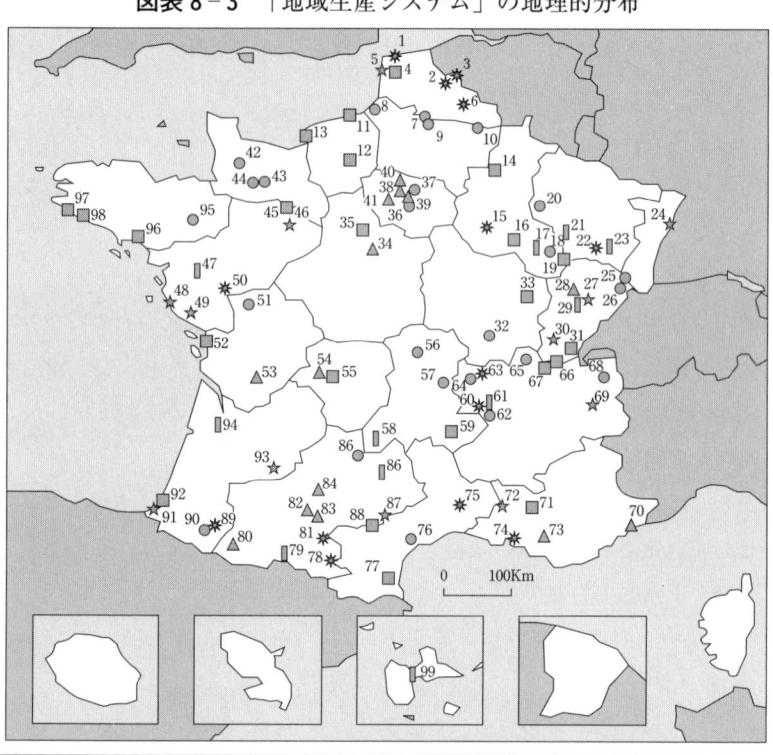

図表 8-3 「地域生産システム」の地理的分布

- ● 機械・金属
- ☆ 農業・漁業・農水産物加工
- ✳ 繊維・衣料品、ファッション
- ■ 木材加工・家具製造
- ▲ 電気・情報・先端技術
- ■ その他（レジャー、プラスチック、グラフィックアートなど）

出所：DATAR（2002），p. 24.

地域の人間関係やコミュニティーを基盤としている。古くから、フランスにおいて産業集積とみなされてきたものを多く含むが、域内の連携活動については、「国土整備地方開発局（DATAR）」の公募を契機として開始されたものもある。

たとえば、7世紀から刃物製造で知られてきたピュイ＝ド＝ドーム県（Puy-

図表8-4 「地域生産システム」の産業分野別構成割合（2001年11月現在）

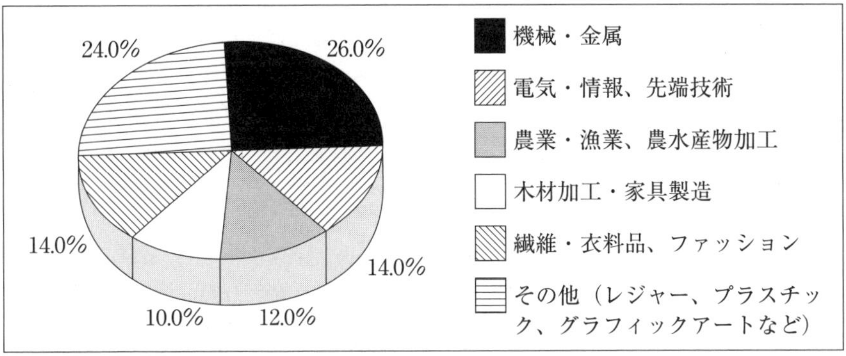

- 機械・金属　26.0%
- 電気・情報、先端技術　24.0%
- 農業・漁業、農水産物加工　14.0%
- 木材加工・家具製造　10.0%
- 繊維・衣料品、ファッション　12.0%
- その他（レジャー、プラスチック、グラフィックアートなど）　14.0%

出所：DATAR(2002), p.14を一部加筆・修正。

de-Dôme) のティエール（Thiers）では、3000人の雇用者を抱える260社がPR活動やインターネット・サイトの開設面で連携活動を行っているが、この契機となったのは「国土整備地方開発局（DATAR）」の計画公募に基づいた商工会議所（chambre de commerce）や手工業会議所（chambre de métiers）、および産業・研究・環境地方局（DRIRE：Direction regionale de l'industrie, de la recherche et de l'environnement）の働きかけであった。

② 技術主導型（Les SPL technologique）

　これは、典型的にパリ（Paris）、トゥルーズ（Toulouse）、グルノーブル（Grenoble）といった都市圏にみられる「地域生産システム」である。特定分野の活動に特化した企業が、限定された地域に集中立地しているという点では、先の「イタリアの産業集積型」と同じである。しかしながら、技術主導型「地域生産システム」の特徴は、超ハイテクノロジー（saut technologie）分野に特化していることである。換言すれば、地域的、あるいは伝統的なノウハウとは関係が薄く、構成主体間の情報交換の態様も、地域社会の歴史や血縁関係と無縁であることが多い。

③ 1社または複数発注大企業の受注対応型（Les SPL gravitant autour d'une ou plusieurs grandes entreprises《donneurs d'ordre》）

これは、大企業の外部化戦略に伴って発展した「地域生産システム」である。典型的な例として、プジョー社の周辺に、多くの機能部品供給メーカーが集積しているモンベリヤル（Montbéliard）の例が上げられる。形態的には日本の「企業城下町型集積」に類似しているが、大発注企業の交渉力への対応策として部品メーカーが共同する例が見られる。たとえば、サン・ナゼール（Saint-Nazaire）では、①協同関係の強化、②市場予測能力の向上、③情報の共有、という目的のもとに、50社程度の中小部品メーカーが連携している。ここでは、メンバーである各部品メーカーの特定発注大企業への依存率を30％以下に抑えることが目標とされる。

④ 新規発生型（Les SPL《émergents》）

これは域内の連携関係をまだ具体化していないが、地域的な共同戦略を策定し、地域内での競争制限や、公的機関との連携を積極的に進める計画を有する、いわば形成初期段階にある「地域生産システム」である[18]。

3．「地域生産システム」に期待される効果

経済のグローバル化が進展する中で、中小工業に求められる主な能力は、①イノベーション能力、②品質保障能力、③迅速な製品開発能力、④製品差別化能力である。「地域生産システム」は、これら能力の蓄積・向上に貢献するとともに、以下の効果を生むと期待される。

— 効率的企業間分業の促進。
— 企業間連携、および研究・教育機関と産業部門の連携から生まれるシナジー効果の増幅。
— 人的資源、その他の生産要素の効率的活用。
— イノベーション、および共同研究・調査などの促進。
— 新たな市場機会の創出[19]。

4．「地域生産システム」における連携・共同形態

「地域生産システム」の連携・共同形態には、多くが存在するが、政策推進主体となった「国土整備地方開発局（DATAR）」は以下①〜⑥のケースを典型例としてあげ、併せて事例を示している。

① 生産設備および資材調達面での連携

　これは地域の中小企業が、大企業のもつ競争優位性、すなわち規模の経済性の享受を目的として、設備・原材料・ソフトウェアなどの共同購入や、共同市場調査などを行うケースである。

② 専門的人材の確保・従業員教育面での連携

　これは、必要となる人材の確保や教育のために、域内の中小企業や多様な支援主体が連携するケースである。品質向上、環境対策、食品の安全性の確保といった現代的課題に対処する為には、科学的知識、あるいは技術的ノウハウに精通する人材の確保が不可欠である。しかしながら、こうした専門的人材の確保や教育には、相応の財務的手段が必要になることが多い。たとえば、油圧機器および機械の生産で知られるソンム県（Somme）アルベルト（Albert）の集積では、地域で必要となる専門性の高い人材を確保するために、域内企業が中心となって、1999年に職業訓練所が設立された。

③ 商業面および販売面における連携

　これは、他社照会のリスト作成、共通ロゴ、共同ウェブ・サイトの開設、展示会での共同出展といった比較的緩やかな連携活動から、共通商標の使用といった斬新な活動までを含む。

　たとえば、オート＝マルヌ県（Haute-Marne）では、特産品の木工製品を生産する60社程度の手工業者が、製品品質の向上を目的として共同活動を開始し、その後これが、共通ラベル・共通商標の作成・利用活動へとつながった。また、食品加工で知られるヴァンデ県（Vendée）のラ・ロシュ・シュル・ヨン

(La Roche-sur-Yon)では、手工業から大規模販売業者までを含む70社が、共同基金のもとに共通品質保証ラベルを運営・管理している。

④ 製品イノベーションと技術移転における連携

これは、特殊技術の移転や実用化の課題に際して、域内の研究・教育機関と中小企業が連携するケースである。たとえば、ロワレ県(Loiret)オルレアン(Orlean)にある「プラズマ・レーザー技術センター(CRT PL：le centre de ressources technologique plasma laser)」は、切断レーザーやX線の新光源に関するノウハウの技術移転と企業間共有を目的として設立されたものである。当該センターの設立にあたっては、「研究開発公社(ANVAR：Agence nationale de valorisation de la recherche)」や「地方研究技術官(DRRAT：Direction regionale de l'industrie,de la recherche et de l'environnement)」との連携が図られた。また、水産加工品の生産で知られる、パ＝ド＝カレ県(Pas-de-Calais)のブローニュ・シュール・メール(Boulogne-sur-Mer)では、水産加工品の価格維持、共通商標の作成、トレーサビリティや品質、規格化などの各テーマへの取組みに際して、同業者組合と域内の研究機関が緊密な連携関係を保っているケースがみられる。

⑤ 雇用管理面での連携

ノウハウと専門性は、企業の競争力を左右する二大要素であり、市場の変化にともなって従業員教育の必要性は高まる。しかし、その一方で、企業は雇用の柔軟性をも確保しておく必要がある。この状況に対処する為に、域内の企業や多様な活動主体が連携するケースがみられる。

ロワール県(Loire)内、ロアンヌ(Roanne)の「雇用協会(GEM：Association groupement pour l'emploi)」は、24社の繊維産業に従事する企業が相互利用する組織である。協会には42人の労働者が登録されており、平均して労働時間の4分の1が職業教育にあてられている。登録した労働者は、複数の資格を有し、域内の複数企業を跨いで異なるポストに就いている。

こうしたグループ雇用の形態は、地域の中小企業にとって、一時的、しかし定期的に必要となる有資格者の雇用を確実にするものであり、さらに、労働者のモラル向上や効率的な労務管理を保障するものである。他方で、労働者は、こうした雇用形態を利用することで、雇用契約上の安定性や、勤務場所の選択余地の拡大といったメリットを享受している。

⑥　受注面における連携

　今やユニット化やモジュール化といった発注方式は、自動車、航空宇宙、造船、医薬品製造といった多くの産業領域に拡大している。こうした発注企業による新たな購買管理方式の導入に際し、中小企業が、受注グループを形成し、さらに、時として法人を共同設立して対応するケースがみられる。

　たとえば、テリトワール＝ド＝ベルフォール県（Territoire de Belfort）のベルフォール（Belfort）にあるメカテム社（Mécatem）は、ロボットなどの特殊機械の設計から生産に至る一連の生産過程の仕事を一括受注するために、30社あまりの関連企業が連携して設立された法人である。メカテム社は、各参加企業が単独では担えない契約の責任主体となっているほか、研究員やエンジニアを擁し、地域のノウハウの集約や市場調査を行っている[20]。

5．「地域生産システム」の構成・推進主体

　「地域生産システム」の構成・推進主体は、以下の5つである。

①　企業：中心的主体

　「地域生産システム」の振興・推進には、多様な公的あるいは半公的主体が関わるが、何よりもまず、関連する地域の中小企業・中小工業が直接的かつ積極的に参加しなくてはならない。

　「地域生産システム」を構成する企業数・企業規模は、ケースごとに異なるが、一般には、10〜20社といった比較的少数の企業が信頼や相互補完性のもとに結合することが多い。さらに、たとえば、新規市場の調査や従業員教育、研

図表8-5 「地域生産システム」の主な計画策定主体

1．公 的 会 議 所	：商工会議所、手工業会議所、農業会議所、会議所間連絡会。
2．企 業 団 体	：企業組合、企業団体。
3．職 種 別 団 体	：同業者組合・連合、産業別同業者組合、同業組合における職人組合、生産者組合、協業組合。
4．技術開発センター	：ハイテク工業団地、技術センター、「地域イノベーションおよび技術移転センター（CRITI）」。
5．地域経済開発機関	：地域経済開発局、地域開発委員会、地域開発事務所。
6．市町村間連絡機関	：混合連合、市町村共同体、都市共同体、国内における市町村間に関わる機関。

出所：DATAR（2002），p.20を一部加筆・修正。

究会などの為に、一定の期限をもってグループが形成されることもある。

② 公的機関：計画策定主体

図表8-5、8-6にみられるように、「地域生産システム」の計画策定の側面では、地域経済開発局や市町村連合、地方自治体や各種行政機関といった公的機関が重要な役割を果たしている。

図表8-6 「国土整備地方開発局」に認定された「地域生産システム」の計画策定主体の内訳

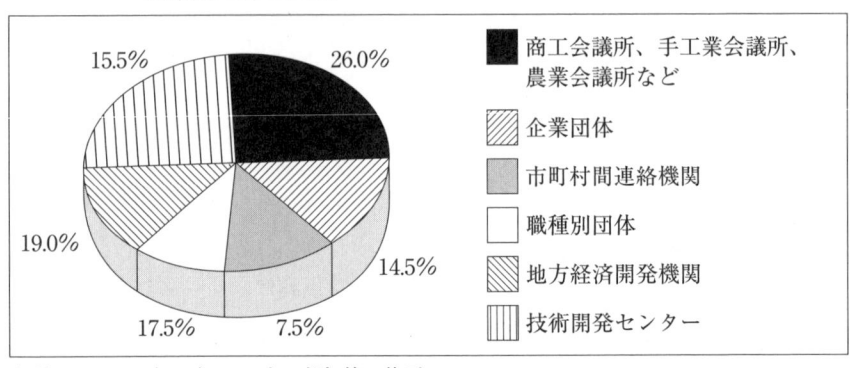

- 商工会議所、手工業会議所、農業会議所など：26.0%
- 企業団体：14.5%
- 市町村間連絡機関：7.5%
- 職種別団体：17.5%
- 地方経済開発機関：19.0%
- 技術開発センター：15.5%

出所：DATAR（2002），p.19を一部加筆・修正。

第8章 「地域生産システム」の振興政策　155

　しかしながら、経験的にみれば、むしろ企業の参加と関与を拡大することが重要である。このため、地域によっては、公的機関の業務を、順次民間機関に移転している例がある。

③　教育機関と知的集団（matière grise）：発展戦略推進上の主体
　「地域生産システム」の発展には、新技術の導入、新原料の採用はもとより、製品やデザイン、生産組織面での継続的革新が不可欠である。このため、イノベーション・センターや研究機関、工業化技術センター、高等専門学校、大学といった地域の知的集団の協力が不可欠となる。これら諸機関の隣接は、科学領域の知的資源の応用、技術移転、効率的な従業員教育などを可能にする。

④　地域圏（région）：支援上の主体
　地方議会の役割は、特に財源確保面で重要であるが、中には、これらが、より積極的に「地域生産システム」の支援に関与しているケースもみられる。たとえば、ミディ＝ピレネー地域圏（Midi-Pyrénées）では、経済評議会や社会評議会が「地域生産システム」の発掘と支援活動に参画している。このように、地方議会は、地方分権に伴って必要とされる地域サービスの拡充の中で、「地域生産システム」の政策評価だけでなく、方針の立案・策定にも関与するようになっている。

⑤　国：政策的支援主体
　国は「地域生産システム」の支援政策を決定する。支援政策は、国や地方自治体、専門家、大学関係者、「地域生産システム」の代表者から構成される運営委員会と連絡関係にある「全国地域生産システム評議会（Commision nationale SPL）」で決定する。当評議会は、「国土整備地方開発局（DATAR）」の代表者、および関連各省の大臣から成り、たとえば、「地域生産システム」の国際連携プログラムの策定や、従業員教育の支援、財源確保の側面で重要な役割を果たす[21]。

6．財源

「地域生産システム」の振興には、一般に以下の資金が必要である。
― 立ち上げ期間：研究、会合、施設整備のための資金、計画に関わる人材の雇用資金。
― 計画の遂行期間：組織運営、教育、基本的サービスに関わる資金、および共同機関の運営・評価に関わる資金。

　必要資金量は、ケースによって様々であるが、一般に、新規立ち上げの場合には、支援体制の構築、事前調査の為に、4万5千〜7万5千ユーロ、既存の「地域生産システム」では、平均して、1万5千〜3万ユーロ程度が初期に必要である。これら資金を地域の中小企業者のみで用意することは、実質的に不可能であり、計画が斬新であればあるほど、多くの資金が必要となることから、公的・あるいは民間のパートナーによる支援は不可欠である。地域や企業が「地域生産システム」の推進に際して利用可能な制度としては、以下が存在する。

・社会―経済的資金：企業、職種別組合、各種会議所の協力によるもの。
・公的資金：
　① 国土整備開発国家基金（FNADT）。
　② 国家―地域圏計画契約（CPER：Contrat de plan état-région）に基づいて地域圏に配分される資金。
　③ 「地域産業・研究・環境局（DRIRE：Directions régionales de l'industrie de la recherche et de l'environnement）」や「地方労働雇用・職業訓練局（DRTEFP：Directions régionales et départementales du travail, de l'emploi et de la formation professionnelle）」によって提供される産業部門別の集団的活動への助成金。
　④ 地方経済開発資金。
・欧州資金：
　① 地域開発欧州基金（FEDER：Fonds européen de dévelopment régionale）。

図表8-7 「地域生産システム」に対する「国土整備地方開発局（DATAR）」以外の資金提供主体 （2000年末の予算計画による。サンプル数＝40）

資金提供主体	関連する「地域生産システム」数
欧州	12
国（「国土整備地方開発局」（DATAR）以外）	14
地域圏	24
県	13
市町村および市町村連合	8
商工会議所・手工業会議所・農業会議所など	10
その他の公的機関など	4

出所：DATAR（2002），p. 42.

② 欧州社会基金（Fonds social européen）。

「国土整備地方開発局（DATAR）」が行った調査によれば、認定された「地域生産システム」において、立ち上げ1～2年後における公的資金の割合は6割程度であった。図表8-7からは、「国土整備地方開発局（DATAR）」による資金（国土整備開発国家基金（FNADT））以外にも、多様な公的資金が活用されたことが分かる[22]。

V．いくつかの事例

事例1：衣料品製造中小企業による自発的活動事例

リール（Lille）の北西にあるルーベ（Roubaix）には、一世紀以上前から衣料品の生産に特化した企業集積があった。しかしながら、1990年代には、販売不振から工場閉鎖が相次いだ。そこで、1991年に既製服の生産に従事する7社が、通信販売をはじめとして、外部市場開拓の為に共同することを決定し、第一段階として、一社単独では行えない、コンピュータなどの資材購入を始めた。

その後、この組織は40社ほどの中小企業を組織化するに至った。ここでは、原材料の購入、生産および試作品の組立、品質向上活動、従業員教育、戦略の

策定、各メディア媒体を通じたPRなどにおいて共同活動が行われた。この結果、参加企業の対外的評判は高まり、1995年～2001年における雇用成長率は100％となった。

事例2：地方行政機関の発案による事例

　オルヌ県（Orne）にあるタンシュブレー（Tinchebray）は、ガロ―ロマン時代に起源をもつ金物の産地として知られていた。近年、グローバル化の進展に伴う競争激化の中で産地は衰退をみたが、その後、域内の11社が共同関係を構築することにより、フランス国内のガーデニング用品市場では80％、建築用金物では25％の生産高を誇る集積として再生を果たした。

　当初、企業間のライバル意識は強く、協力関係は希薄であったが、地方議会が、域内企業に対して、エンジニア・専門家・経営資源の共同利用を働きかけた事によって活動が軌道に乗り出した。市町村間連合によって運営される12の公的施設、138の町村、11人の県議員（conseillers generaux）を巻き込んで作成された計画のもとでは、共通商標の使用や共通品質基準の作成、機械設備の共同購入、ISO9001取得のための共同活動、輸送費節約のための共同活動などが行われた。

事例3：地域開発機関の発案による事例

　機械設備、リフトといった機械金属の生産に特化してきたソンム県（Somme）アルベルト（Albert）の集積は、1990年代より、企業の資金不足やイノベーションの欠如といった問題を抱えていた。そこで、域内の15社は、「地域産業・研究・環境局（DRIRE）」や商工会議所の支援を得て、1993年に、「アルベルト油圧機器ポール（PHMA：Pôle hydraulique et mécanique d'Albert）」を設立した。

　その後、26社に拡大した参加企業は、半年ごとに外部関係者との情報交換会を開催するとともに、環境や生産、共同購買などのテーマにつき勉強会を開くに至った。共同活動の成果としては、共通ロゴマークの使用やISO14001獲得

に必要なエンジニアの共同雇用体制の確立、技能教育施設の設置などがある。

事例4：地域内での雇用・教育システムの構築事例
　ロワール県（Loire）に位置するロアンヌ（Roanne）には、フランスにおける繊維産業の雇用の5％が集中し、約5000人の労働者が従事している。ロアンヌの繊維業は、14世紀に絹織物で知られるリヨンの生産者が域外の生産能力を求めたことに端を発し、その後は特に、綿織物や絹織物のニット製品、プル・オーバーの生産に特化するようになった。
　域内企業は、生産・雇用面で柔軟性を確保しつつ、能力の高い人材を確保する必要に迫られたことから、共同利用可能な労働者グループを組織化し、職業教育を行うことにした。この雇用・教育モデルは、労使双方にメリットがあるとの評価を受け、近隣の繊維産業集積にも拡大した。

事例5：手工業者による共同事例
　工業化が遅れていたが、稀少な天然資源をもつ大西洋沿岸のアキテーヌ地域圏（Aquitaine）は、1960年代より欧州におけるサーフィンのメッカとして発展した。
　しかしながら、サーフィン、スノーボード、フリーライディング用衣料や用品で世界的に知られるクイックシルバー社（Quicksilver）やオクスボウ社（Oxbow）に代表される大規模企業グループは、自社製品の生産・販売を重視したため、地域企業との関係は希薄であった。このため、生産設備に乏しく、サーフボードの生産に特化せざるを得なかった数社の手工業者達は、手工業会議所の働きかけによって、共同市場調査および共同販売促進活動を目的とする組織を設立した。その後、メンバーの範囲は、サーフィン関連用品の生産者や販売者はもとより、バスク地方（Basque）の研修・保養施設の組合、シルク・スクリーン技術を有する下請企業にまで拡大し、共同購買・在庫管理、新しい生産システムの導入に際するノウハウと手段の共有を目指した活動が行われるようになった。

事例6：地方自治体と中小企業の共同事例

1970年代にガルダンヌ（Gardanne）の石炭業の衰退に対応すべく、フランス政府はブーシュ＝デュ＝ローヌ県（Bouches-du-Rhône）、エクス＝アン＝プロヴァンス（Aix-en-Provence）近郊のルセ（Rousset）への企業誘致を進めた。この政策によって、1980年代には、電子部品やマイクロ・エレクトロニクスの生産に特化した集積が形成された。

しかしながら、1990年の初頭に域内の2大企業が経営危機に陥ったため、1993年に、地方自治体と域内中小企業が中心となり、「シリコン／マイクロ・エレクトロニクス研究所（CREMSI：Centre régional d'etude de microélectronique sur silicium」を設立した。当該研究所の活動には、20数社の中小企業、4大企業グループ、大学、グランゼコール、研究機関が参加し、共同マーケティングに関する研究プログラムなどが進められた。その後、この活動は、地方自治体と企業経営者のパートナーシップの強化を目的とした機関の共同設立へと繋がり、結果として、ブーシュ＝デュ＝ローヌ県は、2001年末のマイクロ・エレクトロニクス生産においてフランス国内の10％を占めるに至った。

事例7：環境対策での共同事例

カンタル県（Cantal）のオーリヤック（Aurillac）では、主要産業である木材加工産業に域内労働者の約3分の1が従事していた。大多数の企業は、家具の生産に特化していたため、集積内では、個別企業の専門性が重視され、生産から販売に至るバリュー・チェーン全体からみた効率性は軽視されがちであった。

しかしながら、地域のPR、および木材リサイクルの促進を目的とする組合が働きかけたことによって、少数の企業が木材乾燥機の共同利用を開始した。木屑の回収やエネルギー源としての有効活用に対する地域企業や地方議員の関心は高く、たとえば、公的建造物に木材焼却ボイラーを設置する計画など、長期的・地域的な視野に立脚した共同活動が進められるようになった。これは、

参加企業に、在庫、木屑の輸送、廃棄に関わる費用の節約、最終廃棄物に関する法律への対応力強化というメリットをもたらした[23]。

VI. 政策推進における諸議論

以上、「国土整備地方開発局（DATAR）」が中心となって進められた「地域生産システム」の振興政策の内容を考察した。最後に、「地域生産システム」の振興における課題として、当時、政策サイドや研究者によって指摘された事柄のうち、特に重要と思われる部分を抽出しておく。これらは政策・制度的課題と社会・文化的課題に大別される。

政策・制度的課題としては、第一に、資金調達上の問題があげられる。既に述べたように、「地域生産システム」の立ち上げ・運営には様々な局面において相応の資金が必要となる。しかしながら、フランス政府や銀行は、まだこうした共同活動に対応する経験が浅い。

企業による一つの対応策は「地域生産システム」の中核となる組織の法人化であるが、一般に、銀行を中心とするフランスの金融機関は、融資実績の履歴や大半の株主による保証を求めるため、資金調達上の安定性を確保するのは困難である。それゆえ、連携活動の推進にマッチした特殊な融資形態や、集団保障の方法の開発が不可欠である。

第二に、「地域生産システム」間における相互依存性の問題である。たとえば、ブルターニュ地域圏（Bretagne）では、包装材料に関連する部門が、衣料生産の集積に地理的に接近するという傾向が見られる。これは、分野によっては、「地域生産システム」が単独では成長できない事を示している。政策的には、こうした産業連関を考慮することも視野に入れなければならない。

第三に、地域の自発性と自立性をいかに確保するかという問題である。フランスには一つの矛盾が存在する。総じて地方分権の必要性が強調される傾向にある一方で、各地方は、国による何らかの認定や認証（labellisation）を求めている。地方が、一般に制約が多いとされる「国土整備開発国家基金（FNADT）」を利用する「地域生産システム」の認定を目指し、むしろ地方分権を図る上で

用意された比較的制約が穏やかな公的財源を利用する傾向が弱いという状況は、地方による国への依存体質が根強いことを物語っている。

むろん、地域間の競争がグローバルに展開される中で、国による認定や認証が、外部の投資家、資本、労働者などを惹きつけるための手段としての効力をもつことは無視できないが、「国土整備地方開発局（DATAR）」が指摘するように、国として「地域生産システム」を支援する理由は、公的機関の活動領域を増やし、こうした活動を、過度の野心や、現実離れした法律やデクレに閉じ込めることであってはならない。政策的見地から、地域主義に基づいた地方の自主性をいかに引き出すかは、フランスにおいて大きな課題である。

次に、「地域生産システム」の振興にあたって議論された社会・文化的課題は以下のようにまとめられる。

第一に、大資本グループによる「地域生産システム」や域内企業群の買収といった状況で現れる大資本と小資本間における新たな支配－従属関係の問題、あるいは、これと関係する「地域生産システム」の自律性の喪失といった問題にいかに対処するか、という課題である。

本来、大資本の参入は、地域に新たな資金を与えるものであるから、域内企業全体の発展に貢献すると考えられる。しかしながら、大資本グループは、特に、それが海外資本や巨大国有企業である場合において、他のフランス国内あるいは欧州市場への進出の足掛かりとして「地域生産システム」を利用することが多い。大資本の戦略下で行われる様々な再編活動は、生活者の心情や地域性とは距離を置く、資本の論理に支えられたものである。このため、大資本グループの進出によって、既存の地域内のバリュー・チェーンや中小企業の共同関係が崩壊し、「地域生産システム」内部の自律的コントロール性と一貫性、あるいは地域中小企業の経営的独立性が奪われる危険性がある。

第二に、第一の事項と関連して、かつての職人同業者組合（compagnonnage）に代表されるような地域的相互扶助や地域慣習を基盤とする、単なる取引関係を超えた、地域コミュニティーとしての一体感や地域への愛着が奪われる危険性がある。

一般に、生産システムのあり方は、収益性や効率性を基準とする経済合理性、あるいは競争原理に規定されるものであるが、こうした考えに偏向するならば、地域への貢献や連帯といった要素は二義的な地位に追いやられる。「地域生産システム」のあるべき姿は、経済的合理性と社会的合理性の双方を考慮したものでなければならない[24]。

Ⅶ．結

　本章では、「地域生産システム」の振興政策をフランス産業クラスター政策の源流として位置付け、その内容を考察・分析してきた。以下では、ここで確認された諸点をまとめておきたい。

　「地域生産システム」の振興政策は、1990年代後半のグローバル化の進展、長期にわたる雇用・失業問題、地方分権の推進にともなう地域中小企業の経営基盤強化の必要性の高まり、という環境下で展開されたものであった。これに加えて、隣接するイタリアの中小企業や地域コミュニティーを基盤とする中小企業のネットワークが、産業クラスター理論とともに諸外国で注目されたことが、地域の経営資源や文化的・社会的資源に支えられたフランス中小企業の連携関係と潜在能力を再評価するきっかけをつくった。「地域生産システム」の特徴は、以下のようにまとめられる。

　第一に、その運営・推進主体の多様性である。「地域生産システム」には、地域中小企業のみならず、多くの場合において、商工会議所、手工業会議所、地方議会、その他のサービス諸機関が、地域の活性化という共通目的のもとに動員されている。こうした多様な運営・推進主体の参加と、それらの相互連携という態様は、「地域生産システム」の産業クラスターとしての資質を窺わせるものである。ただし、地域の企業以外の関連組織・機関の多くは、公的部門である。

　第二に、「地域生産システム」自体の多様性である。「地域生産システム」の類型は既に示した通りであるが、それは、伝統的分野から先端技術分野にまで及ぶとともに、雇用や従業員教育、販売、製品開発といった具体的な経営課題

のもとに編成されるものも少なくない。これは、「地域生産システム」が、その後、既存の産業部門の枠を超えた活動へと発展する可能性を有していたことを意味する。

次に、「地域生産システム」を取巻く一連の議論の考察を通じて、我々が確認できるのは、以下の諸点である。第一に、「地域生産システム」は、地方分権推進上の有効な手段としての意味を与えられているとともに、それは、「国土整備地方開発局（DATAR）」が取り上げた諸事例からも明らかなように、域内の中小企業を中心とする協力関係そのものであると捉えられている。本来、理論的に、産業クラスターは、域内における主体間の競争と協調という要素を併せ持ち、この両要素の相互作用の内にこそ、イノベーションが生まれる要因があると考えられるが、フランスの場合は、域内の競争的側面は捨象され、むしろ協調的側面、あるいは共同の側面が強調されている。これは、近年において要請される生産の全体最適（サプライ・チェーン）や柔軟な企業間関係の構築においてフランス産業が脆弱性を有することのコインの裏側であると思われる。

第二に、「地域生産システム」は、単なる経済的状況に対応する為の手段としてだけでなく、地域文化や社会の担い手としての中小企業の地位を向上させる為の手段としての意味を与えられている。こうした社会性という観点からの中小企業の評価は、過去のEU中小企業政策においても重視されてきた要素である。「地域生産システム」の再評価と振興は、経済的合理性か社会的合理性か、あるいは産業の論理か生活の論理か、という戦後のフランス社会が取組んできた繊細、かつ重要な問題を含んでいた。

第三に、「地域生産システム」の振興政策の展開は、フランスが築き上げてきた国家と地方の関係、あるいは社会体制が転換期にあることを象徴している。

既に明らかなように、「地域生産システム」の振興政策は、地域の多様な主体による自発的、あるいは内発的な活動を政策的に支援することを目的としたものであった。しかしながら、中央集権的な政治・経済体制という過去をもつ

フランスにおいて、地方による国への依存体質を払拭し、地域経済や社会の担い手による内発的な地域振興活動や、自発的な企業の革新的活動を促すことは容易ではなかったといえる。いわば、われわれは、政策的に「トップ・ダウン」と「ボトム・アップ」の方針の狭間で、微妙な舵取りが要求されている状況をそこに確認することができるのである。

以上、1990年代後半におけるフランス中小企業を取巻く環境や、「地域生産システム」の振興政策の特性、およびそれがフランス経済・社会に与えたインパクトが明らかとなった。「地域生産システム」の振興政策を通じて顕在化した様々な課題や問題が、その後の政策にいかに引き継がれ、あるいは捨象されていったのかは、次の第9章、第10章の考察において明らかとなろう。

注

1) わが国の経済産業省は、2001年度〜2005年度までを、第Ⅰ期「産業クラスター計画」の実施期間とし、19（2008年8月現在は18）の計画を推進した。ここでは、「産業クラスター」が、新しい技術やサービスを生み出すイノベーションの場として位置付けられ、経営者や技術者、研究者、資金提供者といった多様なメンバーからなるネットワークの構築が目指された。2006年度〜10年度までは、既存プロジェクトの再編統合・見直しを含めた「産業クラスター」第Ⅱ期中期計画期間であり、産官学のネットワーク強化と新事業、新産業創出の為の環境整備が進められている。

他方、文部科学省では、2002年度から「知的クラスター創成事業」を開始し、これも2008年8月時点では第Ⅱ期目に入っている。「知的クラスター」とは、「地域のイニシアティブの下で、地域において独自の研究開発テーマとポテンシャルを有する公的研究機関等を核とし、地域内外から企業等も参画して構成される技術革新システム」であり、「核をなす公的機関等の有する独創的な技術シーズと実用化ニーズが相互に刺激しつつ連鎖的に技術革新と、それに伴う新産業創出が起こるシステム」の形成が政策目標とされている。なお、両省の政策については、以下を参照した。

経済産業省産業クラスター計画：
http://www.cluster.gr.jp/ （2008/11/13）
文部科学省知的クラスター創成事業：
http://www.mext.go.jp/a-menu/kagaku/chiiki/cluster/index.htm （2008/11/13）

なお,「クラスター (cluster)」は,本来ブドウの「房」を意味する。これと区別するために,以下では,「産業クラスター (industrial cluster)」という用語を用いる。ただし,近年の文献では,ここで扱う「産業クラスター」を,単に「クラスター」と表記している場合も少なくない。

2) European Communities(2003).
3) Porter, M.E.(1998), pp. 197-198 (訳67頁).
4) Porter, M.E.(1998), p. 213 (訳86頁).
5) Weber, A.(1922) を参照。
6) Marshall, A.(1920), pp. 221-227 (訳193-204頁) を参照。
7) Krugman, P.(1991), pp. 36-54 (訳49-68頁) を参照。
8) Piore, M. and Sabel, C.(1984), pp. 16-17, pp. 268-272 (訳23頁、343-347頁) を参照。なお,産業集積の研究経緯については,橘川武郎(1998)、301-316頁で簡潔にまとめられている。
9) 産業クラスターに関わる諸学問領域については,金井一頼(2003)、43-73頁が詳しい。
10) これらについては,たとえば,岡本義行(1994)、小川秀樹(1998)、Saxenian, A.(1994)などを参照されたい。
11) DATAR(2001), p. 44.
12) DATAR(2002), p. 5.
13) DATAR(2002), p. 6.
14) DATAR,(2001), pp. 44-45.
15) Nicolas, J. et Daniel, D.(2005), p. 57.
16) DATAR,(2002), p. 8.
17) DATAR,(2002), pp. 8-10, Nicolas, J. et Daniel, D.(2005), pp.57-60.
18) DATAR,(2002), pp. 13-17.
19) DATAR,(2002), p. 30.
20) DATAR,(2002), pp. 31-36.
21) DATAR,(2002), pp. 18-23.
22) DATAR,(2002), pp. 40-42.
23) 以上の各事例については,DATAR(2002), pp. 52-60を参照。
24) こうした議論の内容については,DATAR(2001), pp. 157-172, DATAR(2002), pp. 44-50などを参照。

第9章　産業クラスター政策

I．序

　フランスでは1990年代後半より地域の競争力の強化と地方分権の促進、雇用環境の改善を主たる目的として、地理的に隣接する同一産業の活動に従事する中小企業と地域開発主体の連携活動を支援する「地域生産システム」の振興政策が進められた。

　すでに第8章でみたように、当該政策は、フランスにおける産業クラスター政策の源流としての内容を有していたが、のちにみるように、グローバル化の一層の進展と、雇用・失業問題の長期化、EUの発展戦略などの影響によって、その後は国際競争力の強化という目標に向けて、より大規模に多様な関連主体を動員する産業政策の必要性が議論されるようになった。

　そこで本章では、「地域生産システム」の振興政策における理念を引継ぎながら、その後のフランスにおいて大規模に進められた産業クラスター政策、すなわち「競争力の集積地（pôle de compétitivité）」[1]と呼ばれる集積の振興政策を考察する。

　次節以降では、政策展開の契機となったフランス経済・社会の状況を整理した上で、具体的な政策立案に影響を与えた報告書の内容や特徴を考慮しながら、時系列的に「競争力の集積地」の振興政策の策定過程を考察する。以上の作業を通じて「競争力の集積地」の特徴が浮き彫りになるとともに、そこから、近年のフランス産業政策の方向性と課題が確認されよう。

II. 政策展開の背景

「競争力の集積地」の定義は次に示す通りである。「革新的性質を有する共通目的のもとに、シナジーをもとめる企業・教育機関・公的・私的研究機関が、地理的空間において、パートナーシップにより結合したもの。当該パートナーシップは重要となるべき市場、技術、科学の領域において組織化され、それは競争力強化ならびに国際的優位性の発揮に寄与する[2]」。

「競争力の集積地」の振興政策が進められた背景としては、次の諸点が上げられる。第一に、グローバル化が一層の進展をみせるのに伴い、国際競争力の強化という政策課題が危急なものとなり、先の「地域生産システム」において中心的政策対象とされた中小企業のみならず、より多様な関連主体を積極的に動員する必要性が高まったことである。すなわち、大企業や公的研究・教育機関の役割をも一層積極的に評価し、政策支援対象とする活動もローカル・レベルのものから地域圏レベル、あるいは地域圏連携、国際連携を視野に入れたものへと拡大する必要性が生じた。

第二に、EUの発展計画における、いわゆるリスボン戦略 (Lisbon strategy)[3] において知識経済下におけるイノベーションの重要性が指摘され、産業集積や産業クラスターの振興を、国家のイノベーション政策の中に位置付ける必要性が高まったことである。その際、特にハイテク部門におけるフランスの国際競争力の低さが問題とされたため、限られた地域内における中小製造業の集積・連携活動を引き続き支援しながらも、民間大企業における大規模な研究開発計画を積極的に評価・支援する新たな政策枠組が必要となった。

第三に、「地域生産システム」の振興をはじめとする産業政策にも関わらず、依然として長期にわたる雇用・失業問題が解決されなかったことである。図表9-1は、1990年代〜2000年代初頭にかけての雇用数の年次別変化であるが、特に2000年前後を境として、工業部門のみならず、国内雇用全体が縮小傾向を強めている事が確認される。また、EU加盟15カ国における雇用の増加率をみても、伸張が目覚しいスペイン、アイルランド、ポルトガル、フィンランド等

図表 9-1　雇用数の推移

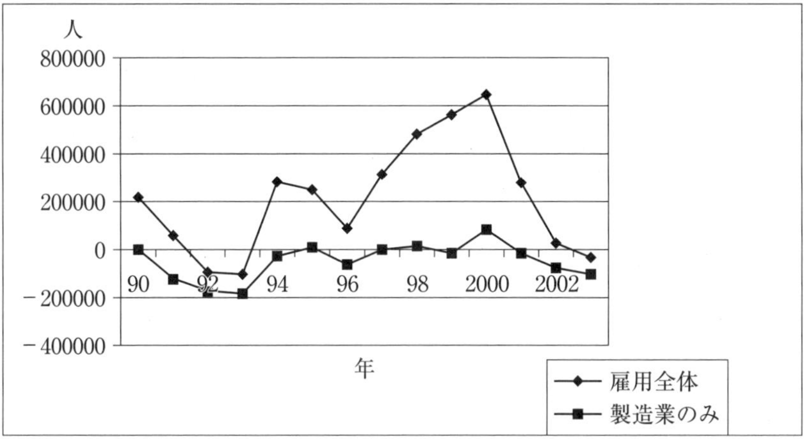

出所：DATAR(2004), p. 19.

の状況とは対照的にフランスの低迷が際立つという状況がみられた。EU加盟国の拡大にともなう海外の低廉な労働力の影響や移民問題の深刻化は、フランスにおける雇用の維持・拡大の必要性を一層高めたといえる。

第四に、脱工業化社会への移行、知識連鎖に基づくイノベーションの必要性の高まりとともに、産業界のみならず、大学間や研究機関間、省官庁間の垣根を越えた連携活動の重要性が認識されるようになったことがあげられる。政策サイドは、大学や研究機関の役割を再評価し、従来の省官庁を横断する産業支援体制を整え始めた。

Ⅲ．政策の策定過程と議論

1．政策準備過程

「競争力の集積地」の振興政策の契機となったのは、産業界の代表、研究者、官僚などから構成される「国土整備地方開発局（DATAR）」の戦略委員会の提案に基づいて2002年12月に開かれた「国土整備関係省連絡会議（CIADT）」であった。

ここでは「競争力の集積地」が、企業間のパートナーシップ（partenariat）

を主軸とし、フランスの国際的地位の維持・向上に貢献するものであること、および、それが企業環境の改善を促し、イノベーション発生の場を提供することによって、地方分権の推進に不可欠な地域の競争力強化を可能にすることなどが確認された。さらに、その振興にあたっては、域内の私的・公的パートナーがその方向性や内容を審議し、長期的かつ戦略的な視点を共有する必要があること、国の支援体制と地域の発展計画とが矛盾しないよう配慮すべきこと、民間および外資による投資を促進する必要があることなどが確認された。

その後、2004年には、2003年のワーキング・グループの議論が「国土整備地方開発局（DATAR）」によって「工業大国フランス—地域主導による新しい産業政策（*La France, puissance industrielle : une nouvelle politique industrielle par les territoires*）」としてまとめられた[4]。

さらに、当該報告書と平行して、クリスチャン・ブラン（Blanc, C.）を代表者とする特別委員会による報告書、「発展する生態系の形成に向けて（*Pour un écosystème de la croissance*）」がラファラン首相へ提出され、具体的な政策提案がなされた。次に、これら「競争力の集積地」の振興政策の立案に直接的影響を与えた報告書の内容を検討したい。

2．「工業大国フランス—地域主導による新しい産業政策」の内容

当該報告書は、「競争力の集積地」を「地域生産システム」の延長線上に捉えること、したがって中小企業を中心とする地域産業の活性化を機軸としたボトムアップ的な政策提案を盛り込んでいることを特徴としている。具体的には、フランス経済の現状分析、特に近年における雇用状況の分析を行うとともに、地方分権や国土開発における課題を示している。

1990年代後半より「国土整備地方開発局（DATAR）」が中心となって振興してきた「地域生産システム」については、それが一定の雇用創出効果をもたらすとの評価を与えながらも、工業部門の発展のためには、「地域生産システム」に関わる関連主体間の協働的側面、すなわち「パートナーシップ」の一層の強化が必要であること、企業活動を支援するサービスの一貫性を確保する必要が

あること、ならびに、発展初期段階にある集積には、指導者やリーダーの存在が不可欠なこと、などが指摘されている[5]。

「国土整備地方開発局（DATAR）」は、こうした「地域生産システム」の実状と課題を踏まえた上で、「競争力の集積地」の振興政策を、地方分権の推進と地域の競争力の強化に向けた第二段階の政策として位置付け、具体的に以下8つの指針を示した。

① 「競争力の集積地」の認定と評価方法について

「競争力の集積地」の認定にあたっては、専門性や、特定の活動領域への集中度、知的資源の内容といった指標が重要である。これらの指標は、統計的データのみならず、行政機関、地域圏、地域開発主体、大学、研究機関など、公的機関、半公的機関の質的側面に照らし合せて評価されなければならない。したがって、具体的な方法としては、第一段階として、企業の指導者や、産業界と研究部門の仲介者、教育・研究機関、地域開発に関わる諸機関が協力して自発的に発展計画を立案し、それを国が事後的に認定するという形態、すなわち、計画の公募（l'appels à projet）という形態をとることが望ましい。国レベルの認定にあたっては、当該製品分野の競争力や協働体制、地域との関わり、計画推進主体の専門性などを重視すべきであるが、同時に、当該発展計画が国内志向的であるか国際志向的であるかを区別することも必要である。

② 水平的な共同関係と地域資源の相互利用の促進

個別企業レベルでは伝統的に共同活動が競争原理に反するものと考えられてきた。しかしながら、競争力の高い製品や価格の実現には多様な主体によって構成される密度の濃い共同関係が不可欠である。すなわち、企業間の共同や機能的補完性は、生産コストの削減や生産性の向上、イノベーション活動の促進に寄与し、ひいては企業の競争力の向上に直接的な影響を与える。このため、政策的には、企業間ネットワークの形成を促す諸手段の提供を優先しなければならない。具体的には、共同購買活動、共同市場調査や販売活動といった商業

的側面での連携活動支援や、地域に配置される共同サービスセンターの有効活用、機械設備や実験施設に対する共同出資活動への支援強化などが考えられる。

③　人的資源の動員と能力開発

「競争力の集積地」の発展の鍵を握るのは、それに参加する経済主体間の団結力と、それらが当該地域の産業を守ろうとする意志の強さである。しかしながら、地域の発展に関わる主体、特に中小企業がいかに強固に連携しようとも、そこに雇用戦略の統一を図ることは困難である。したがって、政策的には、新規雇用や労働者の教育、管理的側面において、何らかの抜本的な解決方法を用意する必要がある。

たとえば、地域の発展に伴う労働者の増員の要請に応える為には、職業安定所（ANPE：Agence nationale pour l'emploi）や職業訓練所（direction du travail）、職業訓練協会（AFPA：Association nationale pour la formation professionnelle des adultes）といった国が用意する雇用サービス機関が、当該地域の企業および発展計画の推進主体と連携する必要がある。特に、今後成長が期待される環境関連や先端技術の領域における専門的人材の確保に際しては、雇用者団体や経済利益団体（GIE：Groupement d'intérêt économique）の協力による職業訓練や採用活動体制の確立が不可欠である。

④　産学の連携強化

今日の技術変化の激しい状況下においては、企業や技術移転機関、研究機関、教育機関、学生、大企業からなる相互連携体制の確立が必要となる。フランスの中小企業は、ドイツや北米のそれと比べて零細性を特徴とする。したがって、フランスにおいては、これら企業の連携体制の確立が一層重要である。支援にあたっては、従来のイノベーション政策の大幅な見直しや、大学や公的研究機関の変革が求められる。

⑤ 企業への資金的支援の拡充

フランスでは、企業の新規設立に関する環境、および、中小企業の成長を促すための金融支援体制が十全に整備されているとは言えない。雇用の拡大を目指すという観点からも、特に、科学技術を主軸とする「競争力の集積地」には、サイエンスポールの建設、インキュベータの設置、スピン・オフ（essaimage）の促進施策、ビジネス・エンジェルの確保、スタート・アップ企業向け融資（fonds d'amorçage）の拡充などが必要である。

⑥ 輸送・情報通信環境の整備

2003年12月3日の「国土整備関係省連絡会議（CIADT）」では経済発展における輸送環境の重要性が確認された。地域の魅力を高め、雇用の減少に対処するには、道路輸送のみならず鉄道、航空、あるいは複合輸送手段によるアクセス環境の整備が必要である。また、イタリアが国内の産業集積地とバルカン半島諸国を結ぶ情報ネットワークの構築を進めているように、情報技術の進展の中で、「競争力の集積地」には、高速・超高速の情報通信網の整備が求められる。

⑦ 欧州レベルのネットワークの形成

近年みられるEUの発展戦略や社会構造基金（fonds structurel）は、研究開発やイノベーション、産業クラスターの形成を主軸とした産業振興を優先している。このため「競争力の集積地」の振興政策においては、欧州レベルの連携も視野に入れる必要がある。フランスは、ドイツ、オーストリアと産業レベルのネットワーク形成を目指しているが、これは欧州レベルの連携の先駆として期待される。また、特にバイオ・テクノロジーの領域では既に欧州内の国々との連携が進められている。このように「競争力の集積地」の戦略目標とEUの戦略目標の整合性を図り、欧州経済の競争力強化に寄与しなければならない。

⑧ 「パートナーシップ」に基づく計画の遂行

「競争力の集積地」の発展の鍵を握るのは、企業と公的研究機関間のインターフェイス、企業間のインターフェイス、地域間のインターフェイスである。このうち、地域間競争が国際レベルで進展している状況下にあっては、特に地域同士の結びつきが重要となる。

しかしながら、地域圏自らが発展計画を作成し、その内容の実現と可否について国と交渉する、現行の「国家—地域圏計画契約[6]」のもとでは、特に、研究開発の側面において、地域圏同士が共通利用可能な政策ツールが分散してしまっている恐れがある。したがって、当該契約における国と地域圏の交渉は、国内や欧州における競争的地位を考慮した上で、戦略的に行われなくてはならない[7]。

3. 「発展する生態系の形成に向けて」の内容

上記の報告書と平行して、エール・フランス社（Air France）社長の経歴を持ち、イブリーヌ県の下院議員であったクリスチャン・ブランが中心となり作成された「発展する生態系の形成に向けて」と題する報告書が、ラファラン首相へ提出された。

当該報告書の内容は、特に知識経済下におけるイノベーションを重視するEUのリスボン戦略を意識したものであり、国家と地方の関係や研究開発における現状、大学・研究機関の状況を踏まえた上で、知識経済下におけるフランスの競争力を高めるための政策指針として以下の3点を指摘している。

第一に、知識経済下における経済成長には、企業・教育機関・研究機関の共同によるシナジーの発揮と地域の関連主体の積極的関与が不可欠である。このため関連各省庁は、国としての政策の首尾一貫性を確保するというよりは、むしろ地域の自主性を重んじるという観点から、活動の調整役に徹しなければならない。

第二に、国際的に評価されるとともに、地域に密着した大学の構築なくしては「競争力の集積地」の核となるべき空間は生まれない。このため、大学や研

究機関が、産業界と密接な関係を保持しているアメリカなどの例を範として、高等教育機関、研究機関の役割や、その評価方法、財務的支援のあり方を検討する必要がある。

第三に、現行の「地域生産システム」におけるイノベーションの誘発を目的としたネットワークの深化と拡大が必要である。その際、特に中小企業と公的研究機関の連携が重要となるが、「競争力の集積地」の推進主体は、企業者であるとの認識に立ち、国は過大な介入を避けなければならない[8]。

Ⅳ. 政 策 枠 組

1.「国土整備関係省連絡会議（CIADT）」の政策枠組と計画の公募

以上、2つの報告書による政策提言を受けて、2004年9月の「国土整備関係省連絡会議（CIADT）」は、「競争力の集積地」の振興にあたって、以下の政策枠組を示した。

企業・研究機関・教育機関、財政支援機関などから構成されるパートナーシップの実現の基礎となるのは、地域自らが作成した発展計画であり、この意味において、国は当該政策の一推進主体に過ぎない。このため、「競争力の集積地」の認定に際しては、地域の主体性を重視するという観点から、計画の公募という形態を採用する。

「国土整備関係省連絡会議（CIADT）」は2004年秋に、発展計画募集要領（cahier de charge）に沿って作成された諸計画の選定を行い、2005年の4月に、一次選考の結果を公表する。各計画の評価作業は、「国土整備関係省連絡会議（CIADT）」、「国土整備地方開発局（DATAR）」および企業政策担当省が関わる各省間連絡会議の協力のもとに編成された、専門家グループがおこなう。

予算は、2005年度～2007年度にかけて7.5億ユーロとする。このうち、約半分（3.7億ユーロ）は、国の一般会計からの拠出であり、残りは、預金供託公庫（CDC：caisse des dépôts et consignations）、研究開発公社（ANVAR）、中小企業開発銀行（BDPME：Banque de développement des petite et moyennes entreprises）およびその子会社である中小企業融資保証会社（SOFARIS：

Société française pour l'assurance du capital-risque des petites et moyennes entreprises)[9]が分担する。資金的支援形態としては、公的資金、税金の免除および社会保障費の軽減、その他、特別な財政支援および保障を用意し、要請に応じて、欧州基金も利用可能とする[10]。

　以上の政策枠組に従い計画の公募が開始された。発展計画募集要領で求められたのは、価値創造やイノベーションの苗床となる場の形成を目的とした複数以上の関連主体が参加する地域の発展計画であり、その評価と認定にあたっては「国土整備関係省連絡会議（CIADT）」が最終責任主体となることが示された。具体的に要求された項目は、当該計画の推進方法（関連主体の連携の具体的形式、主要推進団体、リーダーなど）、当該計画と地域圏やEU発展計画との関連性、戦略の内容、対象となる地理的範囲、参加する企業名や研究・教育機関名、客観的データなどである。

　発展計画の作成あたっては、商工会議所や地域開発局、業界団体、地方議員、企業経営者からなる経済発展委員会といった地域圏や国レベルで用意されるサービスや助言を利用することが推奨され、計画の評価は、三段階、すなわち、当該計画内容に関わる各省庁のサービス機関や研究・高等教育の責任主体によって編成された専門家グループによる評価、工業や金融といった産業界や研究・高等教育機関の独立した専門家による評価、地域圏の知事の権限下で行われる評価によって行われることが示された[11]。

2．ベファ・レポートの影響

　以上の過程を経て開始された「競争力の集積地」の公募が締め切られるまでに、素材産業分野で世界的に知られるサン・ゴバン社（Saint-gobain）の会長兼社長であったジャン・ルイ・ベファ（Beffa, J. L.）を中心とする特別委員会が、政府の諮問に応えて、新しい産業政策の提案をおこなった。この提案は、フランスの産業政策一般に向けられたものであったが、結果的には、のちに見る「競争力の集積地」の選考過程に大きな影響を与えた。

　「フランスの新たな産業政策に向けて（通称ベファ・レポート）」と題された

当該報告書は、雇用面におけるフランス工業部門の重要性と経済波及効果を認めながらも、特にハイテク部門や大規模研究開発計画を支援する国家体制の脆弱性を指摘し、政府諸機関から民間企業への巨額の資金提供を可能としているアメリカのケースや、国が民間企業の研究開発には直接的に関与しないものの、産業間の調整や将来予測を行うことにより民間企業のイノベーション努力を一定の方向へ導いている日本のケースを参考にすべきモデルとして評価するものであった。

当該報告書によれば、国際競争力の強化に向けて、今後フランスが政策的に支援すべき戦略的分野は、エネルギー、交通、環境、健康、情報・コミュニケーションといった新産業・ハイテク部門であり、これら領域の大規模な研究開発を支援するためには、新たに各省庁横断的な組織の編成が必要である[12]。

既存産業や中小企業の活性化を産業政策の中心に捉える先の「国土整備地方開発局（DATAR）」の報告書とは異なり、当該報告書は、その作成に関わったメンバーの多くが大企業の役員であっため、大企業の役割を大きく評価し、特にハイテク部門を中心とする新産業の振興に力点を置くものであった。さらに、民間企業が国際競争力の強化に果たす役割を積極的に評価しつつも、基本的にトップダウン的な政策スタンスを貫いている点が特徴であった。

V．計画の評価、認定、支援体制の整備

「競争力の集積地」の公募は、わずか3ヵ月後の2005年2月28日に締め切られ、最終的に105件の計画が寄せられた。これら計画の評価は、二段階で行われた。第一段階として、地域経済の現状と、提出された計画の関連性やシナジーなどを考慮するために、関連する地域圏庁（prefecture de région）が、当該計画に対する意見書の作成を求められた。第二段階の評価は、2005年3～4月にかけて各省庁から集められた140人程度から成る専門家集団によってなされた。その際に基準とされたのは、以下の7項目である。

①対象とする市場の成長可能性と、当該領域におけるフランスの競争力。

②対象とする技術の重要性、すなわち、それが市場での競争優位性をもたらす可能性や技術的連関。
③活動計画の内容。
④戦略と組織体制の適合性。
⑤構築を目指す「パートナーシップ」の範囲と内容。
⑥統治構造の内容。
⑦研究開発計画の実現可能性と活動計画との整合性。

　以上の項目に従った分析結果が集計・統合された結果、105件の計画は、a.「競争力の集積地」として認定されるべき計画、b. 近い将来のうちに「競争力の集積地」として認定されるべき計画、c. 優れた計画、d. その他の計画、として分類された。
　こののち、フランス政府は、2005年7月12日に67件の計画を「競争力の集積地」として認定し、大規模な支援を行うとの見解を示した。67件の内訳は、「世界的集積地（pôles de compétitivité mondiaux）」が6件、「世界的集積候補地（pôles de compétitivité à vocation mondial）」が9件、「国内型集積地（pôles de compétitivité national）」が52件であったが、これらの総数が、当初の予定を大きく上回ったこともあり、予算は3年間で15億ユーロ（各省庁からの予算4億ユーロ、預金供託金庫の8億ユーロ、税制優遇と社会保険料の減免措置による3億ユーロ）と、当初予定の倍に変更された。また、2004年9月〜2005年7月にかけて以下の支援体制が整えられた[13]。

国立研究庁（ANR：Agence nationale de la recherche）…基礎研究・応用研究の支援機関。官民のパートナーシップやネットワーク形成を支援するとともに、公的機関による研究成果の民間移転の促進を目的とする。資金調達機関としての役割も果たし、申請された研究プロジェクトの選定と資金の提供をおこなう。
OSEO…1979年に設立され、それまで従業員2000人未満の革新的な活動に対

して無償貸付や助成を行ってきた研究開発公社（ANVAR）と、1997年に設置され中小企業向けの低利融資・保証を行ってきた中小企業開発銀行（BDPME）を統合した政府機関。中小企業の国際化や技術革新を重点的に支援。

産業イノベーション庁（AII：Agence d'innovation industrielle）…医療や情報技術、燃料電池の開発など、中長期かつ大規模な研究開発への支援、主として多国籍大企業が提案する欧州内での国境を超えた研究プロジェクトへの融資をおこなう[14]。

革新的新興企業（JEI：Jeune enterprise innovante）…中小企業の技術革新を奨励する新しい法人格。設立8年未満で、総経費の15％以上を研究開発投資にあてる中小企業を対象として、利益課税地方税、社会保障納付金などの免除を認める。

図表9-2は、フランス政府により認定された「競争力の集積地」の地理的分布を示している。認定数を地域圏別に見ると、ローヌ＝アルプ（Rhône-Alpes）の16件を筆頭に、プロヴァンス＝アルプ＝コートダジュール（Provence-Alpes-Côte d'Azur）の8件、イル＝ド＝フランス（Île-de-France）、およびラングドック＝ルシオン（Languedoc-Roussillon）の7件と続いている。

さらに、図表9-3は「競争力の集積地」の拠点および中核的活動をまとめたものである。ここに示されるように「世界的集積地」は、先のベファ・レポートにより戦略的分野として示された、バイオ・テクノロジー／医療、IT／画像／情報通信、バイオアグリ、化学、など中長期的に成長が見込まれるハイテク分野に集中している。他方、特に地域経済への寄与が期待される「国内型集積地」には、地域圏を越えて存在するものも多く、その活動は農産物や食品加工、機械や繊維といった地域性を基盤とした在来・伝統産業、あるいはレジャーやソフトウェアなど多岐の分野に及んでいる。

また、輸送や環境、セキュリティー対策、広義の都市環境整備など、当該地域が取組むべき問題解決を目的とする、「ソリューション型」ともいうべき計

図表9-2 認定された「競争力の集積地」の地理的分布

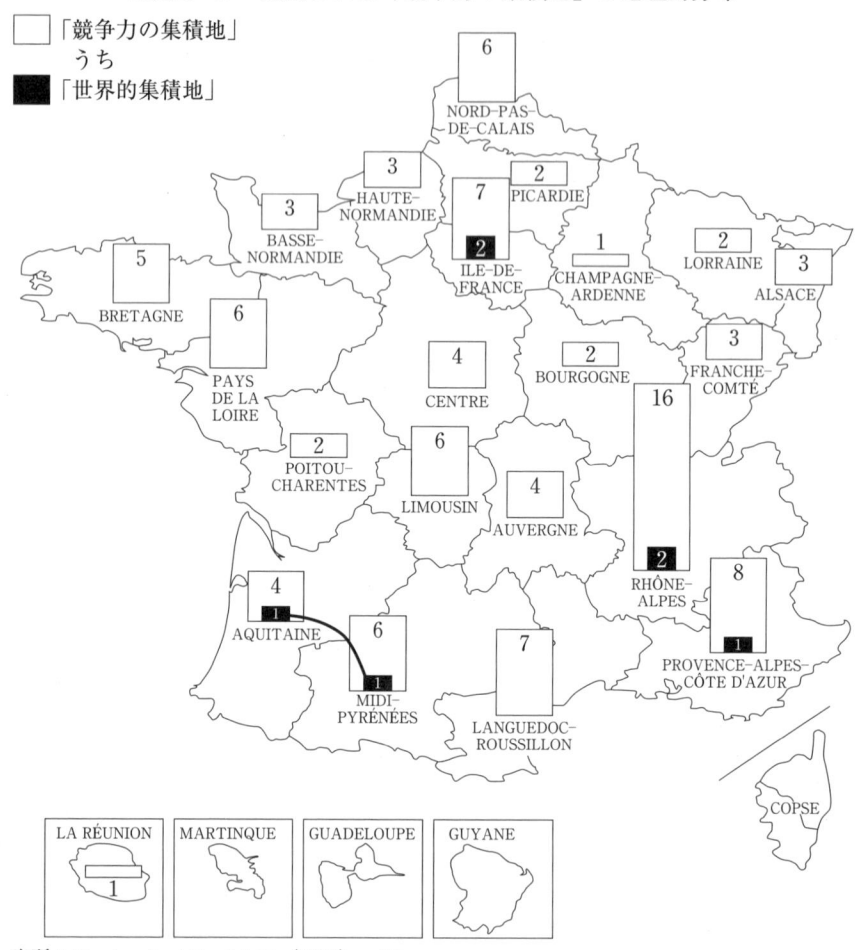

□「競争力の集積地」
　うち
■「世界的集積地」

地域	数
NORD-PAS-DE-CALAIS	6
HAUTE-NORMANDIE	3
PICARDIE	2
ILE-DE-FRANCE	7 (■2)
CHAMPAGNE-ARDENNE	1
LORRAINE	2
ALSACE	3
BASSE-NORMANDIE	3
BRETAGNE	5
PAYS DE LA LOIRE	6
CENTRE	4
BOURGOGNE	2
FRANCHE-COMTÉ	3
POITOU-CHARENTES	2
LIMOUSIN	6
AUVERGNE	4
RHÔNE-ALPES	16 (■2)
AQUITAINE	4 (■1)
MIDI-PYRÉNÉES	6 (■1)
LANGUEDOC-ROUSSILLON	7
PROVENCE-ALPES-CÔTE D'AZUR	8 (■1)
CORSE	COPSE
LA RÉUNION	1
MARTINQUE	—
GUADELOUPE	—
GUYANE	—

出所：Nicolas, J. et Daniel, D. (2005), p. 79.
※　2005年7月12日決定の状況。複数の地域圏にその活動領域が及ぶものについては、それぞれの地域圏においてカウントされているため、総数は67件以上となっている。

画も認定されている。これらは当該地域がフランス国内外に先駆けて解決を迫られている社会的問題（多くは個別企業レベルや特定の研究分野のみでは解決不可能な問題）の解決を目的として、多様な主体を動員するものであり、長期的に

第9章　産業クラスター政策　　181

図表 9-3　認定された「競争力の集積地」の拠点と活動領域

名称	主な活動地域	主な活動分野・取り組みテーマ
世界的集積地		
Aerospace Valley	アキテーヌ、ミディ＝ピレネー	航空・宇宙、空輸
Finance Innovation	イル＝ド＝フランス	金融・保険
Lyonbiopôle	ローヌ＝アルプ	健康科学
Medicin Paris Région	イル＝ド＝フランス	医療向けハイテクノロジー
Minalogic	ローヌ＝アルプ	ナノテクノロジー、マイクロエレクトロニクス
Solitions communicantes sécurisées	プロヴァンス＝アルプ＝コートダジュール	IT、情報通信
System@tic paris Région	イル＝ド＝フランス	輸送・電信
世界的集積候補地		
Axelera	ローヌ＝アルプ	化学、環境
Cap Digital Paris Région	イル＝ド＝フランス	情報通信、デジタル・コンテンツ
Images & Réseaux	ブルターニュ、ロワール	電気通信
i-Trans	ノール＝パ＝ド＝カレ、ピカルディ	陸運、ロジスティック
Industries & Agro-Ressources	シャンパーニュ＝アルデンヌ、ピカルディ	食品を除く農産物の高付加価値化
Innovations thérapeutiques	アルザス（スイス、ドイツとも連携）	バイオ、健康化学、医薬品、医療技術
Mov' eo	オート・ノルマンディ、イル＝ド＝フランス、バス・ノルマンディ	自動車、共同輸送
Pôle Mer Bretagne	ブルターニュ	海洋資源開発、環境、海洋セキュリティー
Pôle Mer PACA	プロヴァンス＝アルプ＝コートダジュール	海洋資源開発、環境、海洋セキュリティー
Végépolys	ペイドラロワール	栽培、植樹、アロマ・薬草プラント
国内型集積地		
Agrimip Innovation	ミディ＝ピレネー	農産物加工
Arve Industries	ローヌ＝アルプ	金属・プラスチック加工、プレス
ASTech	イル＝ド＝フランス	輸送機器
Atlantic Biotherapies	ペイドラロワール	バイオテラピー
Automobile haut de gamme	ブルターニュ、ペイドラロワール、ポワトー・シャラント	自動車、輸送手段
Capenergies	コルシカ、プロヴァンス＝アルプ＝コートダジュール	エネルギー
Céréales Vallée	オーベルニュ	セラミック
Cosmetic Valley	サントル、オート・ノルマンディ	植物ゲノム、食品原料
Derbi	ラングドック＝ルシヨン、リムーザン	化粧品、香料
Elastipôle	サントル、オーヴェルニュ、イル＝ド＝フランス、ペイドラロワール	ゴム加工
Elopsys	リムーザン	再生エネルギー
EMC2	ペイドラロワール、ブルターニュ、ポワトー・シャラント	極超短波、光学
Fibres Grand'est	ロワール、アルザス	繊維
Filière équine	バス・ノルマンディ	繊維、木材、パルプ
Filière produits aquatiques	ノール＝パ＝ド＝カレ	軽種馬産業
Génie civil Ouest	ペイドラロワール	海産・水産物の品質、トレーサビリティー、規格化

名称	地域	分野
Imaginove	ローヌ＝アルプ	オーディオ・ビジュアル、ゲーム
Industries du commerce	ノール＝パ＝ド＝カレ	商品配送、通信販売
Industries et Pin maritime du futur	アキテーヌ	森林資源、荷造り材
InnoViandes	オーベルニュ、ブルターニュ、リムーザン、ローヌ＝アルプ	食肉加工、品質管理
Lyon Urban Truck & Bus	ローヌ＝アルプ	バス・トラック輸送
MAUD (Maténaux à usage domestique)	ノール＝パ＝ド＝カレ	調理、食卓に関する化学・素材
Microtechniques	フランシュ＝コンテ	ナノテクノロジー
MIPI	ロレーヌ	新素材
Mobilité et transports avancés	ポワトー・シャラント	ハイブリッド・電気自動車
Nov@log	オート・ノルマンディ、バス・ノルマンディ	輸送・ロジスティック
Nutrition Santé Longévité	ノール＝パ＝ド＝カレ	成人病
Optitec	プロヴァンス＝アルプ＝コートダジュール	写真・光学
Orpheme	プロヴァンス＝アルプ＝コートダジュール、ランクドック、リムーザン	新興疾患・希少疾病
PASS	プロヴァンス＝アルプ＝コートダジュール、ローヌ＝アルプ	香水、アロマ
Pegase	プロヴァンス＝アルプ＝コートダジュール	航空・宇宙
Plastipolis	フランシュ＝コンテ、ローヌアルプ	プラスチック
Ple Cancer-Bio-Santé	ミディ＝ピレネー、リムーザン	バイオ、癌
Pôle Enfant	ペイドラロワール	子供向け製品・サービス開発
Pôle européen d'innovation fruits et légumes	プロヴァンス＝アルプ＝コートダジュール、ローヌ＝アルプ、ランクドック、リムーザン	果樹野菜栽培、商品開発
Pôle européen de la cramiqué	リムーザン、サルトル、ミディ＝ピレネー	セラミック
Pôle nucléaire Bourgogne	ブルゴーニュ	機械・金属
Pôle Risques	プロヴァンス＝アルプ＝コートダジュール、ランクドック、リムーザン	リスク管理、セキュリティー
Prod' Innov	アキテーヌ	農産物、健康食品
Q@Li-MEDiterranée	ランクドック、リムーザン	農産物、健康食品
Qualitropic	イル＝ド＝ラ＝レユニオン	農産物、食品
Route des Lasers	アキテーヌ	レーザー
S²E²	サントル、リムーザン	電力科学、電力システム
Sporaltec	ローヌ＝アルプ	スポーツ、レジャー
Techtera	ローヌ＝アルプ	繊維
Tenerrdis	ローヌ＝アルプ	次世代エネルギー、再生エネルギー
Transactions électroniques sécurisées	バス・ノルマンディ	電子商取引におけるセキュリティー・システム
Trimatec	プロヴァンス＝アルプ＝コートダジュール、ローヌ＝アルプ、ランクドック、リムーザン	原子力技術
UP-TEX	ノール＝パ＝ド＝カレ	繊維
Valorial	ペイドラロワール、ブルターニュ	農産物
Véhicule du futur	アルザス、フランシュ＝コンテ	次世代自動車
Viaméca	オーベルニュ、リムーザン、ローヌ＝アルプ	機械
Ville et mobilité durables	イル＝ド＝フランス	都市開発、住環境
Vitagora	ブルゴーニュ、フランシュ＝コンテ	農産物

出所：http://www.competitivite.gouv.fr/spip.php?rubrique36（「競争力の集積地」HP）のデータより筆者作成。

※　データは2007年9月10日現在のため総数は71件である。

は、当該問題解決における先駆的モデル地域としての評価獲得、およびそのことによる地域経済活性化を狙ったものである。

VI. 結

　以上のように「競争力の集積地」の政策策定過程とその内容を考察してきた。先に考察した3つの報告書は、それぞれの作成主体の政策的意図や利害を反映したものとなっているが、イノベーションを生み出す場の形成を課題とし、産学官による連携、すなわち多元的な「パートナーシップ」の形成を政策課題としていることでは共通している。また、その背景には、イノベーションの誘発を機軸とした経済発展を目指すEUのリスボン戦略の影響をみてとれる。

　政府によって認定された計画については、国際連携を重視した計画が多く見られること、地域圏という行政区分を越えた連携活動を志向したものが多いこと、従来の伝統的な産業区分に縛られない「ソリューション型」ともいうべき計画が多く見られること等が注目すべき諸点である。加えて、政府による計画の発表から僅か数ヶ月の間に募集が締め切られたにも関わらず、100件余りの計画が寄せられたことは、1980年代以降、積極的に地方分権を進めた結果、地域圏や地方行政主体が、政策策定者としての経験をある程度積んできていることを物語っている。

　近年、わが国でも中小企業新事業活動促進法などに基づいて、地方自治体による地域プラットフォームの形成が進められているが、多くの地方行政主体は、政策策定者としての経験がまだ浅いために、有効な地域開発施策や中小企業振興策を打ち出せていないのが現状である。後述するように、オペレーショナルな側面では、権限関係の煩雑性や混乱など、依然多くの問題を含んでいるとはいえ、地方が意思決定者としての存在を主張しつつあるフランスの状況は、わが国の産業政策にも参考となる点が多い。

　「競争力の集積地」の振興政策が発表された当時には、多くの準備段階の計画も含まれていたことから、その効果や有効性を判断するには、未だ時期尚早の感がある。しかしながら、こうした政策展開の中で産業政策や中小企業政策

の推進にあたってフランスが取組むべき課題が顕在化してきたこともまた事実である。最後に、「地域生産システム」との対比において「競争力の集積地」の特徴を整理しつつ、このことを確認したい。

両振興政策は、グローバル化の進展と、雇用・失業問題、地方分権の推進といったフランスにおける中長期的な課題に応える政策ツールとしての位置付けを与えられている点では共通するが、その政策上の力点は異なる。

第一に、既にみたように「競争力の集積地」の振興政策は、イノベーションの促進、規制緩和の推進や労働市場の柔軟性の確保、情報通信技術の戦略的位置付けなど、いわゆるアメリカ流のニュー・エコノミーを主体とする経済発展を志向したEUの発展戦略、すなわちリスボン戦略に強い影響を受けている。また、「地域生産システム」の振興政策が、地域のコミュニティーや歴史性を基盤とする中小企業、特に零細規模の製造企業からなるイタリアの産業集積をモデルとしていたのに対して、「競争力の集積地」は、先のベファ・レポートでみられたように、アメリカにみられる公的研究機関による研究成果の民間移転の状況や大学の位置付け、あるいは日本における政府と産業界の密接な関係をモデルとし、ハイテク分野に一層傾斜した産業振興を志向している。

問題は、こうした国際的規模の大企業の役割を積極的に評価しようとの動きの中で、中小企業の政策的地位が相対的なものとなり、従来のフランスで重視されてきた中小企業の文化的役割や地域コミュニティーに果たす役割といった社会性をめぐる議論が、しだいに活発さを失いつつあることである[15]。「競争力の集積地」が地方分権促進の為のツールとしての意味を持つならば、地域性に基づく多様性を具現化する中小企業の役割を再評価する何らかの政策的枠組が必要といえる。

第二に、「地域生産システム」の政策推進主体が、長年、地方分権の推進および国土整備を主たる任務としてきた「国土整備地方開発局（DATAR）」であったのに対して、「競争力の集積地」は、国家のイノベーション戦略の中枢に位置付けられることから、より多様な関連主体の積極的な関与を必要としている。

ここで問題となるのは、利害関係を異にする多様な関連主体を「競争力の集積地」の発展という目標に向けて、いかに動員し、連携させるかということである。こうした産業振興に関わる諸主体の連携関係の脆弱性は、すでに第8章で考察した「地域生産システム」の振興政策の中でも懸案事項とされてきた。イノベーションの誘発を目的として、より多様な関連主体を積極的に巻き込むことを目指す「競争力の集積地」の振興にあたっては、このフランス的弱みの克服、すなわち、政策サイドを中心として、その必要性が繰り返し指摘される「パートナーシップ」の構築が最重要課題になることは必至である。
　「競争力の集積地」を構成する「パートナーシップ」には、大きく各省庁間レベル、地域圏間および国－地域圏間レベル、企業間レベル、教育・研究機関間レベルのものが存在し、多層構造を成していると考えられるが、その何れもがフランス社会の構造的問題と深く関わっている。
　まず、各省庁間レベルについて、従来のフランスでは、既存機関の既得権への配慮から、政策的課題が生じるたびに、新たな機関が設けられることが多く、これが政府レベルにおける諸機関間の権限関係の複雑性という状況を生んできた。したがって、「競争力の集積地」の振興政策にあたっては、まずもって政府諸機関の権限関係の明確化や組織の簡素化が必要である。
　地域圏同士あるいは、国－地域圏レベルの連携にもフランス的課題が存在する。1980年代より進められてきたフランスの地方分権推進政策は、十年あまりをかけて一応の完成をみたとされ、既述の「国家－地域圏計画契約」が国と地方を結び付ける契約形態として存在しているが、実際の地域開発計画の実行には巨額の資金を必要とすることが多いため、市や県、地域圏、国による予算面における調整手続きは煩雑である。加えて、「競争力の集積地」の振興に必要となる予算の獲得を目指して、直接的に海外の政府やEU諸機関に働きかける地域圏も少なくないことから、今後は、地域行政主体の機動性を重んじた地方分権体制のあり方が求められる。
　企業間レベルの問題は、フランス企業の行動様式に求められる。一般に、中小企業をはじめとして、他社との差別化のうちに存在意義を見出すことを得意

としてきたフランス企業は他企業との同調的行動に弱い。加えて、いわゆるフランスにおいて、エリートとされる一部のグランゼコール出身者や、天下り官僚が経営権を握ることが多い大企業の世界と中小企業の世界には、階級意識や心理的な壁も以前存在しており、これが、連携関係やネットワークの形成の障壁になっていることも看過できない。

　教育・研究機関における「パートナーシップ」においては、実践教育を主とするグランゼコールと、アカデミズムを主とする大学、という高等教育における二重性が存在するとともに、大学をはじめとする教育機関と国立科学研究所（CNRS）をはじめとする研究機関の社会的役割が歴史的に区別されてきたことが、イノベーションを生み出す人的交流の障壁となっている。現在、フランスでは知識経済の進展に伴って、高等教育システムの見直しが検討されているが、こうした改革が実を結び、その結果が明らかとなるまでには、相応の時間的猶予が必要である[16]。その他、国際間レベルでも、予算調整の問題、EU政策との整合性の確保、地域性や文化の問題など課題は多い。

　以上のように、「競争力の集積地」の振興政策に際して必要とされる「パートナーシップ」は、歴史を通じて形成されてきたフランスの社会構造の変革なくしては成立しえない。加えて、こうした大規模な改革は、国の強力なリーダシップを必要とするものであるから、地方分権の名の下にボトムアップの政策スタンスを志向しながらも、結局は過去のディリジスム的な体制へ回帰せざるを得ないという根本的問題をもはらんでいる。「競争力の集積地」の展望は、今後フランスが向かうべき方向そのものを示唆しているのである。

注

1) 産業クラスターの基礎概念については、本書第8章も参照されたい。なお、"pôle de compétitivité"については「高度産業技術集積地」と訳されることもあるが、以下では原語の意味を重視し、「競争力の集積地」で統一している。
2) Nicolas, J. et Daniel, D.(2005), p. 64. なお、フランスでは「競争力の集積地（pôle de compétitivité）」と類似する以下の用語が存在するが、現在では、これらの境界は必ずしも明確ではないという。詳細については、Blanc, C.(2004), p.

26. を参照されたい。
　　pôle d'excellence…世界的な競争力をもつ分野の研究者や教育者らが専門分野の垣根を超えて共同する地理的空間。
　　pôle de compétence…pôles d'excellenceが有する競争的ノウハウ。
　　technopôle…イノベーションに基づく地域開発を目的とし、大学、研究所とハイテク関連企業の関係強化を目的としたもの。
　　scientipôle…pôle d'excellenceとほぼ同じであるが、特にスピン・オフや技術の民間移転の環境を整えたもの。1998年にフランス政府によりバイオ産業の振興を目的として設立された産学官の共同事業体であるGénopôleを代表とする。
3）リスボン戦略は、2000年3月のリスボン欧州理事会において採択されたEUとしての長期発展計画であり、アメリカの競争力を意識して、2010年までに、欧州を世界で最も競争力をもつ知識基盤経済社会にすることを目標としている。2005年3月のブリュッセル欧州理事会において見直しがなされ、一層の規制緩和や高成長の実現、ハイテク研究の促進、労働市場の柔軟性の向上などが、あらたな課題として示された。なお、「リスボン戦略」の詳細については、田中友義（2005）、三井逸友（2007）が詳しい。
4）Nicolas, J. et Daniel, D.(2005), pp. 63-66.
5）DATAR(2004), pp. 7-112を参照。なお、「地域生産システム」の政策推進主体であり「競争力の集積地」の振興政策の策定にも大きく関与した国土整備地方開発局（DATAR）は、両政策をフランスにおける産業クラスター政策と位置付けるとともに、これら両政策の連続性を強調する立場をとっている。
6）「国家─地域圏計画契約」とは、1982年の地方分権法により規定された国と地域圏の権限配分を決定する制度である。ここでは形式上、国と地域圏が対等な立場において地域圏内の経済開発や地域整備のための計画の調整をはかり、財政負担においては交渉・狭義の上、契約というかたちで合意することが定められている。詳細については自治・分権ジャーナリストの会（2005）、104-105頁、山崎（2006）、48-49頁を参照されたい。
7）DATAR(2004), pp. 115-127.
8）Blanc, C.(2004), pp. 25-26.
9）略称であるSOFARISは、旧名称に由来する。
10）Nicolas, J. et Daniel, D.(2005), pp. 69-74.
11）計画募集の内容は以下による。
　　"Apple à projets-pôles de compétitivité":
　　http://www.competitivite.gouv.fr/IMG/pdf/cahier_des_charges_poles.pdf

(2008/7/30)
12) Beffa, J. L.(2005), pp. 7-9.
なお、「ベファ・レポート」の内容とその評価については、萩原愛一（2006）も参照。
13) Nicolas, J. et Daniel, D.(2005), pp. 75-78.
なお、これらの支援体制の内容については各組織・機関のHP、Nicolas, J. et Daniel, D. (2005), pp. 78-86およびフランソワ・ロース「フランスの産業クラスター政策：産業と研究の新たなフロンティア」（全国知的産業クラスターフォーラム資料）：
http://www.ambafrance-jp.org/IMG/pdf/Clusters-final-JAP-projection-commente-2.pdf などを参照。また、2007年9月現在において、認定済みの計画数は、71件であった。
14) 「産業イノベーション庁（AII）」は、既述の「ベファ・レポート」の提言に基づいて設置されたものである。
15) 中小企業の社会性を巡る議論については、山口隆之（2007）、80-81頁も参照されたい。なお、三井逸友（2007）では、EU中小企業政策における社会性を重視するスタンスに着目している。
16) フランスにおける教育・研究体制に関して、「国民教育研究行政監査総局（IGAENR：Inspection générale de l'administration de l'éducation nationale et de la recherche）」と「財務監査総局（IGF：Inspection générale des finances）」は、2007年1月に「研究活動に関する報告書（Rapport sur la valorisation de la recherche）」を発表している。ここでは、フランスが、アメリカ、ドイツ、ベルギー、スイスなどと比較して、公的研究成果の有効活用の側面で相当な遅れをとっていることが示されており、異なる研究部門間や公的研究機関と経済界の交流が不活発である理由として、高等教育制度の硬直性や、資金調達体制の複雑性といった構造的要因をあげている。なお、当該報告書の全文は、Langlois-Berthelot, M. et al. "Rapport sur la valorisation de la recherche"：http://media.education.gouv.fr/file/27/2/4272.pdf（2008/10/1）で公開されている。

第10章 イノベーション政策と起業支援

I. 序

　フランスでは、1960年代以降に大規模な企業国有化政策が推し進められ、産業の集中・再編が進んだが、1970年代における石油危機を一つの契機として、大規模組織の脆弱性が浮き彫りとなり、中小企業への関心が高まった。1976年9月のバールプランでは、インフレの抑制と貿易赤字の解消が目指されたが、かかる状況下で中小企業に期待されたのは、国際競争力に結びつく機動性や柔軟性ばかりでなく、何よりも、長期にわたる高い失業率と地域間格差を克服する機能、すなわち、雇用創出の役割と地域の活性化、あるいは地方分権推進の担い手としての役割であった。

　しかしながら、特に、近年ではイノベーションや開業の促進施策と連動した中小企業支援の展開が目覚しい。この背景にあるのは、アメリカにみられるようなIT産業を軸とする知識経済社会を目指し、ニューエコノミーの担い手としての新興企業へ大きな期待を寄せるEUの発展戦略、すなわち、リスボン戦略による影響である[1]。近年のフランス中小企業政策は、従来の国内的問題の解決策としての枠を超え、広く国際競争力の強化につながる産業政策や企業政策との関係を一層強固なものにしている。そしてここで政策の軸とされるのは、研究開発支援をはじめとするイノベーション環境の整備や、起業環境の整備である[2]。

　以下では、近年のフランスにおける研究開発状況や開業の特徴を確認したの

ち、イノベーション環境の整備や開業・起業環境の整備を目的として設置されてきた政府系諸機関や諸施策の内容を考察・検討する。後半においては、第9章でも触れたベファ・レポートの内容をより詳細に考察したい。後に見るように、それは過去のフランス産業政策の在り方を分析し、その反省のもとに、中・長期的な産業政策のあり方を示すものであり、今後のフランスにおけるイノベーション政策の方向を展望する上で重要である。

Ⅱ．研究開発と開業状況

2005年におけるフランスの国内研究投資額は、約367億ユーロであり、国内総生産における割合は2.13%である。この割合は、EU27カ国平均（1.74%）やイギリス（1.78%）よりも高いが、OECD諸国の中では10番目に位置し、アメリカ（2.62%）、日本（3.33%）、韓国（2.99%）には大きく遅れをとっている。

企業による研究開発投資が国内総生産に占める割合はフランスの場合、1.34%である。これは、EU27カ国平均（1.09%）よりは高いが、ドイツ（1.71%）、アメリカ（1.82%）、日本（2.54%）などと比べるとやはり低位であり、OECD諸国の中で12位にとどまる。

ヨーロッパ、アメリカ、日本の三大圏における特許出願件数をみた場合、フランスは、ドイツと比べると3分の1程度にとどまる。一般に、特許出願件数は巨大市場への配慮から、大企業の比重に応じて増加する傾向が見られることから、ドイツとの乖離は産業構造の相違、特に零細規模企業が支配的であるというフランスの特徴が影響したものと考えられる。

フランスにおける研究開発の特徴の一つは、公的部門の比重の高さ、換言すれば、民間部門の弱さである。フランスの研究者総数は、公的研究機関の比重を反映して、他のヨーロッパ主要国と比べると高い水準にあるが、その半面、民間企業における研究者が全体に占める割合は低い。たとえば、アメリカでは国内研究者総数の79%、日本では68%、ドイツでは61%、スウェーデンでは68%が民間企業に所属するが、フランスにおける、それは50%程度にとどまる。

第二の特徴としては、研究開発活動が一部の企業や産業に集中していることが上げられる。フランスで100人以上の研究者をもつ企業は、2004年において全体の2％程度に過ぎないが、これら少数企業による研究開発投資は企業の研究開発投資総額のおよそ3分の2を占める。また、産業別にみても一部の分野への集中度は高い。フランス企業による研究開発投資の大半（86％）は製造業においてなされているが、中でも、宇宙航空、自動車、医薬―化粧品、電気機器といった産業への集中度が高く、これら4部門が、企業による研究開発投資総額に占める割合は5割以上である。

第三の特徴は、国家プロジェクトや公的資金の影響が無視できないことである。民間企業による研究開発活動であっても、それは国家レベルの大規模研究開発プロジェクトや各省庁の用途指定融資にかなりの程度依存している。また、これらに加えて、国家予算において高い比重を占める軍事費が官民の企業の研究開発活動に与えている影響も大きい[3]。

次に、フランスにおける開業状況を確認する。フランス政府の主要な統計として最も広く用いられたきたのは、「国立統計経済研究所（INSEE）」のものであるが、近年の企業活動に関する統計は、SIRENE（système informatique pour le répertoire des entreprises et des établissements）というデータベースによって維持管理されている。

ここで、開業に関するデータは、①純粋開業（création pure）、②事業再開による開業（création par reprise）、③個人の活動再開（création par réactivation）というカテゴリーに従って分類される。①は、登記以前には存在せず、他の企業によっておこなわれていた活動の継承ではないケースを指し、②は、法人が他企業の活動の全部もしくは一部を再開するケース、③は、第三者からの給与支払いを受けない活動をおこなっていた個人が、その後同様に、給与支払いを受けない活動を再開するケースである[4]。

フランスにおける開業率は、2000〜2006年にかけて、概ね10％以上を維持している。2006年において、開業率12％以上の高水準を維持している地域圏は、地理的にみれば、南部および西部に集中しており、これは零細規模企業の比重

が高い地域と重なるものである。

　2006年のデータによれば、フランスでは32万件程度の開業があり、この内訳は、純粋開業が72.3％、事業再開による開業が12.0％、個人の活動再開が15.7％である。純粋開業は、2003年以降においては概ね上昇傾向、もしくは横ばいで推移しているが[5]、これは、失業者や無職者を中心とする自己雇用目的の開業に依存しているところが大きい。これを裏付ける資料として、たとえば、2006年における社会保障費などの免除を柱とする「失業者開業・事業再開支援制度（ACCRE：Aide aux chômeurs, créateurs ou repreneurs d'entreprise)」の利用者数は、2002年の利用者数の約2.5倍にあたる8万人程度である[6]。さらに、データは少々古いものの、1994～2002年における総開業件数の約半数は、もと失業者か、完全な無職者によるものであった[7]。2003～2004年にかけては、開業手続きの簡素化と並行して、失業保険に関わる一連の制度改革がなされたことを考え合わせれば、近年のフランスにおける純粋開業状況が、失業や雇用状況と密接な繋がりをもっていることは明らかである。

　2006年の上記3カテゴリーの開業を産業分野別にみると、最も高い比率を占めるのはサービス業（38.0％）、次いで、商業（25.4％）、建設（16.5％）であり、企業規模では、従業員10人未満による開業が99％近くを占める。特に注目すべきは、開業総数の80％以上が、0人雇用からのスタートであることである。ここでも自己雇用目的の開業の多さが確認される。なお、補足的ではあるが、1997年以降の廃業数は、概ね多くの産業において減少傾向にある[8]。

Ⅲ．イノベーション、開業・起業支援環境

　戦後しばらくの間、フランスにおける開業・起業支援施策は、雇用環境の改善と地方分権の推進、あるいは国土整備という目的の下に推進されてきた。歴史的にみれば、地方分権の推進が大きな政策課題とされた1980年代の社会党政権下で、大企業の国有化政策と平行して、開業・起業支援環境の整備が進められ、各種研究機関の設立や、のちにみるインキュベーション施設、テクノポリス、第二証券市場、ベンチャー・キャピタルなどの設立がなされた。

第10章　イノベーション政策と起業支援　*193*

　同時期には、国土整備と地域開発の概念が結び付けられたが、地域の発展という視点から、長らく開業・創業に関わる公的主体としての役割を果たしてきたのは「国土整備地方開発局（DATAR）」である。すでにみた「国家―地域圏計画契約」の枠組の下では、国家政策の範囲内で各地方自治体が地域発展に関わる具体的施策や事業を提案し、これを国が承認し、必要に応じて資金提供をおこなう、という仕組みが機能してきたが、ここで国と地方自治体の接点となってきたのが1963年に設立された「国土整備地方開発局（DATAR）」であった。当該政府機関は、国土開発の責任主体として「国家―地域圏計画契約」の推進に関わる多様な支援基金を運営し、加えて、サイエンスポールの整備、地域の新興企業向けの資金調達環境の整備などにも関わってきた。2006年からは、大統領府下の「国土整備競争力強化省間委員会（DIACT：Délégation interministérielle à l'amenagement et à la compétitivité des territoires)」として改称・再編され、「国土整備地方開発局（DATAR）」の業務を継承しながらも、活動領域を拡大し、特に地域の競争力強化という政策視点から様々な支援をおこなっている。

　開業・起業や中小企業の研究開発活動を支援する政府機関としては、「研究開発公社（ANVAR）」もまた重要である。「研究開発公社（ANVAR）」は、もともと大企業における研究開発活動や技術革新の評価と推進を目的として1979年に設立されたものであったが、その後は中小企業向け支援の比重を拡大し、特に研究開発活動を核とする中小企業への資金提供とコンサルティング業務において大きな役割を果たすようになった。2005年には、中小企業向けの低利融資・保証を行ってきた「中小企業開発銀行（BDPME）」との統合により、中小企業向け政策を総合的に取り扱う、OSEOグループ内の株式会社、OSEO-ANVARとして再編され、ソフト・ハードの両側面から中小企業の研究開発プロジェクトやその成果の商業化を支援している。

　法制面では、1999年7月に公布された、いわゆる「イノベーション法（Loi sur l'innovation et la recherché)」[9]が重要である。従来、フランスでは、高等教育機関や公的研究機関の研究者の大半は公務員であるために、その民間領域に

おける活動に多くの制約が設けられていた。イノベーション法は、公務員たる研究者の身分の例外を認めることにより、フランスの強みとされる公的研究機関における基礎研究の成果を民間に移転し、それに基づく開業・起業を促進することを狙ったものであった。具体的には、同法によって、公的機関に所属する研究者が、その身分の保障を与えられながら最長6年間は民間企業の設立に関わることが可能となったほか、制限付きながら、取締役（給与が年間25万フランを超えないこと）や株主（全株数の15％以上を保有しない）、あるいはコンサルタントとして活動することも認められた。また、この他にも、同法には、大学・公的研究機関におけるインキュベーション施設の設置、スタートアップ企業への初期融資、革新的中小企業への研究助成措置、ストック・オプションの条件緩和、博士号取得者の雇用についての税制優遇など、研究開発成果に基づく開業・起業を促進するための多様な内容が盛り込まれた。

　さらに、2004年には、「革新的新興企業（JEI）」という新しい法人格が設定された。これは、EU規定に準拠した中小企業であること、新たに設立された企業であること、独立性を有していること、などを条件として、設立8年未満で、総経費の15％以上を研究開発投資にあてる企業に利益課税、地方税、社会保障納付金などの免除を認めるものであった。

　以上の国レベルの諸機関や法的整備に加えて、起業家や企業者に対する直接的な支援やサービスをおこなっているものとして、インキュベーション施設の存在がある。しかし、ここで注意を要するのは、フランスでは、わが国で一般にインキュベータと呼称される機関が担う業務が、支援する起業の段階や目的、あるいは、オフィス提供の有無といった指標に応じて2つの機関により分業される体制がとられていることである[10]。

　フランスの場合、研究開発に基づく起業、すなわち、大学や公的研究機関の科学的成果やシーズと直結する起業を支援する機関は「企業インキュベータ（incubateur d'entreprise：企業孵化器）」と呼ばれ、すでに開業した成長初期段階の企業を支援する機関は「ペピニエール（pépinière d'entreprise：企業の苗床）」と呼ばれ区別される。

「企業インキュベータ」とは、主に公的研究施設に隣接して、研究者や若い博士号取得者が、研究施設と密接な関係を保つことを通じて、起業アイデアを事業化することを支援する機関である。したがって、その多くは、国の施策やイノベーション政策の枠組の中で運営されている。「企業インキュベータ」は、開業プロセスを完了した企業の立地場所が確定するまでは、一時的なオフィスの提供をおこなうこともあるが、その主たる目的は、あくまで科学的研究成果に基づく開業を目指す人材に対して、教育やアドバイス、あるいは資金的援助をおこなうことである。インキュベーション期間とは、アイデアの発見・立案〜開業計画の作成までをさし、一般に11ヶ月程度とされる。このように「企業インキュベータ」は、開業の前段階に大きく関与するものであって、その中心的機能は、プロジェクトの探索支援、開業に先立ってのアイデアの評価、実現可能性の調査である。

　これに対して、「ペピニエール」の運営資金の多くを負担するのは、地方自治体である。その中心的機能は、起業段階を経た比較的若い企業に、賃貸借契約（例外的に延長も認められるが、多くは2年以内）に基づいてオフィスや貸工場などを提供し、あわせて、ソフト面での支援もおこなう、というものである。一般的には、共同施設・設備の提供、資金調達や法律問題へのアドバイス、企業者への教育、企業者交流の促進などが中心的業務である。

　フランスでは、地方自治体による企業へのオフィス貸出しサービスなどは、すでに1960年代にもみられたが、こうした不動産を代表とするハード面の支援に加えて、指導やアドバイスといったソフト面の支援機能を備えた「ペピニエール」が拡大したのは1970年代からといわれる。現在フランス全土で230以上存在する「ペピニエール」は、フランス国内において14の地域ネットワークを形成しており、さらに、これら地域ネットワークはELANというアソシエーションにより結びついている。

　これらの他にも開業・起業やイノベーションに関連が深い大規模な施設としてテクノポール（technopôle）やサイエンスポール（scientipôle）がある。これらの多くは、地域の活性化や企業集積の形成、雇用問題への対処などを目的と

して設立されたものであり、研究施設を中心として、域内に「ペピニエール」を備え、多くの場合、複合的で共有可能なサービスや統一的な域内諸機関のコミュニケーション戦略を有している。その運営主体は、多様であるが、一般には、地域圏議会や商工会議所、大学、コンサルティング会社、地方開発局などが関与することが多い。また、「企業イノベーション・センター（CEI：Centres d'entreprises et d'innovation）」も同様に、企業向けサービスをおこなう主体として機能している。「企業イノベーション・センター」のうち、開業前段階や開業間もない企業者向けのサービスを主たる活動とするものは、「欧州企業イノベーション・センター（CEEI：Centre européen d'entreprise et d'innovation…英名はEuropean Business and Innovation Center）のネットワークに加盟しており、EUからの支援を受けている[11]。

Ⅳ．ベファ・レポート

　ベファ・レポートについては、既に第9章において概略を示したが、ここでは、当該レポートの内容をより詳細に考察・分析したい。

　ジャン・ルイ・ベファを中心とする特別委員会はイノベーションの促進を柱とする新しい産業政策を提言するにあたり、国際競争力という観点からフランス産業の強みと弱みを抽出している。

　フランスは、化学、セメント、ガラスといった素材産業や、航空機、自動車といった分野では依然として国際競争力をもっている。しかし、他方で弱みとして指摘されるのは、その産業構造が、新たな国際競争力に晒されている比較的技術力の低い分野に特化し過ぎている点である。すなわち、フランス産業全体を見渡せば、農業と観光業には強いが、雇用吸収力において大きな影響力をもち、国民経済への波及効果の高い工業部門、中でも、近い将来の国際競争力に影響を与えるような分野の競争力は低い。

　ベファ・レポートでは、OECDによる技術水準をもとにした産業区分、すなわち低度技術産業、中低度技術産業、中高度技術産業、高度技術産業という区分ごとに付加価値額における寄与度を国際比較したデータを引き合いに出すこ

とで、特に高度技術産業におけるフランスの脆弱性が顕著であることを強調する。比較対象にされている国の中では、ドイツも高度技術産業の競争力が高いとはいえない状況にあるが、そのかわり、中高度技術産業の比重では他国を引き離している。また、国内研究開発投資の対GNP比をみても1992年からフランスの下降傾向が続いていること、1994～2000年にかけてのヨーロッパ特許庁への特許出願の増加率でも、フランスはOECD加盟国平均と比べて著しく低位であることなどが指摘される[12]。このように、ベファ・レポートは、まず、研究開発の努力が低度技術産業部門へ向けられていることが、フランス産業の弱みである事を示している。

以上を踏まえて、次に、従来の産業政策の特徴と問題点が指摘される。第一に、フランスでは、研究開発に対する公的支援の約80％が、防衛部門と大型国家プロジェクトに集中的に向けられており、将来的に成長が期待される技術部門への支援が不足している。第二に、フランスは、アメリカ、ドイツ、フィンランドなどと比べて、民間における研究開発への支援が脆弱である。第三に、大半のOECD加盟国においては、大企業が、一国における研究開発に大きな比重を占めているが、フランスでは、防衛部門とその関連産業を除けば、大企業の研究開発に対する公的支援は不十分である。この点、多数の中小企業によって構成される産業クラスター内においても、中小企業に恩恵を与える需要を生み出すのは、大企業であるという事実に鑑みなければならないという[13]。以上の分析を踏まえて、ベファ・レポートではアメリカ政府と日本政府が産業の活性化において果たしてきた役割を評価している。

近年のアメリカが情報・コミュニケーション部門やバイオ・テクノロジーといった先端技術部門で、支配的な地位を占めているのは、巨額の研究開発費および、その成果を積極的に活用する民間部門の貢献によるところが大きい。アメリカでは、すでに70年代に公的研究部門と産業界の間に存在する垣根が技術競争力に負の影響を与えているとの反省がなされ、80年代初頭には、公的部門の研究開発成果や技術的成果を民間に譲渡し、事業化を促すための法的環境が整えられた。特に大学からの技術移転には目を見張るものがあり、大局的には

科学的成果と技術的発明の境界線が無くなり、学術的成果よりも、その成果に基づく事業化の側面が優先されるようになっている。法律や税制面の仕組みは、一般に理解されているように、中小企業への配慮が強いものであるが、むしろ連邦資金は主として巨大企業に集中的に投下されている。また、アメリカ政府は、IT部門や環境関連など、国家が優先する課題については、学際的な研究計画を示し、これらを強力に支援している。

　日本の場合、政府による民間企業の研究開発投資への支援は、量的にみる限り、それほどでもないが、政府は科学政策と産業政策を技術政策によって結び付けるという役割を果たしており、産業調整と民間のイノベーション努力の方向付けに少なからず影響を与えている。

　以上のモデルからフランス政府が学ぶべきものは、公的部門と民間部門の関係の構築、およびその強化と、将来的に成長が期待される高度技術産業への研究開発努力の誘導であるという[14]。

　かつてのフランスの経済成長を支えてきたものは、国家的大型プログラムであり、これは、図表10-1に見られるように、公的研究機関—公企業—公的需要という組合せを前提として実行に移されてきた。たとえば、ミニテル、コンコルド、TGVといった公的企業の需要のもとに、公企業を中心とする産業界の努力と公的機関による研究成果が動員されてきたといえる。しかし、この3者の組合せに基づく産業政策のあり方は、少なくとも4つの環境変化によって、昨今ではその有効性を失っている。

　第一に、民営化によって公企業が産業に占めるウェイトが低下した。第二に、新たな技術的パラダイムの出現によって、ヨーロッパや日本における技術キャッチ・アップの時代が終了した。第三に、グローバルな競争を歪める規制や補助金のあり方が世界的にもヨーロッパにおいても疑問視されるようになった。第四に、グローバル化に伴う国際分業的生産体制の台頭とともに、地域的あるいは国内的な補完性に基づく生産体制の効率性が限界をみるに至った。

　以上の認識に基づいて、ベファ・レポートが提案するのは、「産業イノベーションの為の動員計画（PMII：programmes mobilisateurs pour l'innovation

図表10−1　横並び支援による大プログラム

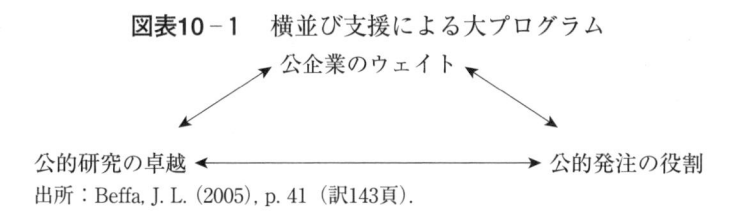

```
           公企業のウェイト
         ↗            ↖
        ↙              ↘
公的研究の卓越 ←――――――→ 公的発注の役割
```
出所：Beffa, J. L. (2005), p. 41（訳143頁）．

industrielle)」である。これは、従来の横並び的な国家的大型プログラムの運営原則を捨て、ヨーロッパの市場で期待される需要に対応した製品を生み出すべく、公的研究機関から生み出される成果と民間の資源を調整・結集させるものである。そして、その使命と運営を担う組織として「産業イノベーション庁（AII）」の内容が示されている[15]。「産業イノベーション庁（AII）」と公的および民間の組織・主体の関係は、図表10−2によって示す通りであり、図表10−3は、ベファ・レポートが有望な分野としてリストアップしている市場である。

以上のように、ベファ・レポートは、ハイテク部門や大規模研究開発計画を

図表10−2　「産業イノベーション庁（AII）」と官民の組織・主体の関係

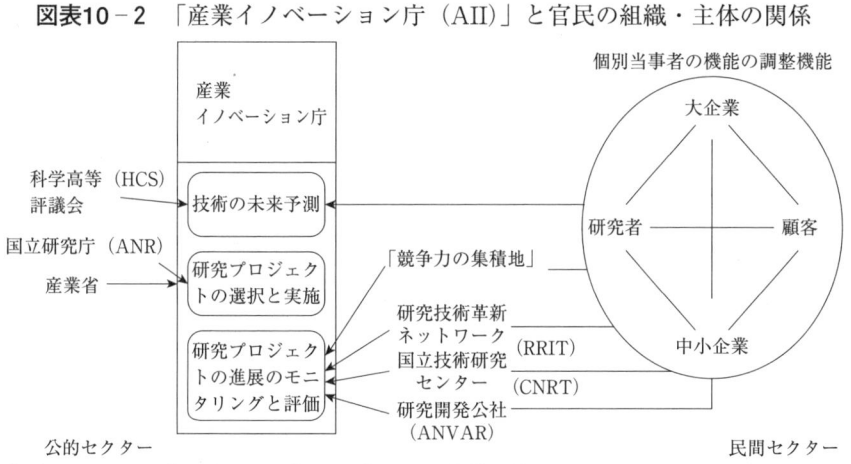

出所：Beffa, J. L. (2005), p. 60（訳156頁）を一部加筆・修正。

図表10-3 中長期的に有望な市場

エネルギー	交通	環境
・環境配慮型建造物 ・燃料電池 ・再生可能なエネルギー 　ソーラー電池 　バイオ燃料 　風力エネルギー ・第4世代原子力 ・廃棄物最終処理 ・大深度採掘	・安全でインテリジェントな自動車 ・クリーンな自動車 　燃料電池 　ハイブリッド自動車－バイオ燃料 　ハイブリッド自動車－電気 　未来型自動車のナノ素材 ・未来の航空機 　新航空機 　操縦の自動化 ・新世代TGV ・高速海上輸送 ・新世代自動地下鉄	・環境破壊・汚染の制御と修復 ・クリーンな農業 ・水処理 ・CO_2の抑制と閉じ込め ・生態系と生物多様性の管理と調査
健康	情報・コミュニケーション技術	
・バイオ写真 ・ガン ・非切除治療 ・豊かさ ・感染病 ・変性病 ・食品の質と安全性	・高速通信網 　TV　HD 　高速インターネット 　第4世代携帯電話 ・新しいインターフェース 　電波認証 　電子認証 ・MEMS（微小電子機械素子） ・音声認識 ・ネットワーク上のセキュリティ ・遠隔医療	

出所：Beffa, J. L. (2005), p. 72（訳161頁）を一部加筆・修正。

支援する国家体制の脆弱性を指摘し、過去の産業政策の反省のもとに、今後成長が見込まれる市場分野に向けて、民間企業の活力を積極的に動員する政策枠組を提言するものであった。しかし、そこには国民経済において大勢を占める中小企業への十全な配慮は見られず、むしろ、大企業への国家支援を中心として、トップダウン的な政策展開を図ろうとする志向性がみてとれる。

V. 結

　フランスの中小企業政策は、高い失業率の解消と地域間格差の是正を中心目的とするものから、フランスの国際競争力の強化を目指し、イノベーション環境の整備や、起業環境の整備に比重を置くものへと変化してきた。特にEUにおける中小企業政策の本格的な進展がみられ、2005年3月のブリュッセル欧州理事会でリスボン戦略の見直しが行われてからは、他国の中小企業政策の動向にも配慮しながら、産業政策やイノベーション政策といった、より大きな政策枠組の中で実効性の高い法制の整備や諸施策が実施されている。換言すれば、国際競争力の一層の強化という要請のもとに、中小企業政策が広くイノベーション政策や企業政策へと統合されていく傾向を見せているのである。

　EUの中小企業政策について三井逸友は、EU全体としての中小企業政策の共通理念とその枠組の影響力がより強まる中で、加盟各国の中小企業政策と産業政策等との関係が一層強まり、むしろ、中小企業それ自体に向けられる政策という視点が相対化され、希薄化しつつあると指摘している[16]。われわれは、こうした傾向がフランス的事情と結びつくことから発生する問題に目を向けざるを得ない。

　すなわち、過去、大企業偏重の産業政策や、政府主導による産業の集中・再編によって戦後の成長を遂げてきた経緯を持つフランスにあって、上述の中小企業政策の相対化、あるいは、より広い意味での産業政策への統合は、中小企業の社会的役割を軽視する方向と結びつく危険性を有している。事実、既に考察したベファ・レポートは、大企業を中心的政策対象として、トップダウン的な政策展開を図ろうとする過去のディリジスム的志向性を有するものであり、この意味において、中小企業の存在を大企業に対して二義的に扱っていることを否定できない。

　既に、第1章でも示したように、フランス中小企業は、フランス独自の社会的・経済的構造が形成される過程において、常に自由主義と個人主義を実現する場としての役割を果たしてきた。EU統合の質的深化、グローバル化の進展

が加速する状況にあっては、中小企業とは何か、その社会的役割とは何か、そのレゾンデートルは何か、という根本的かつ重要な問いかけがフランス国内において求められているのである。

注
1) EUの中小企業政策は、1980年代以降に本格化した。三井逸友（2005）は、これまでのEUの中小企業政策を、「市場統合の効果的発揮を重視し、『柔軟性活用』と『企業の連携共同』を意図したEC・EU中小企業政策の第一段階（1989-1993年）」、「欧州経済の不振下に政策の統合を図る一方、金融や取引関係など中小企業の直面する具体的な困難と不利の問題に対処する施策を重ねた第二段階（1994-2000年）」、「リスボン戦略（2000年）に基づき、知識基盤経済での競争力、ダイナミックな経済、持続可能な経済成長、多くの雇用、より高い社会的結束を実現すべく、『中小企業と企業家精神のための第四次多年度計画（4th MAP）』を軸とした第三段階」に分類する。特に、2005年3月のブリュッセル欧州理事会でリスボン戦略の見直しが行われてからは、企業家精神の推進、イノベーションと変革の推進、教育やシードキャピタルの提供による起業環境の整備に重点を置いた政策展開がみられる。詳細については、三井逸友（2007）も参照されたい。
2) 近年のフランスにおけるイノベーション政策の背景にある理念や具体的手段は、2005年7月14日に行われたパリ祭の大統領に対するインタビューの内容に端的に示されている。ここで、シラク大統領は、長年の課題である失業問題の重要性を指摘しながらも、今後の世界におけるフランスのプレゼンス向上のためには、高度に洗練された分野における研究やイノベーションを促進する大規模な国家支援体制の確立が不可欠であるとし、先の第9章で考察した「競争力の集積地」といった産官学の連携関係の強化を目指す新たな産業政策を示した。
3) 以上のデータは、INSEE(2007c), pp. 23-26, pp. 100-101による。
4) INSEE(2007b), p. 144による。なお、個人の活動再開では、以前に割り当てられた登録番号が使用される。本文に示される統計上の3分類は、たとえば、1979年に設立され、経済財政産業省下で起業促進や失業者対策の施策を扱う「企業設置庁（APCE：Agence pour la création d'entreprises）」の統計資料などでも踏襲されている。
5) INSEE(2007b), p. 145, OSEO（2007a), p. 12のデータ・資料による。
6) INSEE(2007b), p. 144, OSEO（2007a), p. 12のデータ・資料による。

7）INSEE（2007b），p. 145のデータ・資料による。
8）INSEE（2007c），p. 193, INSEE（2007b），p. 145の資料・データによる。
9）「イノベーション法」については、野原博淳・平尾光司（2007）、山口隆之（2003a)、279頁も参照されたい。
　　なお、「イノベーション法」は、通称であり、本文の原語表記にみられるように、直訳では「イノベーションと研究に関する法」である。
10）日本国内のインキュベータを統括し、新事業創出促進法に基づいて1999年に設立された日本新事業支援機関協議会（JANBO）では、以下の4つをインキュベータとしての要件としている。①起業家に提供するオフィス等の施設を有していること。②起業や成長に関する支援担当者による支援体制を提供していること、③入居対象を限定していること、④退居企業に「卒業」と「それ以外」の違いを認めているもの。
11）以上の内容は、筆者が2006年3月〜2007年7月にかけてリヨン商工会議所（CCI de Lyon）、リヨン地方経済開発公社（ADERLY）、在リヨンの「インキュベータ」、「ペピニエール」などに対しておこなったインタビュー内容、および、
CREALYS：
http://www.crealys.com/-Autour-de-l-incubation.html（2008/7/20）
ELAN：
http://www.pepinieres-elan.org/index1.asp（2008/7/20）による。
　　なお、ELANでは、「ペピニエール」をその性質に応じて、①「一般ペピニエール（Les pépinières de type généraliste)」、②「ハイテク／革新的ペピニエール（Les pépinières de haute technologie ou innovantes)」、③「手工業的ペピニエール（Les pépinières artisanales)」、④「テーマ別ペピニエール（Les pépinières thématiques)」、に分類している。
12）Beffa, J.L.（2005），pp. 7-23（訳119-129頁）。なお、ベファ・レポートについては本書第9章も参照されたい。
13）Beffa, J.L.（2005），pp. 24-31（訳130-136頁）。
14）Beffa, J.L.（2005），pp. 32-36（訳136-139頁）。
15）Beffa, J.L.（2005），pp. 36-60（訳139-157頁）。
16）三井逸友（2005)、58頁。

おわりに　まとめと展望

　以上、戦後を中心とするフランス中小企業の構造と機能を特徴付け、それを取り巻く環境と議論を考察してきた。ここでは、全体の総括をおこなうとともに、フランス中小企業の構造と機能における特徴を再度確認し、さらに、そこからフランス経済社会の将来展望を図る上で重要となる要素を抽出したい。

　まず、第一部では、フランス中小企業の地位、フランス資本主義の特徴を史的観点から確認した上で、フランス中小企業研究の潮流と現状を確認した。既にみたように、フランス中小企業は、他の先進諸国においても、そうであるように、国民経済において大きな比重を占めている。ただし、その特性把握を行い、社会的存在意義を明確化するにあたっては、過去の歴史的経緯の考察が殊に重要である。まず、初期独占の解体、すなわち、ギルド制、絶対王政の保護の下で育成された特権的マニュファクチャー、特権的貿易会社、および生産や流通における産業規制を否定したフランス革命は、小生産者に対し、自由主義と個人主義に基づく自由競争体制の基盤としての意味を与えた。

　しかしながら、こうした小生産者的発展の方向とは対照的に、中央集権的国家の確立を目指す政治体制、工業化の進展、特に大規模な国有化および、数次の経済計画を伴う第二次大戦後の一連の経済改革は、国家による経済への介入・規制・指導を強化するものであった。こうした中、官僚や一部のエリート集団、政府や国家政策と密接な関係をもつ、大企業セクターに対して、中小企業は、多くの国民にとって個人主義と自由主義を実現する場としての意義を一層強めた。

次に、フランス中小企業研究の潮流と現状を考察することによって、フランス中小企業研究が、特に管理学の領域で発展してきたことが明らかとなった。フランスでは、他の先進諸国と比べて中小企業問題の発生時期が遅れ、さらに、フランス語への執着を持つ国民性が、他国の中小企業研究成果の導入に制約を課したため、今なお、アングロサクソン系先進諸国や日本のそれと比べて中小企業の研究は充分な蓄積を成しているとは言い難く、また国内における地位もさほど高くない。しかしながら、こうしたフランス中小企業研究の後発性が、経済学よりもむしろ管理学における中小企業研究の拡大と深化を生んでいる、という状況が確認された。

　また、トレスの論考の考察からは、パラダイム支配的に展開されていく現代の中小企業研究が、今後一社会科学としてのさらなる発展を遂げるために必要な要素が抽出された。ここで確認された事柄は、我が国に限らず、産学官の連携が社会的な潮流となっている先進資本主義国において、中小企業研究者が果たすべき役割と、拠るべき立場を示唆するものである。

　第二部では、フランス中小企業問題を企業間関係の観点から考察し、下請論から「パートナーシップ」論へという、学史的転換点があったことが確認された。フランスの伝統的下請論は、総じて下請企業の技術的依存性、あるいは劣位性を前提とするものであり、それら企業の成長に対しても悲観的な要素を含むものであった。しかしながら、1970年代にはフランスにおいて下請企業が果たす社会的役割についての再認識がおこなわれた。この背景には、当時、独占的な大企業の国際競争力を強化するための企業政策のしわ寄せ現象が、単価切り下げ要求、下請代金の支払い遅延、強引な納期短縮等の下請問題として顕在化したこと、および、二度にわたる石油危機が、過去において政策の中心におかれてきた大企業の非効率性を浮き彫りにしたことなどがあった。こうして、マスメディアや政策サイドを中心として、過度に敵対的な取引関係を見直し、協力的、かつ、相互補完的な取引関係を構築すべきとの議論、すなわち「パートナーシップ」論が広がり始めたが、この1970年代当時の「パートナーシップ」論は、現実の取引関係を反映したものとは言い難く、むしろ、極めて規範

的で、政策的意図を備えたものであった。そして、1980年代半ば以降になると、フランス自動車産業における日本の生産方式・手法の導入、および、日本の生産システムの競争力や特性に関する国内外の理論研究の深化という状況を背景として、研究者を中心とする「パートナーシップ」論が展開されるようになった。ここでフランスに出現した新たな取引関係は、伝統的取引関係のオルタナティブとして捉えられ、フランスの企業間関係論に新たな潮流が生まれた。

　第三部では、特に近年のフランス中小企業政策や中小企業の振興に関わる産業政策、具体的には「地域生産システム」、「競争力の集積地」、および、イノベーション政策と起業支援政策の内容を分析した。ここでは、国際競争力の強化を目的とする産業政策の中で、大企業の役割を積極的に評価しようとの動きが再び強まり、従来、フランスで重視されてきた中小企業の文化的役割や地域コミュニティーに果たす役割といった社会性をめぐる議論が、しだいに活発さを失いつつあることが確認された。

　また、EUの中小企業政策の共通理念とその枠組の影響力がより一層強まる中で、中小企業政策と一般的な産業政策の境界が曖昧となり、こうした現象がフランスの歴史性、およびそれを通じて形成された社会構造と結び付くことから発生する問題についても触れた。

　以上、本文中に確認された事柄に加えて最後に、本書全体の内容に及ぶ事柄を付け加えておきたい。第2部および第3部では、伝統的な取引関係、すなわち、「下請」の限界を政策的、あるいは規範的な立場から指摘する1970年代の「パートナーシップ」論、自動車産業における取引関係の変化を背景とした1980年～90年代を中心とする「パートナーシップ」論、EUの拡大と深化、すなわちグローバル化の一層の進展と知識基盤型経済社会への対応という要請を背景として生まれた1990年代後半以降の「パートナーシップ」論の3つが確認された。1970年代の「パートナーシップ」論を「初期パートナーシップ論」とするならば、1980年～90年代を中心とするそれは、「中期パートナーシップ論」、1990年代後半以降のそれは、「後期パートナーシップ論」と呼ぶことがで

きよう。それぞれは、その時代背景、参加主体、あるいは理念において次元を異にするものであるが、われわれは、フランスの経済や企業、あるいは政策の議論の中で、「パートナーシップ」という用語が頻繁に引き合いに出されるという、この状況を、単にレトリック上の問題として片付けるべきではない。なぜなら、これはフランス社会や個人、あるいは企業が広い意味での共同的活動、あるいは連携活動への脆弱性を有している事の裏返しと考えられ、かつ、その理由はフランス社会を構成する深層構造に求められるからである。

すなわち、本書の考察を通じて明らかになったように、フランス資本主義の発展における原初的近代企業が、個人主義と自由主義の発現の場としての生い立ちと使命を持ち、その役割や理念が今なお、産業構造において多数を占める小規模企業によって引き継がれていること、および中央集権的国家建設を目指す中で築きあげられた教育、政治、法など社会システムを構成するサブシステムが垂直方向の意思伝達を前提として成立してきたことなどが、広義の共同や連携活動の障害になっている。この意味でフランスにおける「パートナーシップ」とは、過去フランスが築き上げてきた社会、あるいは、その構造に対する挑戦そのものなのである。

今後、グローバル化、あるいは情報化という潮流のもと国際競争力の強化が求められる上では、この脆弱性の克服が必至の課題となろう。また、それゆえにフランスの社会構造は大きな変革を迫られるであろう。

しかし、その際には過去フランス中小企業が果してきた役割や、将来果たすべき機能についての十全なる議論がなされなければならない。なかんずく、フランス中小企業は、今なお、多くの国民にとって、アイデンティティーおよび生活そのものなのであり、フランス的なるものを発現する機会であり続けていることは軽視されるべきではない。市場原理主義の影響が一層強まる中で、フランス中小企業が、今後いかなる存在意義を獲得し、あるいは付与されるのか、その行方が注目される。

初　出　一　覧

　本書は、著者がこれまでに発表した論文に加筆・修正・削除をほどこし、さらに書下ろしを加えたものである。本書の各章と既発表論文の関係は以下の通りである。

第1章　「フランス中小企業政策と新規開業支援」太田進一編『企業と政策―理論と実践のパラダイム転換―』ミネルヴァ書房、2003年。
　　　　「EU中小企業の現状と中小企業政策の課題」深山明編『EUの経済と企業』御茶の水書房、2004年。
第2章　「中小企業の経営学的研究におけるジレンマ―二つの研究視点の対立―」『商学論究』第53巻第4号、2006年3月。
第3章　「中小企業の経営学的研究の発展と展望―主流的研究と反主流的研究―」『商学論究』第54巻第2号、2006年11月。
第6章　「フランスにおける下請定義―B.シャイユの見解を中心として―」『商学論究』第50巻第1・2号合併号、2002年12月。
　　　　「フランスにおける下請論の展開―B.ベナンの下請概念―」『商学論究』第51巻第1号、2003年6月。
第7章　「企業間関係の理論とその新展開」『商学論究』第45巻第4号、1998年3月。
　　　　「フランスにおける下請企業間関係の変化〜自動車産業を中心に」『商学論究』第46巻第1号、1998年6月。
　　　　「構造転換期におけるフランス下請工業―『下請』論から『パートナー』論へ―」吉田敬一・永山利和・森本隆男編著『産業構造転換と中小企業―空洞化時代への対応』ミネルヴァ書房、1999年。
　　　　「下請階層構造と企業間関係の調整様式」『商学論究』第48巻第2号、2000年12月。

第 8 章　「フランスにおける産業クラスター政策の源流―『地域生産システム』の振興政策と中小企業―」『商学論究』第55巻第 1 号、2007年 6 月。

第 9 章　「フランス産業クラスター政策の課題」『日仏経営学会誌』第25号、2008年 4 月。

第10章　「フランス中小企業政策と新規開業支援」太田進一編『企業と政策―理論と実践のパラダイム転換―』ミネルヴァ書房、2003年。
　　　　「イノベーション政策と起業支援―フランスにおける課題と展望―」『商学論究』第56巻第 2 号、2008年11月。

参 考 文 献

【欧文】

Alchian, A.A. and Demsetz, H. (1972), "production, Information Costs and Economic Organization", *American Economic Review*, Vol.62, No.5, pp. 777-795.
Alchian, A.A. and Demsetz, H. (1984), "Specificity, Specialization and Coalition", *Journal of Economic Theory and Institutions*, Vol.140, No.1, pp. 34-49.
Altersohn, C. (1992), *De la sous-traitance au partenariat industriel*, L'Harmattan.
Altersohn, C. (1997), *La sous-traitance à l'aube du XXIe siècle*, L'Harmattan.
Amit, R. and Schoemaker, J.H. (1993), "Strategic Assets and Organizational Rent", *Strategic Management Journal*, Vol.14, No1, pp. 33-46.
Anastassopoulos, J.P., Blanc, G., Nioche, J.P. et Ramanantsoa, B. (1985), *Pour une nouvelle politique d'entreprise: contingence et libertè*, PUF.
Aoki, M. (1980), "A Model of the Firm as a Stockholder-Employee Cooperatine Game.", *American Economic Review*, Vol.70, No.4. pp. 600-610.
Armour, H.O. and Teece, D.J. (1980), "Vertical Integration and Technological Innovation", *The Review of Economics and Statistics*, Vol.62, No.3, pp. 470-474.
Aron, R. (1967), *Les étapes de la pensée sociologique*, Gallimard, Paris.
Arrow, K.J. (1969), *The Limits of Organization*, Norton ［村上泰亮（1976）『組織の限界』岩波書店］.
Arrow, K.J. (1975), "Vertical Integration and Communication", *Bell Journal of Economics*, Vol.6, No.1, pp. 173-183.
Arrow, K.J. (1991), "Scale Returns in Communication and Elite Control of Organizations", *Journal of Law, Economics and Organization*, Vol.7, Special Issue, pp. 1-6.
Batifoulier, P. (ed.) (2001), *Théorie des Conventions*, Economica ［海老塚明・須田文明監訳（2006）『コンヴァンシオン理論の射程―政治経済学の復権―』昭和堂］.
Barreyre, P.Y. (1967), "L'horizon économique des petites et moyennes entreprises", *Thèse de Doctorat de Sciences Economiques*, Université de Grenoble.
Baudry B. (1995), *L'économie des relations interentreprises*, La Découverte.

Baumol, W.J., Panzar, J.C. and Willig, R.D. (1982), *Contestable Markets and the Theory of Industrial Structure*, Harcourt Brace Jovanovich, Inc.

Baumol, W.J., Panzar, J.C. and Willig, R.D. (1983), "Contestable Markets: An Uprising in the Theory of Industrial Structure: Reply", *American Economic Review*, Vol.73, No.3, pp. 491-496.

Bayad, M. et Herrmann, J.L. (1991), "Gestion des effectifs et caractéristiques des PME industrielles: ver quelles relations?", *Revue Internationale PME*, vol.4, n°2, pp. 5-41.

Bayad, M. et Nébenhaus, D. (1994), "*Recherches sur la GRH en PME: Proposition en vue d'un Modèle Théorique*", 5e Congrès de lAGRH, Montpellier, novembre.

Bayad, M., Mahé de Boislandelle H., Nébenhaus, D. et Sarnin, P. (1995), "Paradoxes et spécificités des problématique de gestion des resources humaines en petites et moyennes entreprises", *Gestion 2000*, vol.11, n° 1, pp.95-108.

Beffa, J.L. (2005), *Pour une nouvelle politique industrielle* (http://lesrapports.ladocumentationfrancaise.fr/BRP/054000044/0000.pdf)〔水上萬里夫・平尾光司訳 (2007)「フランスの新たな産業イノベーション政策に向けて」『専修大学都市政策研究センター論文集』、第3号〕.

Blanc, C. (2004), *Pour un écosystème de la croissance* (http://lesrapports.ladocumentationfrancaise.fr/BRP/044000181/0000.pdf).

Blau, P.M. and Scoenherr, R. (1971), *The Structure of Organizations*, Basic Books.

Blois, K.J. (1972), "Vertical Quasi-Integration", *Journal of Industrial Economics*, Vol.20, No.3, pp. 253-272.

Boyer R. et Freyssenet M. (2000), *Les modèles productifs*, La Découverte.

Bradach, J.L. and Eccles, R.G. (1989), "Price, Authority and Trust: from Ideal Types to Plural Forms", *Annual Review of Sociology*, No.15, pp. 97-118.

Bruyat, C. (1993), "Création d'entreprise: contributions épistémologiques et modélisation", *Thèse de doctorat en sciences de gestion*, Grenoble II.

Candau, P. (1981), "Pour une taxonomie de l'hypofirm", *Revue d'Économie Industrielle*, n°16, 2^{e}trimestre, pp.16-33.

Chaillou, B. (1977), "Définition et typologie de la sous-traitance", *Revue économique*, vol.28, n°2, mars.

Chalmers, A.F. (1987), *Qu'est-ce que la science?*, Editions La Découverte.

Child, J. and Mansfield, R. (1972), "Technology, Size and Organization Structure", *Sociology*, Vol.6, No.3, pp. 369-393.

Clark, K.B. (1989), "Project Scope and Project Performance: The Effect of Parts Strategy and Supplier Involvement on Product Development", *Management*

Science, Vol.35, No.10, pp. 1247-1263.

Clark, K. B. and T. Fujimoto (1991), *Product Development Performance: Strategy, Organization, and Management in the World Auto Industry*, Harvard Business School Press ［藤本隆宏、キム・B・クラーク (1993)『製品開発力 —日米欧自動車メーカー20社の詳細調査—』田村明比古訳. ダイヤモンド社］.

Coase, R.H. (1988), *The Firm, The Market, and The Law*, The University of Chicago Press ［宮沢健一・後藤 晃・藤垣芳文訳 (1992)『企業・市場・法』東洋経済新報社］.

Cohen, E. (1989), "Épistémologie de la gestion", *Encyclopédie de gestion*, tome 1, Economica, pp. 1158-1178

Colla, E. (2001), *La grande distribution européenne 2ème édition*, Vuibert ［三浦信訳 (2004)『ヨーロッパの大規模流通業—国際的成長の戦略と展望—』ミネルヴァ書房］.

Coriat, B. (1991), *Penser à l'envers: travail et organisation dans l'entreprise japonaise*, Christian Bourgois Editeur ［花田昌宣・斉藤悦則訳 (1992)『逆転の思考』藤原書店］.

Cusmano, M.A. and Takeishi, A. (1991), "Supplier Relations and Management: A Survey of Japanese, Japanese Transplants, and U.S. Auto Plants", *Strategic Management Journal*, Vol.12, No.8, pp. 563-588.

DATAR (2001), *Reseaux d'entreprises et territoires - regards sur les systemes productifs locaux*, La Documentation Française.

DATAR (2002), *Les systèmes productifs locaux*, La Documentation Française.

DATAR (2004), *La France, puissance industrielle: une nouvelle politique industrielle par la territories*, La Documentation française .

De Banville, E. et Chanaron, J.J. (1990), "Les relations d'approvisionnement," dans Jacot H.J., *Du fordisme au toyotisme ? - les voies de la modernisation du système automobile en France et au Japon*, La Documentation Française ［金田重喜監訳 (1994)『フォード主義対トヨタ主義—日仏自動車工業の比較—』創風社、第2章］.

De Banville, E. et Chanaron, J.J., (1991), *Vers un système automobile européen*, Economica.

Demsetz, H. (1989), *Efficiency, Competition, and Policy*, Blackwell Publishing.

Desreumaux, A. (1992), *Structures d'entreprise*, Éditions Vuilbert, Paris.

Direction générale des stratégies industrielles (1993), *Le recours à la sous-traitance industrielle en 1991*, La Documentation française.

Donada, C. (1997), "Fournisseurs: déjouez les pièges du partenariat", *Revue Française de Gestion*, n°114, pp. 94-105.

Dore, R. (1987), *Taking Japan Seriously: A Confucian Perspective on Leading Economic Issues*, Athlone Press.

Dore, R. (2000), *Stock Market Capitalism: Welfare Capitalism: Japan and Germany versus the Anglo-Saxons*, Oxford University Press［藤井眞人訳 (2001)『日本型資本主義と市場主義の衝突——日・独対アングロサクソン——』東洋経済新報社］.

Duchéneaut, B. (1995), *Enquête sur les PME françaises*, Maxima.

Dyer, J.H. (1997), "Effective Interfirm Collaboration: How Firms minimize Transaction Costs and maximize Transaction Value", *Strategic Management Journal*, Vol.18 No.7, pp. 535-556.

Dyer, J.H. and Ouchi, W.G. (1993), "Japanese-Style Partnerships: Giving Companies a Competitive Edge", *Sloan Management Review*, Vol.35, No.1, pp. 51-63.

Dyer, J.H. and Singh, H. (1998), "The Relational View: Cooperative Strategy and Sources of Interorganizational Competitive Advantage", *The Academy of Management Review*, Vol.23, No.4, pp. 660-679.

Dyer, J.H., Cho, D.S. and Chu, W. (1998), "Strategic Supplier Segmentation: The next best Practice in Supply Chain Management", *California Management Review*, Vol.40 No.2, pp. 57-77.

Eccles, R.G. (1981a) "The Quasifirm in the Construction Industry", *Journal of Economic Behaviour and Organization*, Vol.2, pp. 335-357.

Eccles, R.G. (1981b), "Bureaucratic versus Craft Administration: The Relationship of Market Structure to the Construction Firm", *Administrative Science Quarterly*, Vol.26, No.3, pp. 449-469.

Elstain, J.B. (1993), *Democracy on Trial*, House of Anansi Press［河合秀和訳 (1997)『裁かれる民主主義』岩波書店］.

European Communities (2003), *European Observatory for SMEs 7th Report 2002, No.3 (Regional Cluster in Europe)*［中小企業総合研究機構訳編『ヨーロッパ中小企業白書第7次年次報告書』同友館、第3部 (95-193頁)］.

European Communities (2004), *European Observatory for SMEs 8th Report 2003, No.7 (SMEs in Europe 2003)*［中小企業総合研究機構訳編『ヨーロッパ中小企業白書第8次年次報告書』同友館、第7部 (353-476頁)］.

Eymard-Duvernay, F. (2004), *Économie politique de l'entreprise*, La Découverte［海老塚明・片岡浩二・須田文明・立見淳哉・横田宏樹訳 (2006)『企業の政治経済学——コンヴァンシオン理論からの展望——』ナカニシヤ出版］.

Fabli, B., Gerrand D. et Pettersen, N. (1993), "La gestion des ressources humaines en PME: Proposition d'un modèle de contingence," *1er congrès international francophone de la PME*, Carthage.

Fernandez, G., Noël, A. (1994), "PME, mondialisation et stratégies", *Revue Internationale PME*, vol.6, n°3-4, pp. 145-163.

Flaherty, T. (1981), "Prices versus Quantities and Vertical Financial Integration", *Bell Journal of Economics*, Vol.12, No.2, pp. 507-525.

Friedman,D. (1988), *The Misunderstood Miracle: Industrial Development and Political Change in Japan*, Cornell University Press.

Gervais M. (1978), "Pour une théorie de l'organisation-PME", *Revue Française de Gestion*, n°15, 1er trimestre, pp. 37-48.

Godener, A. (1994), "Entreprise traditionnelles et entreprise de haute technologie, des chemins de croissance differents ?", *Annales du Management*, XIIèmes journées nationales des IAE, Montpellier, tome2, pp. 175-192.

Gorgeu, A. et Mathieu, R. (1996), "L' 《assurance qualité fournisseur》 de l'industrie automobile française", *Revue d'Économie Industrielle*, n°75, 1er trimestre, pp. 223-238.

Hall, H. and Haas, J.E. (1967), "Organizational Size, Complexity, and Formalization", *American Sociological Review*, Vol.32, No.6, pp. 903-912.

Helper, S. (1990), "Comparative Supplier Relations in the US and Japanese Auto Industries: an Exit/Voice Approach", *Business and Economic History*, Vol.19, pp. 153-162.

Helper, S. (1991a), "How much has really changed between US Automakers and Their Suppliers?", *Sloan Management Review*, Vol.32, No.4, pp. 15-28.

Helper, S. (1991b), "Strategy and Irreversibility in Supplier Relations: The Case of the US Automobile Industry," *Business History Review*, Vol. 65, No.4, pp.781-824.

Helper, S. and Levine, D.I. (1991), "Long-term Supplier Relations and Product-Market Structure," *The Journal of Law, Economics and Organization*, Vol. 8, No.3, pp. 561-581.

Helper, S. and Sako, M. (1995), "Supplier Relations and the United States: are they Converging?", *Sloan Management Review*, Vol.36, No.3, pp. 77-84.

Hertz, L. (1982), *In Search of a Small Business Definition; An Exploration of the Small-Business Definitions of US, The UK, Israel and the People's Republic of China*, Washington,University Press of America.

Hirschman, A.O. (1958), *The Strategy of Economic Development*, Yale University Press

[小島清監修・麻田四郎訳 (1961)、『経済発展の戦略』厳松堂出版].
Hirschman, A.O. (1974), *Exit, Voice and Loyalty*, Harvard University Press [三浦隆之訳 (1975)『組織社会の論理構造―退出・告発・ロイヤルティ―』ミネルヴァ書房].
Houssiaux, J. (1957a), "Le concept de "quasi-intégration" et le role des sous-traitants dans l'Industrie", *Revue économique*, vol.8, n°2, pp. 221-247.
Houssiaux, J. (1957b), "Quasi-intégration croissance des fires et structures Industrielles", *Revue économique*, vol.8. n°3, pp. 385-411.
Huberman, A.M., et Miles, M.B. (1991), *Analyse des données qualitatives: recueil de nouvelles méthodes*, De Boeck Université.
INSEE (1996), *Annuaire statistique de la France édition 1996*, INSEE.
INSEE (2007a), *Annuaire statistique de la France édition 2007*, INSEE.
INSEE (2007b), *Tableaux de l'économie française*, Imprimerie Jouve.
INSEE (2007c), *L'industrie en France*, Imprimerie Jouve.
Jacot, J.H. (sous la direction de) (1990), *Du Fordisme au Toyotisme ? Les voies de la modernisation du système automobile en france et au Japon*, La Documentation Française [金田重喜 監訳 (1994)『フォード主義対トヨタ主義―日仏自動車工業の比較―』創風社].
Jacquemin, A. (1989), "La dynamique du groupe d'entreprises", *Revue d'Économie Industrielle*, n°47, pp. 6-13.
Julien, P.A. (1990), "Vers une typologie multicritères des PME", *Revue Internationale des PME*, vol.3, n°3-4, pp. 411-425.
Julien, P.A (1993), "Small Businesses as a Research Subject: Some Reflections on Knowlwdge of small Businesses and its Effects on economic Theory", *Small Business Economics*, vol.5, n°2, pp. 157-166.
Julien, P.A. (sous la direction de) (1994a), *Les PME: bilan et perspectives*, Economica.
Julien,P.A. (1994b), "Pour une définition de PME," dans Julien, P.A. (sous la direction de), *Les PME : bilan et perspectives*, Economica, pp.1-43.
Julien, P.A. et Marchesnay, M. (1988), *La petite entreprise: principes d'économie et de gestion*, Editions Vuibert.
Julien, P.A. et Marchesnay, M. (1992), "Des procédures aux processus stratégiques dans les PME" dans Noël, A. (sous la direction de), *Perspectives en management stratégique*, Economica, pp.97-129.
Julien, P.A. et Marchesnay, M. (1996), *L'entrepreneuriat,* Éditions Economica.
Kimberly, J.R. (1976), "Organizational Size and the Structuralist Perspective: A

Review, Critique, and Proposal", *Administrative Science Quarterly*, Vol.21, No.4, pp. 571–597.

Klein, B. (1980), "Transaction Cost Determinations of 'unfair' Contractual Arrangements", *American Economic Review*, Vol.70, No.2, pp. 356–362.

Klein, B. (1988), "Vertical Integration as Organizational Ownership: The Fisher Body - General Motors Relationship Revisited", *Journal of Law, Economics and Organization*, Vol.70, pp. 199–213.

Klein, B., Crawford, R.G. and Alchain, A.A. (1978), "Vertical Integration, Appropriable Rents, and the Competitive Contraction Process", *Journal of Law and Economics*, Vol.21, No.2, pp. 297–326.

Krugman, P. (1991), *Geography and Trade, Leuven, Belgium and Cambridge, Mass.*, Leuven University Press and The MIT Press ［北村行伸・高橋亘・妹尾美起訳（1994）『脱「国境」の経済学：産業立地と貿易の新理論』、東洋経済新報社］.

Kuhn, T.S. (1970), *The Structure of Scientific Revolutions*, The University of Chicago Press, Chicago. ［中山 茂 訳（1971）『科学革命の構造』みすず書房］。

Lecler, Y. (1992), "L'avenir du partenariat à la japonaise," *Revue fraiçaise de gestion*, n°91, pp.50–63.

Lecler, Y. (1993), *Partenariat industriel, la référence japonaise*, L'interdisciplinaire (collection technologie), L'interdisciplinaire.

Leo, P.Y. (1987), "Les milieux régionaux de PMI: une approche statistique et régionalisée des choix strategique des PMI à partir de l'EAE", *Revue d'Économie Régionale et Urbaine*, n°3, pp. 423–437.

Levine, D.I. and Helper, S. (1992), "A Quality Policy for America", *Contemporary Economic Policy*, Vol.13, No.2, pp. 26–37.

Levine, D.I. (1990), "Participation, Productivity, and the Firm's Environment", *California Management Review*, Vol.32, No4, pp. 86–100.

Lewis, J.D. (1990a), *Partnerships for Profit: Structuring and Managing Strategic Alliances*, Free Press.

Lewis, J.D. (1990b), *The Connected Corporation: How Leading Companies Win Through Customer-supplier Alliances*, Free Press.

Lung, Y., Chanaron, J.J., Fujimoto, T. and Raff, D. (eds.) (1999), *Coping with Variety: Flexible Productive Systems for the Product Variety in the Auto Industry*, Ashgate.

Marchesnay, M. (1982a), "Is Small so beautiful?", *Revue d'Économie Industrielle*, n°19, pp. 110–114.

Marchesnay, M. (1982b), "Pour un modèle d'hypofirm", *dans Entreprise et*

Organisation, mélanges en l'honneur du professeur Aubert-Krier, Economica, pp. 71-90.

Marchesnay, M. (1991a), "La PME: une gestion spécifique?", *Économie Rurale*, n°206, pp. 11-17.

Marchesnay, M. (1991b), "De l'hypofirme à l'hypogroupe: naissance, connaissance, reconnaissance", *Les Cahier du Lerass*, n°23, pp. 35-50.

Marchesnay, M. (1993), "PME, stratégie et recherche", *Revue Française de Gestion*, n°95, pp. 70-76.

Marchesnay, M. (1994), "Le management stratégique", dans Julien, P.A., (sous la direction de), *Les PME: bilan et perspectives*, Economica, pp. 133-162.

Marchesnay, M. (1997), "La moyenne entreprise exite-t-elle?", *Revue Française de Gestion*, n°116, pp. 85-94.

Marchesnay, M. et Guilhon, B. (1994), "Préstation du nouveau développement en économie industrielle," *Revue d'Éonomie Industrielle*, n°67, 1er trimestre, pp. 13-20.

Marchesnay, M. et Morvan, Y. (1979) "Micro, macro, méso", *Revue d'Économie Industrielle*, n°8, pp. 99-103.

Marshall, A. (1920), *Principle of Economics, 8th ed.*, Macmillan [永沢越郎訳 (1985)『経済学原理:第二分冊』岩波ブックサービスセンター].

Marshall, A. (1923), *Industry and Trade: A Study of Industrial Technique and Business Organization and of their Influences on the Conditions of Various Classes and Nations, 4th ed.*, Macmillan [永沢越郎訳 (1986)『産業と商業:産業技術と企業組織、およびそれらが諸階級、諸国民に与える影響の研究』岩波ブックセンター信山社].

Martinet, A.C. (1985), "Internationalisation ou diversification 'domestique' de la PME :instruction d'un dilemme stratégique," *Cahiers Lyonnais de recherche en gestion*, n°7, pp. 124-141.

Martinet, A.C. (1987), "Pour une théorie des formes stratégique : réflexions épistémologiques naïves," *Cahiers Lyonnais de recherche en gestion*, n°9, pp. 212-226.

Martinet, A.C. (1990), "Epistémologique de la stratégie," dans Martinet, A.C. (coordonné par), *Epistémologies et science de gestion*, Economica, pp. 211-236.

Milgrom, P. and Roberts, J. (1990), "Bargaining Costs, Influence Costs and the Organization of Economic Activity", in Alt, J.E. and Shepsle, K. (eds.), *Perspectives on Positive Political Economy*, Cambridge University Press, pp. 57-89.

Milgrom, P. and Roberts, J. (1992), *Economics, Organization, and Management*,

Prentice Hall Inc. [奥野 正寛、伊藤 秀史、今井 晴雄、西村 理、八木 甫訳（1997）『組織の経済学』NTT出版].
Ministère de l'industrie, des postes et térécommunications et du commerce extérieur (1993), *Le recours à la sous-traitance industrielle en 1991*, SESSI.
Mintzberg, H. (1982), *Structure et dynamique des organisations*, Éditions d'organization.
Moles, A.A. (1990), *Les sciences de l'imprécis*, Éditions Seuil.
Monteverde, K. and Teece, D. J. (1982a), "Supplier Switching Costs and vertical Integration in the automobile Industry", *Bell Journal of Economics*, Vol.13, No.1, pp. 206-213.
Monteverde, K. and Teece, D. J. (1982b), "Appropriable Rents and Quasi-vertical Integration", *Journal of Law and Economics*, Vol.25, pp. 321-328.
Mudambi, R. and Helper, S. (1998), "The 'Close but Adversarial' Model of Supplier Relations in the US Auto Industry", *Strategic Management Journal*, Vol.19, No.8, pp. 775-792.
Nguyen, T.H. et Bellehumeur, A. (1985), "A propos de l'interchangeabilité des mesures de la taille", *Revue d'Économie Industrielle*, n°33, 3ᵉtrimestre, pp. 44-57.
Nicolas, J. et Daniel D. (2005), *Les pôles de compétitivité: le modéle français*, La Documentation française.
Nobre, T. (1995), "Le processus de structuration dans la petite entreprise, une étude exploratoire", *Revue Internationale PME*, vol.8, n°2, pp. 203-238.
Nooteboom, B. (1999), "Innovation and Inter-firm Linkages: New Implications for Policy", *Research Policy*, Vol.28, No.8, pp. 793-805.
OSEO (2007a), *PME 2007 rapport OSEO sur l'évolution des PME*, La Documentation française.
OSEO (2007b), *La recherche académique française en PME: les theses, les revues, les réseaux (Regards sur les PME n°14)*, Graphoprint.
OSEO (2007c), *Quels emplois pour les PME? (Regards sur les PME n°15)*, Graphoprint.
Penrose, E.T. (1959), *The Theory of the growth of the firm*, Blackwell Publishing [末松玄六訳（1980）『会社成長の理論（第2版）』ダイヤモンド社].
Piore, M. and Sabel, C. (1984), *The Second Industrial Divide*, Basic Books [山之内靖・永易浩一・石田あつみ訳（1993）『第二の産業分水嶺』筑摩書房].
Popper, K.R. (1959), *The Logic of Scientific Discovery 1st ed.*, Basic Books [森 博、大内義一訳（1971-72）『科学的発見の論理』上・下、恒星社厚生閣].
Popper, K.R. (1963), *Conjectures and Refutations-The Growth of Scientific Knowledge*,

Routledge & Kegan Paul［藤本隆志・石垣壽郎・森博訳 (1980)『推測と反駁―科学的知識の発展』法政大学出版局］.

Porter, M.E. (1990), *The Competitive Advantage of Nations*, The Free Press［土岐坤・中辻萬治・小野寺武夫・戸成 富美子訳 (1992)『国の競争優位（上・下）』ダイヤモンド社］.

Porter, M.E. (1998), *On Competition*, Harvard Business School Press,1998 ［竹内弘高訳 (1999)『競争戦略論Ⅱ』ダイヤモンド社］.

Powell, W.W. (1990), "Neither Market nor Hierarchy: Networks form of Organization", Staw, B. M. and Cummints, L. L. (eds), *Research in Organizational Behavior*, Vol.12, pp. 295-336.

Pugh, D.S., Hickson D. J., Hinings C. R. and Turner, C. (1968), "Dimensions of Organization Structure", *Administrative Science Quarterly*, Vol.13, No.1, pp. 65-105.

Pugh, D.S., Hickson, D.J. and Hinings, C.R. (1969), "An Empirical Taxonomy of Structure of Work Organizations", *Administrative Science Quarterly*, Vol.14, No.1, pp. 115-126.

Robinson, E.A.G. (1931), *The Structure of Competitive Industry*, Nisbet and Cambridge University Press［黒松巌訳 (1969)『産業の規模と能率』有斐閣］.

Roos, D., Womack, J.P., and Jones, T.D. (1990), *The Machine that changed the World*, Macmillan［沢田博訳 (1990)『リーン生産方式が、世界の自動車産業をこう変える―最強の日本車メーカーを欧米が追い越す日―』経済界］.

Sako, M. and Helper, S. (1998), "Determinants of Trust in Supplier Relations: Evidence from the Automotive Industry in Japan and the United States ", *Journal of Economic Behavior and Organization*, Vol.34, No.3, pp. 387-417.

Savajol, H. (2003), *PME: Clés de lecture : définitions dénombrement typologies (Regards sur les PME n°1)*, Agence de PME.

Saxenian, A. (1994), *Regional Advantage: Culture and Competition in Silicon Valley and Route 128*, Harvard University Press［大前研一訳 (1995)『現代の二都物語：なぜシリコンバレーは復活し、ボストン・ルート128は沈んだか』講談社］.

Schumpeter, J.A. (1951-52), *Capitalism, Socialism and Democracy* (3rd ed.), Harper & Row［中山伊知郎・東畑精一訳 (1962)『資本主義・社会主義・民主主義（上・中・下）』東洋経済新報社］.

Simon, H.A. (1957), *Models of Man: Social and Rational Mathematical Essays on Rational Human Behavior in a Social Setting*, Wiley［宮沢光一監訳 (1970)『人間行動のモデル』同文舘出版］.

Smitka, M.J. (1991), *Competitive Ties: Subcontracting in the Japanese Automotive*

Industry, Columbia University Press.

Steindl, J. (1947), *Small and Big Business: Economic Problems of the Size of Firms*, Basil Blackwell [米田清貴・加藤誠一共訳 (1956)『小企業と大企業』巌松堂出版].

Torrès, O. (1997), "Pour une approche contingente de la spécificité de la PME", *Revue Internationale PME*, vol.10, n°2, pp. 9–43.

Torrès, O. (1998a), "Pour une approche critique de la spécificité de gestion de la PME: application au cas de la globalisation", *Thèse de doctrat de université de Monpellier I*.

Torrès, O. (1998b), "Vingt-cinq ans de recherche en PME: une discipline entre courants et contre-courants", dans Torrès, O. (sous la direction de), *PME-de nouvelles approches*, Economica, pp.17–53.

Torrès, O. (2003), "Petitesse des entreprises et grossissement des effets de proximité", *Revue française de gestion*, vol.29, n° 144, pp. 119–138.

Torrès, O. and Julien, P.-A. (2005), "Specificity and Denaturing. of small Business", *International Small Business Journal*, Vol.23, No.4, pp. 355–377.

Trinth, S. (1992), *Il n'y a pas de modèle Japonais*, Odile Jacob.

Vargas, G. (1984), "Les crises de croissance de la PME-PMI", *Revue Française de Gestion*, n°44, pp. 13–22.

Vennin B. (1975), "Pratique, et signification de la sous-traitance dans l'industrie automobile en france", *Revue Économique*, vol.26, n°2, pp. 280–306.

Weber, A. (1922), *Über den Standort der Industrien, Reine Theorie des Standorts*, Tubingen, Verlag von J.C.B.Mohr [篠原泰三訳 (1986)『工業立地論』大明堂].

Welsh, J.A. and White, J.F. (1981), "A Small Business is not a Little Big Business", *Harvard Business Review*, Vol.59, No.4, pp. 18–32.

Williamson, O.E. (1975), *Market and Hierarchies: Analysis and Antitrust Implications*, The Free Press [浅沼萬里・岩崎晃訳 (1980)『市場と企業組織』、日本評論社]。

Williamson, O.E. (1979), "Transaction Cost Economics: The Governance of Contractual Relations", *Journal of Law and Economics*, Vol.22, No.2, pp. 233–261.

Williamson, O.E. (1985), *The Economic Institutions of Capitalism: Firms, Markets, Relational Contracting*, The Free Press.

Williamson, O.E. (1986), *Economic Organizations: Firms, Markets, and Policy Control*, Wheatsheaf Books LTD [井上 薫、中田善啓監訳 (1989)『エコノミックオーガニゼーション』、晃洋書房].

参考文献

【和文】

青木昌彦(1995)『経済システムの進化と多元性―比較制度分析序説』東洋経済新報社。
浅沼萬里(1983)「取引様式の選択と交渉力」『経済論叢』第131巻3号、99-124頁。
浅沼萬里(1984)「日本における部品取引の構造―自動車産業の事例―」『経済論叢』第133巻第3号、137-158頁。
浅沼萬里(1987)「関係レントとその分配交渉」『経済論叢』第139巻第1号、39-60頁。
浅沼萬里(1990)「日本におけるメーカーとサプライヤーとの関係―『関係特殊的技能』の概念の抽出と定式化―」『経済論叢』第145巻第1・2号、1-45頁。
浅沼萬里(1997)『日本の企業組織 革新的適応のメカニズム 長期取引関係の構造と機能』東洋経済新報社。
有沢廣巳(1937)『日本工業統制論』有斐閣。
有沢廣巳(1957)「日本における雇用問題の基本的考え方」日本生産性本部編『日本の経済構造と雇用問題』日本生産性本部。
有田辰男(1982)『中小企業問題の基礎理論』日本評論社。
有田辰男(1990)『戦後日本の中小企業政策』日本評論社。
池内信行(1960)『中小企業論』法律文化社。
池田正孝(1987)「自動車部品工業の下請システムの国際比較」『商工金融』62年度第7号、3-19頁。
池田正孝(1993)「自動車産業における分業生産システムの変貌」『経済学論纂』第34巻第1号、185-211頁。
池田正孝(1994)「欧州自動車産業の下請け再編成の動向―日本型下請システムの展開」『中央大学経済研究所年報』第25号（Ⅱ）、147-172頁。
池田正孝(2002)「サプライヤーへの権限移管を強める欧州のモジュール開発―Faureciaの取り組み実例―」『豊橋創造大学紀要』第6号、43-58頁。
石倉三雄(1989)『地場産業と地域経済』ミネルヴァ書房。
伊丹敬之・松島茂・橘川武郎編著(1998)『産業集積の本質 柔軟な分業・集積の条件』有斐閣。
伊藤岱吉(1957)『中小企業論』日本評論社。
伊藤岱吉(1967)『中小工業の現状と将来―問題の本質と展望―』東京都労働局。
伊藤元重(1996)『市場主義』講談社。
稲葉襄(1967)『フランス中小工業問題論』森山書店。
イブリン・レクレール(2006)「フランス：『日本モデル』に対するグローバル化の挑戦」工藤章・橘川武郎・グレン・D・フック編『グローバル・レヴュー（現代日

本企業3）』有斐閣。
今井賢一・伊丹敬之・小池和男(1982)『内部組織の経済学』東洋経済新報社。
植草益(1995)『日本の産業組織―理論と実証のフロンティア―』有斐閣。
上田達三(2002)「日本中小企業の構造展開」佐竹隆幸編著『中小企業のベンチャー・イノベーション』ミネルヴァ書房、19-44頁。
上田達三監修・田中充・佐竹隆幸編著(2000)『中小企業論の新展開―共生社会の産業展開―』八千代出版。
植田浩史(2004a)『現代日本の中小企業』岩波書店。
植田浩史(2004b)「産業集積の『縮小』と産業集積研究」植田浩史編著『「縮小」時代の産業集積』創風社、19-44頁。
遠藤輝明編(1982)『国家と経済 フランス・ディリジスムの研究』東京大学出版会。
太田進一(1987)『中小企業の比較研究』中央経済社。
太田進一編著(1999)『企業政策論と総合政策科学』中央経済社。
太田進一編著(2002)『企業と政策―理論と実践のパラダイム転換』ミネルヴァ書房。
岡本義行(1994)『イタリアの中小企業戦略』三田出版会。
小川秀樹(1998)『イタリアの中小企業：独創と多様性のネットワーク』日本貿易振興会。
海道ノブチカ編著(2008)『EU拡大で変わる市場と企業』日本評論社。
亀井克之(2001)『新版 フランス企業の経営戦略とリスクマネジメント』法律文化社。
金井一頼(2003)「クラスター理論の検討と再構成―経営学の視点から」石倉洋子・藤田昌久・前田昇・金井一頼・山崎朗著『日本の産業クラスター戦略 地域における競争優位の確立』有斐閣、43-73頁。
川上義明(1993)『現代日本の中小企業―構造とビヘイビア―』税務経理協会。
橘川武郎(1998)「産業集積研究の未来」伊丹敬之・橘川武郎・松島 茂編著『産業集積の本質 柔軟な分業・集積の条件』有斐閣、301-316頁。
木村尚三郎・志垣嘉男(1982)『概説フランス史』有斐閣選書。
清成忠男(1970)『日本中小企業の構造変動』新評社。
清成忠男(1972)『現代中小企業の新展開―動態的中小企業論の試み―』日本経済新聞社。
清成忠男・中村秀一郎・平尾光司(1971)『ベンチャー・ビジネス―頭脳を売る小さな大企業―』日本経済新聞社。
黒川文子(1996)「ルノーの経営戦略―製品開発と組織変革について―」『日仏経営学会誌』第13号、67-89頁。
黒瀬直宏(2002)「複眼的中小企業理論（上）」『商学研究所報（専修大学）』第34巻第1号、1-45頁。

黒瀬直宏(2003)「複眼的中小企業理論（下）」『商学研究所報（専修大学）』第34巻第4号、1-43頁。
黒瀬直宏(2006)『中小企業政策』日本経済評論社。
小池和男(1977)『職場の労働組合と参加―労使関係の日米比較―』東洋経済新報社。
古賀和文(1983)『近代フランス産業の史的分析』学文社。
後藤晃(1993)『日本の技術革新と産業組織』東京大学出版会。
小宮山琢二(1941)『日本中小工業研究』中央公論社。
財団法人自治体国際化協会(1998)「フランスにおける地域開発 (1) ―その制度の変遷と事例―」『CLAIR REPORT』、第163号。
財団法人機械振興協会経済研究所(1992)『機械産業の取引慣行に関する国際比較』財団法人機械振興協会経済研究所。
佐々木恒男(1981)『現代フランス経営学研究』文眞堂。
佐竹隆幸(1996)「アングロサクソンの理論：中小企業存立の理論」森本隆男編著『中小企業論』八千代出版、17-33頁。
佐竹隆幸(2002)『中小企業のベンチャー・イノベーション―理論・経営・政策からのアプローチ―』ミネルヴァ書房。
佐竹隆幸(2004)「中小企業の問題と政策」日本経営診断学会関西部会編『中小企業経営の諸問題』八千代出版、1-46頁。
佐藤清(2005a)「フランス労使関係と企業委員会：企業内参加と代表制度」『経済学論纂』第45巻第1・2号合併号、313-339頁。
佐藤清(2005b)「フランスにおける労働問題の位相：労使関係とサンディカリスムの制度化」『経済学論纂』第45巻第3・4号合併号、139-163頁。
佐藤芳雄(1968)「中小企業『近代化』論批判」市川弘勝編『現代日本の中小企業』新評論、287-316頁。
佐藤芳雄(1976)『寡占体制と中小企業―寡占と中小企業競争の理論構造―』有斐閣。
佐藤芳雄(1980)『低成長期における外注・下請管理』中央経済社。
佐藤芳雄(1988)「歴史の中で変貌する日本中小企業―問題と研究の小史―」『三田商学研究』第31巻第1号、44-61頁。
佐藤芳雄(1996)『21世紀、中小企業はどうなるか～中小企業研究の新しいパラダイム～』慶応義塾大学出版会。
自治・分権ジャーナリストの会(2005)『フランスの地方分権改革』日本評論社。
白石善章・田中道雄・栗田真樹編著(2003)『現代フランスの流通と社会』ミネルヴァ書房。
末松玄六(1943)『最適工業経営論』同文館。
末松玄六(1961)『中小企業成長論』ダイヤモンド社。

末松玄六(1972)『中小企業の経営戦略』丸善。
末松玄六・瀧澤菊太郎編(1967)『適正規模と中小企業』有斐閣。
末岡俊二(1974)『中小企業の理論的分析』文眞堂。
鈴木宏昌(2008)「日本の雇用問題とヨーロッパの雇用問題—国際比較の視点から」『労働法律旬報』No.1663・1664、20-29頁。
清晌一郎(2002)「契約の論理を放棄した『関係特殊的技能』論—浅沼萬里氏の混乱した議論について—」『関東学院大学経済経営研究所年報』第24集、102-134頁。
関満博(1984)『地域経済と地場産業』新評論。
瀬見博(1989)『目標計画法の研究』泉文堂。
高田亮爾(1989)『現代中小企業の構造分析—雇用変動と新たな二重構造』新評論。
高田亮爾(2003)『現代中小企業の経済分析—理論と構造—』ミネルヴァ書房。
高橋美樹(1992)「日本の中小企業研究と企業間関係分析」『三田商学研究』第35巻第4号、46-59頁。
高橋美樹(1999)「イノベーション、創業支援策と中小企業政策」『三田商学研究』第41巻第6号、123-140頁。
瀧澤菊太郎(1965)『日本工業の構造分析—日本中小企業の一研究—』春秋社。
田杉競(1941)『下請制工業論』有斐閣。
巽信晴(1979)「産業構造の変化による下請制工業の展開と特徴」大阪市立大学経済研究所編『産業構造の転換と日本経済』東京大学出版会。
巽信晴(1984)「産業構造変化と下請制中小企業」水野武・松本達郎・磯辺浩一編『産業構造転換と中小企業』有斐閣、244-260頁。
田中友義(2005)「EUリスボン戦略はなぜ変更を迫られたのか〜ひらく米国との成長・雇用格差〜」『季刊 国際貿易と投資』、第60(夏)号、95-106頁。
田中道雄(2006)「EUの中のフランス流通」実践経営学会関西支部『関西実践経営』第32号。
田中道雄(2007)『フランスの流通 流通の歴史・政策とマルシェの経営』中央経済社。
田部井英夫(1993)「他律型の発展から自律型の発展へ—〈経済の世界化〉のもとでの自立的国民経済再形成への模索—」『経済評論』第42巻第1号、101-121頁。
田部井英夫(1994a)「フランス地方分権化後の10年—地方分権化と民主主義」『平和経済』388号、34-40頁。
田部井英夫(1994b)「統合化過程における産業政策と地域政策の諸問題」『日仏経営学会誌』第11号、36-50頁。
田部井英夫(1996)「地域と産業組織化の変容—中小企業の発展類型:イタリアとフランスとの比較」『富山国際大学紀要』第6巻、87-97頁。

玉村博巳(1979)『フランス企業と国有化問題』同文舘出版。
中央大学経済研究所編(1994)『構造転換下のフランス自動車産業―管理方式の「ジャパナイゼーション」―』中央大学出版部。
中小企業事業団・中小企業大学校・中小企業研究所編 編集代表 瀧澤菊太郎(1985)『日本の中小企業』有斐閣。
中小企業庁編(2005)『中小企業白書2005年版』大蔵省印刷局。
中小企業庁編(2006)『中小企業白書2006年版』大蔵省印刷局。
中小企業庁編(2006)『中小企業白書2007年版』大蔵省印刷局。
土屋守章・三輪芳朗編(1989)『日本の中小企業』東京大学出版会。
寺岡寛(2001)『中小企業と政策構想―日本の政策論理をめぐって―』信山社出版。
中川洋一郎(1994)「下請の発展段階―フランス民生用機器製造業におけるサブアッセンブリー下請の欠如―」『中央大学経済研究所年報』第25号（Ⅱ）、173-199頁。
中川洋一郎(1996)「下請取引における価値観の転倒（1984-85年）―フランス自動車産業のジャパナイゼーション（1）―」『中央大学経済研究所年報』第27号、31-49頁。
中川洋一郎(1997)「1980年代、ルノーにおける事業多角化から本業回帰への転換―フランス自動車産業のジャパナイゼーション（2）―」『経済学論纂』第38巻第1・2号合併号、57-74頁。
中川洋一郎(1999)「転換（1984-85年）以降におけるフランス自動車部品メーカーの再編成―フランス自動車産業のジャパナイゼーション（3）―」『経済学論纂』第39巻第6号、111-142頁。
中川洋一郎(2000)「フランスにおける日本型生産システムの受容と拒絶―フランス自動車産業のジャパナイゼーション（4）―」『経済学論纂』第40巻第5・6号合併号、405-434頁。
中川洋一郎(2001)「プジョーの経営転換（1983年）にみる国家の役割―フランス自動車産業のジャパナイゼーション（5）―」『経済学論纂』第41巻第6号、189-215頁。
中川洋一郎(2005)「フランス自動車産業における放漫経営から健全経営への移行―1983年プジョー・リストラ宣言から1985年ルノー・ルマン工場スト敗北にいたるリストラ過程―」佐藤清編『フランス―経済・社会・文化の位相―』中央大学出版部、113-153頁。
中村秀一郎(1961)『日本の中小企業問題』合同出版社。
中村秀一郎(1964)『中堅企業論』東洋経済新報社。
中村精(1971)『経済成長と中小企業』東洋経済新報社。
中村精(1983)『中小企業と大企業―日本の産業発展と準垂直的統合―』東洋経済新

報社。
永山利和(1988)「下請制の経済理論に関する試論」『中小企業季報』第65号、8-18頁。
新倉俊一他編(1997)『事典 現代のフランス 増補版』大修館書店。
野原博淳・平尾光司(2007)「フランス技術革新制度の進展とベッファ報告の意味—伝統的政策手段への回帰？」『専修大学都市政策研究センター論文集』第3号、111-117頁。
萩原愛一(2006)「最近のフランスの産業政策—イノベーション強化の取組み—」『レファレンス』第56巻6号、84-98頁。
長谷川秀男(1976)「フランスの"下請憲章"」『高崎経済大学論集』第19巻第1号、89-98頁。
長谷川秀男(1977)「J.ウーシオの下請観に関する考察」『高崎経済大学論集』第20巻第1~4合併号（通巻第56-59号）、71-86頁。
長谷川秀男(1978)「J.ウーシオの下請制認識と国民経済的背景」『中小企業季報』No.4、7-14頁。
長谷川秀男(1984)「フランスの中小企業問題—日仏中小企業問題の『共有性』を求めて—」『高崎経済大学論集』第26巻第4号、43-66頁。
長谷川秀男(1989a)「『フランスの中小企業（抄訳）』(1)」『産業研究（高崎経済大学附属産業研究所紀要）』第24巻第2号、143-161頁。
長谷川秀男(1989b)「『フランスの中小企業（抄訳）』(2)」『産業研究（高崎経済大学附属産業研究所紀要）』第25巻第1号、71-80頁。
長谷川秀男(1990)「フランスの中小企業と新規開業施策」『中小企業季報』No.4、11-24頁。
長谷川秀男(2001)『地方分権時代の流通政策』文眞堂。
服部春彦(1962)「フランス革命と『初期独占』の解体」『社会経済史学』第28巻2号、191-218頁。
原輝史(1979)『フランス資本主義研究序説』日本経済評論社。
原輝史(1986)『フランス資本主義 成立と展開』日本経済評論社。
原輝史(1993)「フランス経済の生成と発展」原輝史編『フランスの経済 転機に立つ混合経済体制』早稲田大学出版部、13-28頁。
原輝史(1999)『フランス戦間期経済史研究』日本経済評論社。
日高定昭(1995)「フランスにおける経営学高等教育—グランド・ゼコールの場合—」『作新経営論集』第4号、155-168頁。
日高定昭(1997)「フランスにおける経営学高等教育の成立と展開（1819~1994年）」『作新経営論集』第6号、133-148頁。
藤井良治・塩野谷祐一(1999)『フランス（先進諸国の社会保障⑥）』東京大学出版

会。

藤田敬三編(1943)『下請制工業』有斐閣。

藤田敬三(1965)『日本産業構造と中小企業』岩波書店。

藤田敬三・伊藤岱吉編(1954)『中小工業の本質』有斐閣。

藤本隆宏・西口敏宏・伊藤秀史編(1998)『リーディングス サプライヤー・システム ―新しい企業間関係を創る―』有斐閣。

藤本隆宏(1997)『生産システムの進化論』有斐閣。

藤本隆宏(2003)『能力構築競争―日本の自動車産業はなぜ強いのか』中央公論新社。

藤本隆宏・武石彰・青島矢一編(2001)『ビジネス・アーキテクチャ』有斐閣。

藤本光夫(1979)『転換期のフランス企業』同文舘出版。

藤本光夫(1993)「混合経済体制の確立と展開」原輝史編『フランスの経済 転機に立つ混合経済体制』早稲田大学出版部、29–51頁。

二葉邦彦(1999)「『構造変化』と中小企業政策の方向性」『同志社商学』第51巻第1号、pp. 40–63。

堀田和宏(1974)『フランス公企業の成立』ミネルヴァ書房。

松井敏邇(1990)「下請制の変化と下請制理論の検討―『系列企業』の競争構造―(4)」『立命館経営学』第28巻第6号、245–266頁。

松井敏邇(1990)「下請制の変化と下請制理論の検討―『系列企業』の競争構造―(5)」『立命館経営学』第31巻第1号、31–57頁。

水原煕(1987)『西ドイツ経営組織論(改訂増補版)』森山書店。

三井逸友(1991)『現代経済と中小企業―理論・構造・実態・政策―』青木書店。

三井逸友(1995)『EU欧州統合と中小企業政策』白桃書房。

三井逸友(2005)「21世紀最初の5年におけるEU中小企業政策の新展開―2000年『欧州小企業憲章』の意義と今後の中小企業政策」中小企業金融公庫 総合研究所『中小企業総合研究』創刊号、37–61頁。

三井逸友(2007)「21世紀のEU中小企業政策の意味するもの」大阪経済大学 中小企業・経営研究所『中小企業季報』第141号、10–21頁。

港徹雄(1988)「下請取引における『信頼』財の形成過程」『商工金融』昭和62年度第10号、7–19頁。

港徹雄(1990)「依存関係と下請生産システムの変貌―'90年代への展望」『商工金融』第40巻第2号、3–18頁。

港徹雄(1995)「経済システムの転換と日本型企業間関係の展望」日本中小企業学会編『経済システムの転換と中小企業』同友館、25–38頁。

深山明(2001)『ドイツ固定費理論』森山書店。

三輪芳朗(1990)『日本の企業と産業組織』東京大学出版会。

万仲脩一（1990）『現代の企業理論』文眞堂。
宗像正幸（1989）『技術の理論―現代工業経営問題への技術論的接近―』同文舘出版。
村上泰亮・公文俊平・佐藤誠三郎（1979）『文明としてのイエ社会』中央公論社。
森本隆男（1979）『西ドイツ手工業論』森山書店。
森本隆男（1987a）『西ドイツ中小企業論』森山書店。
森本隆男（1997a）『レスレ手工業経営経済学』森山書店。
山口隆之（1996a）「取引様式の選択に関する理論的研究～「エクジット／ボイス」アプローチによる分析～」『関西学院商学研究』第40号、85-108頁。
山口隆之（1998a）「企業間関係の理論とその新展開」『商学論究』第45巻第4号、75-89頁。
山口隆之（1998b）「フランスにおける下請企業間関係の変化～自動車産業を中心に」『商学論究』第46巻第1号、73-84頁。
山口隆之（1999）「構造転換期におけるフランス下請工業―『下請論』から『パートナー』論へ―」吉田敬一・永山利和・森本隆男編著『産業構造転換と中小企業―空洞化時代への対応』ミネルヴァ書房、204-217頁。
山口隆之（2000）「下請階層構造と企業間関係の調整様式」『商学論究』第48巻第2号、45-60頁。
山口隆之（2002）「フランスにおける下請定義―B.シャイユの見解を中心として―」『商学論究』第50巻第1・2号合併号、85-103頁。
山口隆之（2003a）「フランス中小企業と新規開業支援」太田進一編『企業と政策―理論と実践のパラダイム転換―』ミネルヴァ書房、271-285頁。
山口隆之（2003b）「フランスにおける下請論の展開―B.ベナンの下請概念―」『商学論究』第51巻第1号、25-37頁。
山口隆之（2004a）「EU中小企業の現状と中小企業政策の課題」深山明編『EUの経済と企業』御茶ノ水書房、227-253頁。
山口隆之（2004b）「フランス『パートナーシップ』の本質―下請関係における『誘引』と『権威』―」『商学論究』第51巻第4号、139-154頁。
山口隆之（2006a）「中小企業の経営学的研究におけるジレンマ―二つの研究視点の対立―」『商学論究』第53巻第4号、89-115頁。
山口隆之（2006b）「中小企業の経営学的研究の発展と展望―主流的研究と反主流的研究―」『商学論究』第54号第2号、51-69頁。
山口隆之（2007）「フランスにおける産業クラスター政策の源流―『地域生産システム』の振興政策と中小企業―」『商学論究』第55巻第1号、55-83頁。
山口隆之（2008a）「フランス産業クラスター政策の課題」『日仏経営学会誌』第25号、81-95頁。

山口隆之(2008b)「イノベーション政策と起業支援―フランスにおける課題と展望―」『商学論究』第56巻第2号、49-64頁。

山口昌子(2001)『大国フランスの不思議』角川書店。

山倉健嗣(1993)『組織間関係―企業間ネットワークの変革に向けて―』有斐閣。

山崎朗(2002)『クラスター戦略』有斐閣。

山崎榮一(2006)『フランスの憲法改正と地方分権―ジロンダンの復権』日本評論社。

山中篤太郎(1963)『中小企業研究二十五年』有斐閣。

山中篤太郎編(1948)『中小工業の本質と展開―国民経済構造矛盾の一研究―』有斐閣。

山中篤太郎編(1958)『中小企業の合理化・組織化』有斐閣。

吉田和夫(1982)『ドイツ経営経済学』森山書店。

吉田敬一(1996)『転機に立つ中小企業―生産分業構造転換の構図と展望（叢書・現代の地域産業と企業⑦』新評論。

吉田敬一・永山利和・森本隆男編(1999)『産業構造転換と中小企業―空洞化時代への対応』ミネルヴァ書房。

渡辺敏雄(2008)『日本企業社会論』税務経理協会。

渡邊啓貴(1991)『ミッテラン時代のフランス』芦書房。

渡邊啓貴編(2002)『ヨーロッパ国際関係史―繁栄と凋落、そして再生―』有斐閣。

渡辺幸男(1985)「日本機械工業の下請生産システム：効率性論が示唆するもの」『商工金融』第35巻第2号、3-23頁。

渡辺幸男(1989)『日本機械工業の社会分業構造―下請制研究の新たな視座を求めて 上―』『三田学会雑誌』第82巻第3号、456-474頁。

渡辺幸男(1990)『日本機械工業の社会分業構造―下請制研究の新たな視座を求めて 下―』『三田学会雑誌』第82巻第4号、819-841頁。

渡辺幸男(1997)『日本機械工業の社会的分業構造 階層構造・産業集積からの下請制把握』有斐閣。

渡辺幸男(1998)『大都市圏工業集積の実態 日本機械工業の社会的分業構造 実態分析編1』慶應義塾大学出版会。

【ウェブサイト・資料】

経済産業省産業クラスター計画：
　　http://www.cluster.gr.jp/ （2008/11/13）

文部科学省知的クラスター創成事業：
　　http://www.mext.go.jp/a_menu/kagaku/chiiki/cluster/index.htm （2008/11/13）

フランソワ・ロース「フランスの産業クラスター政策：産業と研究の新たなフロン

ティア」(全国知的産業クラスターフォーラム資料):
   http://www.ambafrance-jp.org/IMG/pdf/Clusters-final-JAP-projection-commente-2.pdf (2008/9/28)
"Appel à projets - pôles de compétitivité":
   http://www.competitivite.gouv.fr/IMG/pdf/cahier_des_charges_poles.pdf (2008/7/30)
CREALYS:
   http://www.crealys.com/-Autour-de-l-incubation-.html (2008/7/20)
ELAN:
   http://www.pepinieres-elan.org/index1.asp (2008/7/20)
Langlois-Berthelot, M. et al., "Rapport sur la valorisation de la recherche":
   http://media.education.gouv.fr/file/27/2/4272.pdf (2008/10/1)
Les pôles de compétitivité:
   http://www.competitivite.gouv.fr/spip.php?rubrique36 (2007/9/10)
Pommier, P., "La politique française des systeme productifs locaux"
   http://www.ebst.dk/file/4239/cluster_pommier_slides.pdf (2008/9/1)

索　引

あ行

Academie de l'entrepreneuriat ……76
浅沼萬里 ……………………………119
アストン（Aston）・グループ………24
Association internationale de
　recherche en entrepreneuriat et
　PME（AIREPME）………65, 75, 76
アルテルソン（Altersohn, C.）……124,
　125, 126
アロン（Aron, R.）……………………49

EEC ……………………………………16
EC ………………………………17, 202
EC委員会 ……………………………18
一般ペピニエール …………………203
イノベーション法／イノベーションと
　研究に関する法………193, 194, 203
イポ・グループ（hypogroupe）…57, 61
EU …2, 8, 10, 11, 12, 13, 17, 18, 19, 22, 145,
　167, 168, 169, 173, 174, 183, 184, 187,
　189, 190, 194, 196, 201, 202, 207
EU中小企業政策 ……………………4
インキュベーション ………………194
インキュベータ ………………173, 194
International Council for Small
　Business（ICSB）………………75

ウェーバー（Weber, A.）…………142

ウーシオ（Houssiaux, J.）……82, 83, 84,
　85, 86, 87, 88, 110, 111, 130

栄光の30年間………………64, 73, 144
エキプマンチェ ……………………112
SIRENE………………………………191
エタティスト型国有化 ………………21
MIT …………………………………116
ELAN……………………………195, 203
Entrepreneurship, Innovation and
　Small Business（EISB）………75
エール・フランス社 ………………174

欧州委員会 …………………………139
欧州議会 ………………………………18
欧州企業イノベーション・センター
　（CEEI）………………………196
OECD …………………………190, 196, 197
OSEO………………10, 70, 77, 178, 193
OSEO-ANVAR ……………………193
オクスボウ社 ………………………159
オトノミスト型国有化 ………………21

か行

科学革命 ………………………………59
科学高等評議会（HCS）……………199
革新的新興企業（JEI）…………179, 194
関係モデル ……………………127, 128

カンド（Candau, P.） ……………35, 47
管理学 …3, 23, 24, 28, 29, 30, 32, 38, 40, 41,
    42, 45, 46, 49, 51, 53, 55, 56, 57, 58, 59,
    60, 65, 66, 69, 73, 74, 77, 206

企業イノベーション・センター
    （CEI） ………………………………196
企業インキュベータ …………194, 195
企業規模…24, 25, 26, 28, 33, 40, 43, 54, 55,
    56, 57, 66, 68, 95, 96, 192
企業城下町型集積 ………………150
企業成長モデル ……27, 28, 40, 41, 43, 57
企業設置庁（APCE）……………77, 202
機能部品供給メーカー …93, 97, 98, 130,
    150
規模の経済性 ………………………84
QCサークル ……………………123
競争的下請 …………………………85
競争力の集積地…140, 167, 168, 169, 170,
    171, 172, 173, 174, 175, 176, 178, 183,
    184, 185, 186, 187, 202, 207
共同的下請 ……………………108, 109
協力会 …………………………118, 126
極小企業 ……………………………10
ギルド制……………………14, 19, 205
キンバリー（Kimbery, J. R.）………25

クイックシルバー社 ……………159
クラフト的生産体制 ……………142
グランゼコール …………………186
クルーグマン（Krugman, P.）……142
クーン（Kuhn, T. S.）………50, 59, 60

計画経済 …………………………144
景気変動調整の為の下請／景気変動調

整的下請 ……93, 106, 107, 108, 109
経済計画 ……………………19, 205
経済社会審議会 ………………18
経済利益団体（GIE）……………172
研究開発公社（ANVAR）……152, 175,
    179, 193, 199
研究技術革新ネットワーク（RRIT）…
    199
研究対象としての中小企業 …39, 46, 47
研究領域としての中小企業 …39, 46, 47

恒常的下請 ………………107, 109
構造的下請 …………93, 107, 108, 109
コエン（Cohen, E.）………………56
国営化 ……………………………15, 16
国際自動車プログラム（IMVP）…116
国土整備 ……………17, 21, 192, 193
国土整備開発国家基金（FNADT）……
    146, 156, 157, 161
国土整備関係省連絡会議（CIADT）…
    139, 169, 173, 175, 176
国土整備競争力強化省間委員会
    （DIACT）……………………22, 193
国土整備地方開発局（DATAR）…18,
    22, 143, 144, 145, 146, 147, 148, 149,
    151, 155, 157, 161, 162, 164, 169, 170,
    171, 175, 184, 187, 193
国内型集積地 ………………178, 179
国民教育研究行政監査総局
    （IGAENR）……………………188
国有化 …………15, 19, 68, 76, 189, 205
国立科学研究所（CNRS） …73, 74, 186
国立技術研究センター（CNRT）…199
国立研究庁（ANR）……………178, 199
国立統計経済研究所（INSEE）…9, 13,

82, 191
国家―地域圏計画契約（CPER）…156,
  174, 185, 187, 193
古典的下請 ……………………107, 108
ゴドネ（Godener, A.）………………28
雇用協会（GEM）……………………152
コンカレント・エンジニアリング……
  123
混合経済 ……………2, 15, 21, 76, 144

さ行

サイエンスポール…………173, 193, 195
財務監査総局（IGF）………………188
サプライ・チェーン…………………164
サプライヤー……101, 105, 106, 108, 109,
  112
サプライヤーによる下請…100, 101, 109
産業イノベーション庁（AII）……179,
  188, 199
産業イノベーションの為の動員計画
  （PMII）………………………198
産業クラスター …18, 139, 140, 141, 143,
  163, 164, 165, 166, 167, 168, 173, 186,
  197
産業・研究・環境地方局（DRIRE）…
  149
サン・ゴバン社 ………………………176
サンディカリスト型国有化…………21
山脈的構造 ……………………118, 135

ジェルベ（Gervais, M.）……………27
資産の特殊性 …………………………135
下請…3, 66, 81, 82, 85, 86, 87, 89, 91, 92, 93,
  94, 95, 96, 97, 98, 99, 101, 102, 103,

104, 105, 106, 108, 109, 110, 111, 112,
  115, 124, 125, 126, 127, 129, 131, 132,
  133, 134, 135, 206, 207
下請関係 ………………………… 82, 87
下請企業 …84, 85, 87, 91, 92, 93, 94, 95, 96,
  98, 100, 101, 102, 103, 104, 105, 106,
  107, 108, 109, 110, 111, 112, 115, 125,
  131, 206
下請憲章 ………………………… 82, 92
下請問題 ………………………… 3, 81
下請論 …………………………………109
失業者開業・事業再開支援制度
  （ACCRE）…………………………192
シトロエン社 …………………………121
シャイユ（Chaillou, B.）……98, 99, 102,
  106, 109
ジャスト・イン・タイム（JIT）…121,
  122, 126, 127, 133
シャナロン（Chanaron, J. J.）……111,
  129, 130
柔軟な専門化 …………………………142
手工業 …8, 10, 11, 12, 13, 14, 20, 57, 66, 81,
  87, 146, 147, 152
手工業会議所 ………11, 13, 81, 149, 154
手工業的ペピニエール …………… 203
手工業法典 ……………………………10
手工業目録 …………………………11, 13
ジュリアン（Julien, P. A.）…31, 47, 75
純粋開業 ………………………191, 192
純粋なサプライヤー …………………103
純粋なサプライヤーによる下請 …105,
  108, 109
純粋な専門性の下請…103, 104, 108, 109
純粋な量の下請 ………102, 103, 108, 109
準統合……83, 84, 85, 86, 87, 107, 108, 109,

130
準統合（quasi-intégration）／準統合論
　　　　　……………82, 83, 84, 87, 110, 111
小企業　…………………8, 9, 10, 20, 85, 87
商業的手工業（artisan commerçant）
　　　　　………………………………13
条件適合／条件適合的……25, 26, 28, 33,
　　　36, 38, 39, 40, 41, 43, 45, 46, 47, 53, 55,
　　　56, 58, 59
商工会議所　…………149, 154, 158, 196
承認図方式　………………………119, 135
初期独占…………………………14, 19, 205
職業安定所（ANPE）………………172
職業訓練協会（AFPA）……………172
職人同業者組合　……………………162
人的資源管理　………………36, 42, 66
CIFEPME…………………………75, 76
GALIA　………………………………122

垂直的位置関係にある準統合……130,
　　　131, 132, 133
垂直的統合…84, 85, 99, 100, 101, 102, 117,
　　　125, 126, 127

世界的集積候補地　…………………178
世界的集積地　………………178, 179
絶対王政　………………………………14
ゼネラル・モータース社（GM）…116
全国企業経営教育財団（FNEGE）…76
専門性の下請……82, 83, 93, 99, 100, 101,
　　　104, 105, 106, 107, 108, 109
戦略的提携　……………………………66

ソジェダック（SOGEDAC）………121
ソフィア・アンティ・ポリス　……145

た行

第一次経済計画　………………16, 88
第二次経済計画　………………………88
第五次経済計画　………………………16
第三のイタリア　……………………143
貸与図方式…………………119, 121, 135
多能工化　……………………………123
ダラルド法　……………………………14
地域イノベーションおよび技術移転センター（CRITI）………………154
地域開発欧州基金（FEDER）……156
地域圏庁　……………………………177
地域産業・研究・環境局（DRIRE）…
　　　156, 158
地域生産システム（SPL）……139, 140,
　　　143, 144, 145, 146, 147, 149, 150, 151,
　　　153, 154, 155, 156, 157, 161, 162, 163,
　　　164, 167, 168, 170, 171, 175, 184, 185,
　　　187, 207
知的クラスター創成事業　……139, 165
地方研究技術官（DRRAT）………152
地方労働雇用・職業訓練局
　　　（DRTEFP）………………………156
中企業…………………………9, 10, 20
中小企業開発銀行（BDPME）…20, 77,
　　　175, 179, 193
中小企業基本法　………………………7, 19
中小企業局（Agence des PME）…77
中小企業現象（phénomène-PME）…32
中小企業新事業活動促進法　………183
中小企業設備金融金庫（CEPME）…9
中小企業総連合会（CGPME）……8, 20
中小企業フォーラム…49, 50, 51, 52, 53, 56,

58
中小企業モデル ……………………40
中小企業優遇措置計画 ……………9
中小企業融資保証会社（SOFARIS）…
　175
中小工業 ………………8, 35, 81, 88
中小工業代表部（Délégation à la
　PMI）……………………………17
長期継続的取引 ……………118, 119
賃加工下請 …………………………85

テイラー主義 ……………124, 144
ディリジスム ………15, 19, 21, 186
テクノ・ポリス構想 ………………145
テクノポール ………………………195
デザイン・イン方式 ………………123
テーマ別ペピニエール ……………203

特権的貿易会社 ……………14, 19, 205
特権的マニュファクチャー…14, 19, 205
ドナダ（Donada, C.）…………125, 126
ド・バンビーユ（De Banville, E.）……
　111, 129, 130
トヨタ社 ………………………118, 120
取引に特定的な資産 …………119, 135
取引モデル…………………127, 128, 129
トレス（Torrès, O.）…23, 37, 40, 59, 66,
　206

な行

ナショナル・プログラム ……………16
NATO ………………………………16
斜めの位置関係にある準統合 ……130,
　131, 132, 133

二重構造論 ……………………………42
日本新事業支援機関協議会
　（JANBO）……………………203
農業会議所 …………………………154

は行

ハイテク／革新的ペピニエール …203
ハイポ企業モデル（modèl
　d'Hypofirme）……………………32
長谷川秀男 …………………87, 88, 89
ハーツ（Hertz, L.）…………………30
発注企業の行動に依存するサプライ
　ーによる下請…………103, 106, 108
発注企業の行動に依存する専門性の下
　請 ……………103, 104, 105, 108
発注企業の行動に依存する量の下請…
　103, 105, 108
パートナーシップ…91, 98, 109, 110, 111,
　112, 115, 121, 124, 125, 126, 127, 128,
　129, 130, 132, 133, 134, 135, 160, 169,
　170, 174, 178, 183, 185, 186, 206, 207,
　208
バヤド（Bayad, M.）………………34
パラダイム …50, 51, 52, 53, 54, 56, 58, 59,
　60, 66, 206

ピオリとセーブル（Piore, M. and
　Sabel, C.）………………………142
ビジネス・エンジェル ……………173
PME-PMI ……………………………8

ファブリ（Fabli, B.）………………36
VA・VE ……………………………119

フォーディズム …………………64
フォード社（Ford）………………116
フォルム（forme）………49, 50, 58
プジョー・グループ（PSA）…120, 121
プジョー社（Peugeot）…120, 121, 150
フランス革命………………14, 15, 205
フランス経営者全国評議会（CNPF）…10
フランス計画総庁 ………………146
フランス工業規格化協会（AFNOR）…82
フランス統計年鑑 ………………9, 82
ブルヤ（Bruyat, C.）………………52

ベナン（Vennin, B.）……93, 96, 98, 110
ペピニエール ………194, 195, 196, 203
ベファ・レポート……188, 190, 196, 197, 198, 201
ペンローズ（Penrose, E. T.）………29

補完的下請 …………………………85
ポーター（Poter, M. E.）………141, 143
ボードリ（Baudry, B.）…130, 131, 133
ポパー（Poper, K. R.）………………33
ホール（Hall, H.）……………………25
ボルトン・レポート ………………68

ま行

マーシャル（Marshall, A.）………142
マーシャルプラン …………………16
マルシェネ（Marchesnay, M.）…69, 70, 75

マルチネ（Martinet, A. C.）………49

三井逸友 ……………………201, 202
民営化 ………………………15, 17
ミンツバーグ（Mintzberg, H.）……24

モレス（Moles, A. A.）………………32

や行

有限会社（SARL）……………………13

預金供託公庫（CDC）…………77, 175
ヨーロッパ中小企業白書 …………139
European Council for Small Business and Entrepreneurship（ECSB）………………………………75

ら行

リスボン戦略 ……18, 168, 174, 183, 184, 187, 189, 201, 202
理念型（idéal type）………………32, 49
量の下請 ……82, 83, 93, 99, 100, 101, 103, 104, 105, 108, 109
リーン生産方式 ……………………117
ル・シャプリエ法 …………………14
ルノー社（Renault）………120, 121, 123

レオ（Leo, P. Y.）……………………35
レクレール（Lecler, Y.）…126, 127, 129

著者略歴

1969年 9 月	大阪府に生まれる
1993年 3 月	同志社大学法学部法律学科卒業
1996年 3 月	関西学院大学大学院商学研究科博士課程前期課程修了
1999年 3 月	関西学院大学大学院商学研究科博士課程後期課程単位取得満期退学
1999年 4 月	関西学院大学商学部専任講師
2003年 4 月	関西学院大学商学部助教授
2007年 4 月	関西学院大学商学部准教授

中小企業の理論と政策――フランスにみる潮流と課題――

2009年3月10日　初版第1刷発行　関西学院大学研究叢書　第127編

著者　© 山　口　隆　之

発行者　菅　田　直　文

発行所　有限会社　森山書店　東京都千代田区神田錦町 1-10 林ビル（〒101-0054）
TEL 03-3293-7061　FAX 03-3293-7063　振替口座 00180-9-32919

落丁・乱丁本はお取りかえします　　印刷／製本・シナノ

本書の内容の一部あるいは全部を無断で複写複製することは，著作者および出版社の権利の侵害となりますので，その場合は予め小社あて許諾を求めてください。

ISBN 978-4-8394-2075-8